/no.—

GRAPHIQUE
D'HISTOIRE DE L'ART

Joseph GAUTHIER

DIPLOME DE L'ÉTAT POUR L'ENSEIGNEMENT DE LA COMPOSITION DÉCORATIVE

PROFESSEUR A L'ÉCOLE DES BEAUX-ARTS DE NANTES

GRAPHIQUE
D'HISTOIRE
DE
L'ART

Colleone par Verocchio

LIBRAIRIE PLON

8, RUE GARANCIÈRE, PARIS-6ᵉ

ISBN 2-259-00019-3

PRÉFACE

———

Voici un petit livre très utile, très pratique, conçu dans un excellent esprit et dont l'ingénieuse disposition parle clairement aux yeux, dès la première page.

Par la marche parallèle d'un texte très concis et de figures également schématiques, éclairant d'une vive lumière le tableau des phases et évolutions des styles, le jeu des influences, les dérivations ou infiltrations plus ou moins directes et visibles, M. Gauthier facilite singulièrement la besogne très longue et quelque peu ardue que nécessiterait l'étude d'ouvrages excellents et de grande valeur, souvent, mais généralement trop touffus.

Les intentions de l'auteur sont, du reste, résumées par lui en quelques lignes dont la clarté dispenserait d'une autre préface.

Aussi, n'ai-je nullement l'intention d'entreprendre ici une analyse d'un travail qui sous une apparence modeste et un volume réduit est excessivement nourri, très capable, par conséquent, d'atteindre le but visé.

Nul mieux que M. Gauthier, d'ailleurs, n'était en situation de donner des conseils aux candidats de nos divers examens du professorat, qu'il a tous, lui-même, très brillamment passés.

Je l'ai vu, tout jeune élève de l'École des Beaux-Arts de Montpellier, remporter, il n'y a pas dix ans, la bourse de voyage dont cette école est libéralement dotée.

La modestie de la bourse ne permettait pas les grands rêves : parcourir le monde, voir la Grèce ou l'Italie.

Quel besoin, du reste, d'aller si loin ? Paris ne suffisait-il pas ?

Paris, avec ses musées, ses monuments, ses hôtels particuliers, est une mine inépuisable d'information pour qui veut et sait regarder, et notre jeune boursier était de ceux-là.

On put le voir, pendant ces deux mois de vacances, passer ses journées, avec un entrain et une persévérance inlassables, au Louvre, à Cluny, au Trocadéro, à Versailles, partout enfin où il pouvait rencontrer un spécimen d'une civilisation, d'une époque, d'un style ou, même encore, de la manière propre d'un artiste original. Faisant croquis sur croquis, ajoutant encore par cet exercice constant à sa virtuosité naturelle, qu'il avait déjà pu développer dans la fréquentation du riche Musée de Montpellier, il s'est copieusement meublé les yeux et l'esprit.

Si j'insiste sur cette préparation de notre auteur, ce n'est pas sans intention. Je voudrais, me servant de son propre exemple, prémunir les jeunes gens contre le danger qu'offre précisément ce travail si bien présenté, dans son bon ordre et sa concision : celui de faire de l'étude de l'histoire de l'art un simple exercice de mémoire.

Qu'ils soient bien convaincus que s'ils se contentent d'une reproduction plus ou moins fidèle des figures du livre, s'ils n'y joignent de nombreux croquis pris sur le vif d'après les objets mêmes, il ne leur rendra pas le service qu'ils en attendent.

Avoir bien dans la tête tout ce qui constitue un style et différencie les époques : principes de construction, proportions, caractère du décor, etc., tout cela est certes indispensable, mais c'est un beau cadavre auquel il ne manque qu'une petite chose : le souffle de la vie.

A qui le demander, sinon à l'observation directe de la nature ?

La vue de l'objet, monument ou bibelot, sous divers angles, l'effort tenté pour en interpréter la matière et la coloration, le toucher même, si la chose est possible, viennent au secours de l'enquête et la documentation devient vraiment complète et profitable quand le chercheur a fait, à son tour, œuvre d'artiste.

C'est pourquoi tout ce qui, avec la grande habitude du dessin au tableau, révèle chez les candidats cette sorte de préoccupation leur est largement compté le jour de l'examen.

L'histoire de l'art joue un rôle de plus en plus important dans l'éducation générale; il n'est plus permis, aujourd'hui, à un homme cultivé de ne pas associer dans son esprit les phases successives, par lesquelles sont passées les civilisations, à l'image de monuments de toute nature qui en sont restés les témoins les plus sûrs et les plus éloquents.

Taine, dans le remarquable cours qu'il fit naguère, à l'École des Beaux-Arts, s'exprime ainsi : « L'œuvre d'art est déterminée par un ensemble qui est l'état général de l'esprit et des mœurs environnants. »

Pour lui, c'est une loi indiscutable et telle elle a toujours paru : tous les programmes d'examens pour l'obtention du certificat d'aptitude à l'enseignement du dessin, aussi bien dans le primaire que dans le secondaire, comportaient donc une sérieuse épreuve d'histoire de l'art.

Mais il faut bien le dire, trop souvent il n'en était plus question une fois l'examen passé.

Si la faute en était quelquefois à l'inertie du professeur, il faut en rechercher les véritables causes plus haut.

L'état d'esprit régnant dans l'Université laissait trop visiblement l'enseignement du dessin en dehors du mouvement général de l'instruction donnée dans l'établissement; par suite, les professeurs, quand ils n'étaient pas doués d'un zèle d'apôtre, ne se sentant pas unis à leurs collègues dans une action commune sur les jeunes cerveaux qui leur étaient confiés, se décourageaient, se contentant de faire du dessin *tout court,* sans se préoccuper davantage d'ouvrir les intelligences aux beautés de l'art et à ses contingences. L'intention, si clairement. exprimée, du Conseil supérieur de l'Instruction publique de modifier cet état de choses ne peut que réjouir et encourager nos professeurs dont le rôle est ainsi légitimement relevé au niveau de celui de leurs collègues. Cette alliance, si désirée et si désirable, entre les professeurs d'histoire, de littérature, de sciences et ceux de dessin exige de ces derniers un effort, non pas nouveau, puisque, je le répète, l'épreuve existait de longue date, mais plus soutenu.

Le livre que leur offre M. Gauthier doit d'autant plus puissamment les aider dans cet effort qu'ils seront plus profondément pénétrés de l'amour du beau, source illimitée de jouissances, richesse à la portée de tous.

Il pourra, d'autre part, être d'un grand secours aux jeunes gens qui rêvent d'être un jour, eux aussi, des créateurs, à la condition, toutefois, qu'ils sachent se dégager de cette crainte, beaucoup trop répandue aujourd'hui, de voir l'originalité de l'artiste souffrir de l'excès de savoir.

Edmond BORCHARD,
Inspecteur de l'enseignement du dessin et des Musées.

AVERTISSEMENT

En plaçant le mot « graphique » en tête de notre ouvrage nous avons voulu affirmer la disposition intérieure, la forme matérielle adoptée et la *netteté schématique* toute spéciale qui en résulte. Par le mot « graphique » nous avons voulu entendre non pas exclusivement une suite de dessins au trait, mais encore un texte lié avec eux, formant un tout homogène se lisant facilement et par conséquent s'apprenant bien.

Ce n'est donc pas un livre de lecture, un livre littéraire où le lecteur trouvera des anecdotes et des particularités; nous n'avons pas pensé non plus à faire ici œuvre de critique ou de chercheur; notre but est plus modeste, plus précis; nous avons surtout cherché à être *clair* et *méthodique.*

C'est, croyons-nous, notre seul mérite que d'avoir dégagé, en aussi peu de mots que possible et en quelques pages, toute l'Histoire de l'Art à travers les époques et les civilisations. L'*originalité* de notre ouvrage réside uniquement dans son *exposition,* dans sa logique, dans son enchaînement et dans sa *forme purement éducatrice;* c'est pour cela que nous l'avons spécialement créé; aussi s'adressera-t-il à la jeunesse de nos écoles des Beaux-Arts, qui y trouvera tous les renseignements désirables; il sera particulièrement utile à ceux qui préparent les professorats de dessin de l'État (lycées et collèges, premier degré, degré supérieur, composition décorative); enfin à tous ceux qui veulent avoir des connaissances générales sur l'Histoire de l'Architecture, de la Sculpture, de la Peinture et des Arts industriels.

Le succès réalisé par la première partie de cet ouvrage, dont la première édition a été rapidement épuisée, les nombreuses lettres que nous avons reçues de nos collègues sont pour nous une satisfaction puisqu'elles nous ont montré combien la forme éducatrice du graphique a été comprise de tous ceux qui enseignent.

Nous présentons aujourd'hui un ouvrage complet, allant depuis l'Égypte jusqu'à la fin du dix-neuvième siècle: il y a certes beaucoup de lacunes, dans un sujet aussi vaste; nous n'avons pas la prétention d'avoir voulu tout représenter; ce qui nous a surtout préoccupé, c'est l'ensemble, l'allure générale, la disposition méthodique à conserver d'un bout à l'autre.

Dans chaque style nous nous sommes attaché à bien définir les caractères particuliers et à montrer les éléments principaux qui peuvent servir à les définir avec sûreté; toutefois, nous croyons bon de faire remarquer que les styles ne conquièrent pas du premier coup « *la formule* » que nous nous sommes efforcé de dégager dans cet ouvrage, les transformations ne se font pas brusquement.

Les grandes divisions que nous avons adoptées ne sont en réalité que figuratives et destinées à faciliter la compréhension; l'histoire des civilisations forme un bloc homogène dont les périodes se confondent parfois; et il se produit, sous l'action des influences, des retours et des mélanges; si nous découpons cette histoire en morceaux, ce n'est que pour en faciliter l'étude, mais il ne faut pas perdre de vue l'harmonie générale et la merveilleuse progression de la succession enchaînée des civilisations.

Du reste, plus on avance vers les temps modernes, plus les influences sont générales et proviennent de tous côtés, plus la juste appréciation de la durée d'un style devient insaisissable.

. . . .

Nous pensons que la lecture de notre livre sera très profitable, surtout si on a soin de la compléter par la lecture d'ouvrages spéciaux; nos lecteurs trouveront à cet usage une table bibliographique placée aux dernières pages.

Pour les écoles de peinture, nous n'avons pas insisté sur la vie des grands peintres et sur le caractère et le style de ces écoles; cela nous aurait conduit trop loin : de nombreuses monographies existent, nos lecteurs feront bien de les consulter.

Nos dessins ne sont que des *croquis* la plupart destinés à être reproduits au tableau noir; malgré la facilité avec laquelle ils pourront être retenus, on devra avoir soin de compléter leur aspect, chaque fois qu'on le pourra, par des photographies. — Dans cet ordre d'idées, nous conseillons vivement l'*Anthologie de l'Art* de M. Alfred Lenoir, qui contient 224 superbes reproductions photographiques, véritable musée des chefs-d'œuvre.

Ainsi compris et n'étant que l'armature solide sur laquelle viendront se grouper, plus tard, des études plus complètes, nons croyons avoir réalisé un ouvrage qui sera utile à tous les jeunes gens qui se destinent à l'Art et nous serons heureux d'avoir ainsi apporté notre petite pierre à la construction de ce vaste édifice qui abrite l'éducation de nos fils.

J. GAUTHIER.

Février 1911.

DÉFINITIONS

L'Histoire de l'Art a pour but l'étude des transformations de l'Art à travers les Temps et la recherche des causes qui ont déterminé ces transformations et évolutions.

Elle comprend :

1° L'examen des principales œuvres, c'est-à-dire celles qui, sous les quatre principales formes matérielles de représentation (architecture, sculpture, peinture et art décoratif), présentent des caractères nettement accusés et une originalité distinctive;

2° La bibliographie des artistes;

3° La connaissance des circonstances diverses qui ont influencé les productions (matières, outillage, mœurs et coutumes, etc., etc.);

4° La détermination des infiltrations, pénétrations et mélanges qui se sont produits de périodes en périodes et de peuples en peuples.

« Quand chez un peuple un art a dominé pendant de longs siècles, quand il s'est en quelque sorte confondu avec l'existence de ce peuple, alors même qu'il s'efface, il exerce sur l'art qui lui succède une influence profonde par ses traditions aussi bien que par ses monuments. »

(Ch. BAYET.)

Éléments utilisés pour l'étude des civilisations

1° Éléments historiques $\left\{\begin{array}{l}\text{Reconstitution d'une époque} \\ \text{au moyen de documents}\end{array}\right.$ $\left\{\begin{array}{l}\text{(a) tradition.} \\ \text{(b) poèmes.} \\ \text{(c) religions.} \\ \text{(d) débris archéologiques.}\end{array}\right.$

2° Éléments philosophiques $\left\{\begin{array}{l}\text{Degrés successifs de l'épanouissement de l'intelligence de l'homme.} \\ \text{Asservissement de la matière.}\end{array}\right.$

Le Style.

On appelle Style *la réunion des éléments communs à un ensemble d'œuvres produites par une même race et à peu près à la même époque.*

C'est donc le caractère général d'une époque; néanmoins il peut y avoir dans les détails des modifications particulières aux artistes; ainsi, dans le style Louis XVI, les dessins de Salembier présentent un caractère différent des dessins de Delafosse; on les classe néanmoins sous le titre général : Louis XVI, car ils procèdent tous deux du même principe, obéissent au même goût et possèdent le même air de famille. Il y a donc :

(a) — le style de l'artiste.
(b) — le style de l'époque.
(c) — le style de la race.

Le style de la race devient surtout la précision d'une qualité ou d'un défaut propre à tout un pays. Exemple : lourdeur allemande, finesse italienne.

NOTE RELATIVE A LA NOUVELLE ÉDITION

Le trente-septième mille du présent ouvrage contient quelques modifications. Ainsi la Bibliographie a été augmentée d'ouvrages généraux parus depuis 1919.

Des transformations importantes ont été effectuées dans les Musées Nationaux et un regroupement plus logique des œuvres picturales et sculpturales a été entrepris par la Direction et la Conservation du Musée du Louvre. De nombreuses salles ont été modifiées et des collections ont changé d'emplacement, ce qui aurait dû entraîner le renouvellement des plans anciens représentés pages 223 et 225.

Toutefois ces transformations et aménagements n'étant pas encore complètement terminés nous avons préféré, pour le moment, ne modifier que le texte descriptif qui accompagne ces plans.

Dans les pages 222, 224, 226 nous indiquons les nouvelles affectations des salles et les nouveaux emplacements des œuvres.

Enfin signalons à Paris les transformations du Musée du Trocadéro qui abrite désormais dans une aile : le Musée des Monuments Français (ancien Musée des Moulages) et le Musée des Arts et des Traditions Populaires; dans l'autre aile : le Musée de l'Homme (ancien Musée d'Ethnographie).

Quai de Tokio, il reste de l'Exposition Internationale de 1937, le Musée d'Art Moderne dont l'aménagement intérieur n'est pas encore terminé.

Février 1939.

PREMIÈRE PARTIE

L'ANTIQUITÉ

Chapitre I

ART PRÉHISTORIQUE

(a) AGE DE LA PIERRE : lutte des hommes contre les grands animaux. — (b) AGE DU BRONZE. — (c) AGE DU FER. — ORIGINE DE L'ARCHITECTURE : grottes, puis monuments mégalithiques.

Age de la pierre

1° Pierre taillée à petits éclats, haches en silex de forme triangulaire ou ovale (l'outil est la pierre). – Comme progrès : création du manche (fig. 2) – Aucune trace d'habitation (probablement huttes de branchages et de feuilles). – Dessins gravés sur os d'animaux (renne) : les premiers dessins sont semblables à la figure 1, plus tard reproduction de formes *animales* (bisons, mammouths, rennes) surprenantes de mouvement et de vie.

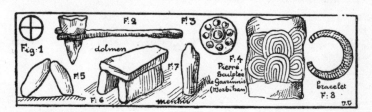

2° Pierre polie (haches en pierre polie). — Le feu est utilisé pour durcir l'argile (poteries). — Habitations sur pilotis ou *cités lacustres*.

Age du bronze

Naissance dans le bassin de la Méditerranée (premières armes en bronze). — Progrès : métallurgie, domestication des animaux et culture des céréales. — Les premiers instruments en bronze imitent les formes des instruments de silex. A cette période on ne trouve plus de dessins d'animaux, mais seulement des ornements linéaires gravés sur la pierre comme ceux du *tumulus* de Gavrinnis (fig. 4).

Age du fer

Premières pièces de monnaies, ceintures, colliers. — Les motifs décoratifs les plus fréquents sont ceux de la figure 3.

Origine de l'architecture

Premiers monuments datent de l'âge du bronze, auparavant l'homme habitait dans les *cavernes*. Le premier progrès est marqué par l'obstacle mis comme fermeture à l'orifice des grottes naturelles. L'âge des métaux permet ensuite à l'homme de créer dans les falaises des cavernes artificielles. La forme la plus primitive du monument funéraire est le *tumulus* (amas de terre); le *dolmen* (fig. 6) est une table formée par de grandes dalles horizontales portées sur une double rangée de blocs verticaux. Les monuments monolithiques comprennent encore les *menhirs* ou pierres levées (fig. 7) et les *cromlechs* ou enceintes sacrées composées de rangées concentriques de pierres brutes. Alignements de pierres levées (Carnac). — Deux pierres appuyées l'une contre l'autre marquent l'origine de l'arcade (fig. 5).

On trouve des monuments préhistoriques en Bretagne, en Angleterre, en Danemark et en Suède. — En France on peut citer : les dolmens bretons (*tables de Locmariaquer*), les *alignements de Carnac*, les tumuli des îles de la mer du Morbihan et les stations préhistoriques des Pyrénées et du Plateau Central. (*Grottes des Eyzies* (Dordogne), grottes des Causses Lozériens et de la vallée du Gardon.) — En Angleterre : cromlech de Stone-Henge, près de Salisbury.

Peinture

Les plus anciennes peintures datent peut-être de l'époque quaternaire, ce sont des figurations d'animaux : mammouths velus, ruminants tels que bisons et rennes. Ils sont rendus avec des attitudes expressives, ce qui dénote de la part des troglodytes une observation profonde de la nature et une technique déjà habile. Les contours des dessins sont d'une justesse et d'une vie surprenantes; quant aux couleurs, ce sont la terre d'ocre et le noir.

Comme œuvres, on peut citer les animaux peints de la caverne de *Fond de Gaume* (Dordogne) et ceux de la grotte d'*Altamira* (Espagne).

Dessin gravé sur les parois de la grotte
de Combarelles (Dordogne).

Chapitre II

ART ÉGYPTIEN

1° *Architecture*

Première civilisation. — Les crues du Nil contribuent à la richesse du pays. — L'histoire de l'Égypte commence 5 000 ans avant J.-C. — Elle comprend trois périodes : 1° Memphite ; 2° Thébaine ; 3° Saïte. — Le plus ancien Empire fut fondé par Menès, qui construisit Memphis. — La 19ᵉ dynastie marque l'apogée de l'art égyptien et la construction des grands monuments de Thèbes. — La 26ᵉ dynastie correspond à la conquête de l'Égypte par les Perses. — Les principaux pharaons furent : Ramsès Iᵉʳ, Séti, Sésostris, Ramsès III. — Peuple très religieux.

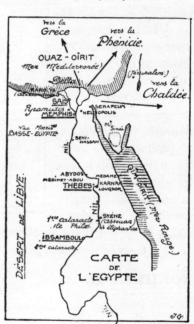

Matériaux
- Bois.
- Limon (terre foulée).
- Pierre (réservée pour les grands monuments).

Monuments remarquables par la masse et leur aspect imposant. — Effet puissant obtenu par la simplicité — frappante impression de durée.

Caractéristiques générales
- *Prédominance des formes pyramidales.*
- Rareté des ouvertures. — Prédominance des pleins sur les vides. — Toitures plates. — Le support est la *colonne.*

LA COLONNE ÉGYPTIENNE

4 variétés : 1° pilier à chapiteau : *Protodorique.*
2° colonne à chapiteau : *Lotiforme.*
3° colonne à chapiteau : *Campaniforme.*
4° colonne à chapiteau : *Hathorique.*

Chapiteaux et fûts

1° *Protodorique.* — Pilier quadrangulaire à l'origine, puis ayant huit faces et même seize *(Tombeaux de Beni-Hassan).*

2° *Lotiforme.* — Origine dans un faisceau de tiges de lotus dont les boutons, serrés par une corde, forment le chapiteau *(Beni-Hassan, Médamout, Karnak).*

3° *Campaniforme*. — Chapiteau s'évasant en forme de cloche renversée, il est décoré de feuilles et de tiges de lotus ou de papyrus. — La corolle ne porte jamais l'architrave, entre ces deux éléments se place un dé en pierre *(Médinet-Abou, Karnak, Edfou, Temple d'Isis* : Ile Philæ).

4° *Hathorique*.— Chapiteau à deux étages; en bas 4 têtes de femme (déesse Hathor), en haut parfois un temple *(Philæ, Dendérah)*.

L'ordre campaniforme et l'ordre lotiforme s'associent quelquefois dans l'ordonnance architecturale *(Karnak)*.

Aux temps pharaoniques le fût de l'ordre campaniforme a un bulbe très prononcé dans la partie inférieure (ce bulbe est décoré de triangles curvilignes enchevêtrés, feuilles de papyrus); aux temps ptolémaïques le bulbe disparaît *(Edfou)*.

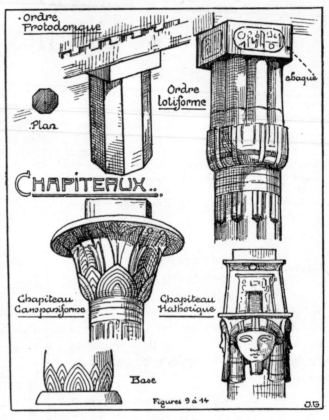

Les bases sont formées généralement d'un disque.

MONUMENTS

Deux sortes :

Cultuels : Temples

Manifestation la plus remarquable de l'art égyptien — le temple couvre une très grande étendue. — *Aspect imposant et mystérieux*.

En avant de la façade s'ouvre une *avenue de sphinx*, puis 2 *obélisques* (colonnes triomphales purement décoratives composées d'un bloc pyramidal terminé à son sommet par une petite pyramide).

L'obélisque qui orne la place de la Concorde, à Paris, provient de Louqsor; pour transporter un obélisque on profitait des crues du Nil, on l'installait alors entre deux bateaux.

Funéraires : Tombeaux

L'Égyptien redoutait après sa mort la destruction de son corps; de là, l'embaumement et la reproduction en sculpture de l'image du défunt.

La momie devant se conserver éternellement, on la défendait contre le vol en cachant du mieux possible les sarcophages :

Trois variétés de tombeaux :

(a) Mastaba, (b) Pyramide, (c) Hypogée

(a) Mastaba

Maçonnerie de forme trapézoïdale avec

La façade comprend : une porte de forme trapézoïdale flanquée de chaque côté d'un *pylône*, murs trapus construits en talus.

La face extérieure de ces pylônes était

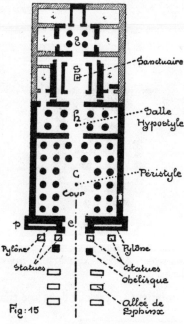

.PLAN D'UN TEMPLE.

Sanctuaire

Salle Hypostyle

Péristyle

Cour

Pylône

Statues

Fig: 15

Pylône

Statues
Obélisque

Allée de
Sphinx

décorée de mâts, de statues et d'inscriptions hiéroglyphiques. En pénétrant dans le temple on trouve :

1° Une cour (c).

2° Une vaste salle dont le toit repose sur des colonnes *(Salle hypostyle)* (h).

3° Une série de salles (i) diminuant de grandeur et de hauteur au fur et à mesure que l'on s'enfonce dans la profondeur du temple.

4° Le sanctuaire proprement dit englobé dans les salles précédentes, sorte de cellule sombre, étroite et basse. Toutes les parois étaient peintes de dessins variés (scènes religieuses).

une seule ouverture donnant dans une chambre. Sur le côté une petite niche ou *serdah* contient la statue du défunt (double).

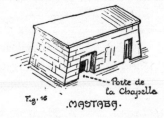

Fig. 16   .MASTABA.

Porte de
la Chapelle

La momie était placée dans une chambre

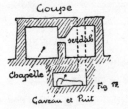

Coupe

serdab

Chapelle

Caveau et Puit

Fig. 17

souterraine accessible par un puits (entrée soigneusement dissimulée).

(b) Pyramide

Tombe royale comprenant trois parties :

1° La chapelle.

2° Les couloirs.

3° La chambre mortuaire.

L'extérieur était lisse (état actuel : en gradins). A l'intérieur, tout était ménagé

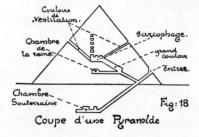

Couloir de
.Ventilation.

Chambre
de
la reine.

Chambre
Souterraine

Sarcophage.

grand
couloir

Entrée.

Fig: 18

Coupe d'une Pyramide

pour cacher l'endroit où se trouvait le sarcophage.

La pyramide évoque par sa masse colossale les conditions particulières qui ont été exigées pour sa construction; levée en masse d'hommes, d'esclaves; manœuvre des pierres; science mécanique avancée.

Considérations esthétiques
sur le Temple

(a) Extérieur

Impression de durée et de solidité

SYMÉTRIE	LOI
(Allée de Sphinx)	Prédominance
(2 pylônes)	de la largeur
(2 obélisques)	et de la longueur.
Prédominance	Horizontalité
des pleins	des lignes
sur les vides.	architecturales.

(RÉSULTANTE)

Harmonie avec l'immense horizon
de la chaîne libyque.

Note pittoresque et majestueuse donnée
par la merveilleuse perspective de l'entrée,
accentuée par la double rangée de sphinx.

(b) Intérieur

LOI : Plus l'on s'avance dans l'intérieur
du temple, plus le plafond s'abaisse et le
sol s'exhausse.

Grand effet
obtenu par les
salles hyposty-
les. (Karnak :
102 mètres sur
51; plafond,
23 mètres de
haut, soutenu
par 134 colon-
nes. Transition
habile entre le
plein soleil de
la cour du péris-
tyle et l'obscu-
rité du sanc-
tuaire; la salle
hypostyle est
noyée dans le demi-jour.

(RÉSULTANTE : aspect mystérieux.)

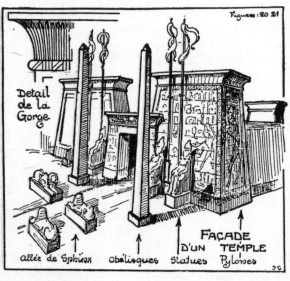

Detail de la Gorge

allée de Sphinx   Obélisques   Statues   FAÇADE D'UN TEMPLE Pylônes

Figures : 20 21

Principales pyramides

Snofrou (la plus ancienne); Saqqarah
(formée de 6 cubes à plans inclinés en
retrait les uns sur les autres); *Chéops*
146 mètres (de haut); *Chéphren et Mycéri-
nos* — pas de décoration; la pyramide est
de l'époque memphite.

(c) L'Hypogée

Chambre souterraine creusée dans la
roche et dont l'ouverture se trouve sur le
flanc de la montagne.

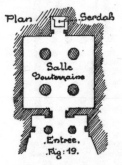

Plan   Serdab

Salle Souterraine

Entrée.
Fig. 19.

Les hypogées s'étendent parfois à des profondeurs
considérables. (Hypogée de Séti Ier : 150 mètres
de long.)

A l'intérieur on pénètre dans une chambre au plafond
plat soutenu par
des piliers, dans
le fond une
niche (serdah).
Le tombeau se
trouvait sous la
chambre.

Les parois sont
ornées de pein-
tures, bas-reliefs
représentant des
scènes de la vie
du mort, des
offrandes, etc.
(Hypogées de
Beni-Hassan).

A la fin de l'époque thébaine, l'hypogée
devient le *Syringe*, véritable labyrinthe.

Le plus vieux temple est celui du **Sphinx.** — Les plus célèbres sont ceux de **Karnak,** de **Louqsor,** d'*Amenhotpou III* (île Éléphantine), d'*Edfou,* de *Médinet-Abou* et de *Dendérah.*

Les principaux dieux adorés par les Égyptiens étaient : Osiris (fig. 26), Isis, Or, Amon-Ra, Thoth, etc. — Les animaux sacrés étaient : l'ibis, l'épervier et le bœuf Apis. — Le *Sérapéum,* monument découvert près de Memphis, contenait la sépulture des bœufs Apis.

Modénature

La principale moulure égyptienne est la gorge généralement placée au haut des pylônes (fig. 20).

Maison. — La maison égyptienne n'avait pas de fenêtres en façade, elle prenait le jour par des cours intérieurs; toits en terrasses.

Temples — Cavernes ou Spéos (imitation des hypogées)

Temples d'*Ipsamboul* creusés dans la falaise. — La façade se compose d'un pylône taillé dans le roc et de quatre colosses assis de chaque côté de l'entrée. — Dans

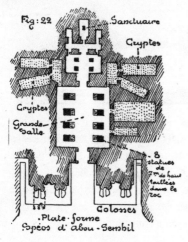

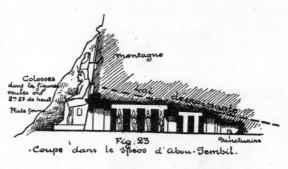

Fig. 23. Coupe dans le Spéos d'Abou-Sembil.

l'intérieur, on trouve une salle de 40 mètres de long sur 18 mètres de large soutenue par huit piliers sculptés et représentant des dieux, d'autres salles à piliers et enfin le sanctuaire (8 cryptes à un niveau plus bas et disposées d'une façon non symétrique complètent le plan).

2° *Sculpture*

Matériaux { Période memphite : calcaire, bois. Période thébaine : granit. Période saïte : matières dures et noires, basalte.

Les statues en bois étaient peintes de couleurs vives, parfois l'œil était formé par un verre coloré enveloppé de métal.

La sculpture égyptienne fut au début un art très vivant, les sculpteurs cherchaient à reproduire très fidèlement les traits du modèle (surtout dans les statues funéraires ou doubles); malheureusement elle fut vite figée dans la routine et l'uniformité, néanmoins si les corps sont toujours raides et sans souplesse, les visages sont presque toujours réalistes et parlants.

Trois genres :

Portraits	Statues monumentales	Bas-Reliefs
(surtout période memphite)	(surtout période thébaine)	
Très haut degré d'expression et de vie — recherche fidèle des traits du visage.	*Colosses d'Ipsamboul.* *Colosses de Memnon.*	Les bas-reliefs font partie intégrale des monuments — le parallélisme des lignes remplace la perspective :
Exemples : Le *Scheik-el-Beled* (statue en bois) — Le *Scribe accroupi* (Louvre) (fig. 25) — Statue de *Ra-Hotep* et de sa femme Nefert.	Statues hybrides, mélange de l'homme et de l'animal, dont le type est le *sphinx* de *Gizeh. (Statue de 19^m,80 de haut, taillée en plein roc.)*	série de personnages ayant la même attitude — dans un individu mélange de la face et du profil (fig. 27 et 28.)

SPHINX

Le sphinx, lion à tête d'homme, représente vraisemblablement un symbole religieux.

Deux variétés :
(a) Andro-Sphinx (Tête d'homme).
(b) Kerio-Sphinx (Tête de bélier).

Fig. 24
Sphinx

Technique de la sculpture égyptienne

En général soignée pour la tête — corps raides — la nature et les accessoires tiennent une très petite place, par contre le pharaon domine toujours ses sujets, par sa taille. — Les bras sont attachés au corps, les genoux rapprochés, les mains sont appuyées sur les rotules — les doigts ont souvent la même longueur.

Le bas-relief égyptien procède de trois méthodes :
1° Simple gravure à la pointe ;
2° Abatage du fond autour de la figure (le plus usité) ;
3° Motif en relief dans un creux (champ réservé).
Le bas-relief se lit de bas en haut.

Type Ethnique : Figure ronde — front bas — lèvres épaisses — épaules larges, pectoraux bombés —

Figure 25
Le scribe accroupi (Louvre)

Fig. 26
Statue d'Osiris

jambes empâtées aux chevilles — pieds plats — à la fin de la période thébaine le type devient élancé et svelte.

3° *Peinture*

La peinture était étroitement liée à la sculpture car les bas-reliefs étaient peints. — Teintes plates — couleurs à l'eau et à la résine. — Les statues masculines étaient peintes en rouge et les statues féminines en jaune clair.

Les animaux sont particulièrement bien représentés.

« Jamais on n'a mieux exprimé qu'en Égypte la force calme du lion, la démarche sournoise et endormie du léopard, la grimace des singes, la grâce un peu grêle de la gazelle et de l'antilope. » (MASPÉRO.)

Soldats égyptiens. Fig. 72

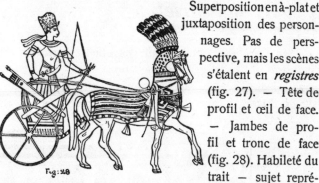

Fig. 28

Convention de la peinture

Superposition en à-plat et juxtaposition des personnages. Pas de perspective, mais les scènes s'étalent en *registres* (fig. 27). — Tête de profil et œil de face. — Jambes de profil et tronc de face (fig. 28). Habileté du trait — sujet représentant des scènes familières : vie agricole, militaire, etc. (peintures des hypogées de *Bbian-el-Molouk*).

Décoration

Les surfaces lisses des pylônes, les murs, les fûts, etc., étaient couverts de peintures décoratives — les premiers essais semblent vouloir imiter les nattes tissées, plus tard on trouve l'interprétation de la flore : le lotus, le papyrus et même de la faune : scarabée, aspic, etc. A l'époque thébaine chaque partie d'une construction a une

1. jaune
2. rouge
3. vert
4. bleu

animaux dans le decor egyptien

A disque ailé B,C : aspic D : scarabée Figures 29,30,31. J.O.

décoration appropriée à sa signification. (Ce qui touche le sol : fleurs, fruits; dans le plafond : étoiles, etc.)

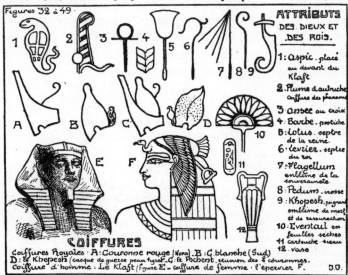

Figures 32 à 49

ATTRIBUTS DES DIEUX ET DES ROIS.

1 : Aspic placé au devant du Klaft
2 : Plume d'autruche coiffure des pharaons
3 : Ansée ou croix
4 : Barbe postiche
5 : Lotus septre de la reine
6 : Levrier septre du roi
7 : Flagellum emblème de la souveraineté
8 : Pedum crosse
9 : Khopesh poignard emblème de mort et de résurrection
10 : Eventail en feuilles séchées
11 : cartouche sceau
12 : vase

COIFFURES

Coiffures Royales : A : Couronne rouge (Nord) . B : G blanche (Sud)
D : le Khepesh (casque de guerre peau tigré) G : le Pschent réunion des 2 couronnes.
Coiffure d'homme : Le Klaft (figure E) - coiffure de femme : l'epervier F. J.O.

4° *Art industriel*

Les Égyptiens ont produit des objets charmants dans toutes les branches de l'industrie. — Les Égyptiens ne connaissaient ni le diamant ni le rubis, mais ils employaient : l'agathe, l'améthyste et l'émeraude — fabrication de colliers. — *Bijoux :* bagues, chaînes incrustées de pierreries, scarabée en or, argent... l'Égyptien aimait les

bijoux et chargeait d'ornements les bras, les doigts, le cou et les oreilles de ses morts. — Les femmes portaient sur leur poitrine des *pectoraux* en forme de petit temple (musée de Gizeh). — Vases à parfum en albâtre. — La vallée du Nil fournissait aux potiers de la bonne argile. — Épingles à cheveux — peignes — incrustation des meubles avec de l'*ivoire*. — Manches de miroirs — cuillers à parfum et à collyre en *sycomore*. — Tous les objets étaient décorés d'une ornementation peinte ou sculptée empruntée à la flore ou à la faune (chaises ornées de fleurs de lotus, etc..).

Égyptologues

Champollion (qui déchiffre les hiéroglyphes à l'aide de la pierre de Rosette gravée en trois écritures) — *Rosellini, M. E. de Rougé, Mariette, Pierret, Maspéro, Grébaut,* etc.

Caractère général de l'Art égyptien

Jusqu'au jour où l'art grec aura pris son essor, les maîtres égyptiens resteront les plus grands artistes de l'antiquité. Leur architecture, par les belles matières qu'elle emploie, par ses proportions, par sa richesse, par sa variété, est sans rivale, tant que n'est pas né le temple dorique. Dans la représentation des individus et dans celle des races, leur sculpture témoigne d'une aptitude singulière à saisir et à rendre les traits particuliers qui distinguent les êtres qu'elle observe ; elle sait créer des types qui s'élèvent à la vérité générale sans devenir étrangers à la réalité ; ses statues royales s'imposent à l'esprit et sont vraiment grandes, moins encore par leurs dimensions, souvent colossales, que par leur style, que par leur expression de calme et de gravité pensive... Dans ses bas-reliefs et dans ses peintures, vous admirez, avec un sentiment pénétrant des diversités de la vie, la pureté du contour, la justesse et la liberté du dessin...

(G. PERROT, *Histoire de l'Art dans l'Antiquité.*)

Chapitre III

ART CHALDÉEN ET ASSYRIEN

1° *Architecture chaldéenne*

La civilisation chaldéenne s'est étendue dans la vallée du Tigre et de l'Euphrate et semble à l'origine n'avoir eu aucune relation avec la civilisation égyptienne — l'art chaldéen revêt vite un caractère exclusivement royal. — Nabuchodonosor élève les monuments de Babylone. — Religion : astrolatique.

Caractéristiques générales
- *Emploi de la brique.*
- *Constructions sur terrasses* avec escaliers et plans inclinés pour y parvenir.
- *Murs* épais.
- *Voûtes* rudimentaires en encorbellement *(Mugheïr).*

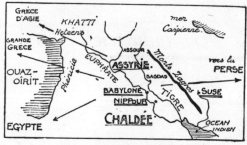

Carte de la Chaldée et de l'Assyrie.

Fig. 54
Colonnes

Colonnes formées d'assises de briques triangulaires réunies par leurs angles (fig. 54).

MONUMENTS

Deux sortes :

Religieux : Zigurat

Tour à sept étages sur plan carré; on y accédait par des plans inclinés. Au sommet les prêtres célébraient le culte du feu.

Plan incliné

Zigurat   Fig 55

Civils : Palais

Disposition intérieure appropriée à la vie orientale.

Trois parties
- 1° Partie publique.
- 2° Partie centrale *(sélamlik).*
- 3° Harem.

Débris à *Tello, Warka, Abu-Sharein.*

La tombe chaldéenne et assyrienne n'offre aucun intérêt. — Les parements de la Zigurat étaient ornés de stries et couronnés de crénelages. — Chaque étage était peint d'une couleur différente, l'argent et l'or étaient réservés aux deux derniers étages.

Ornementation des façades des monuments

Deux éléments
- 1° Pilastres formant double ressaut.
- 2° Saillies demi-cylindriques disposées verticalement (limitation probable de troncs de palmier).

2° *Sculpture chaldéenne*

Fig. 56.
Statue de Goudea.
(architecte de Tello)

Les plus anciens bas-reliefs sont ceux de *Tello* (Stèle des vautours). Statues en ronde-bosse (diorite noire) trouvées dans le palais de *Goudea* (fouilles Sarzec. Musée du Louvre). Style lourd, personnages assis, — pieds scrupuleusement traités ; sur les genoux, tablettes avec dessins architecturaux.

Les statues ont souvent la main droite dans la main gauche (signe de respect), les statues de femmes sont rares · · vêtements simples : châles frangés.

On peut marquer l'origine de l'art héraldique dans la création chaldéenne des animaux fabuleux.

3° *Art industriel*

Figurines de terre cuite. — Produits variés de la glyptique : amulettes, cylindres, cachets, cônes gravés, etc.

4° *Architecture assyrienne*

L'art assyrien est postérieur à l'art chaldéen. — La principale ville était Nimroud. — L'apogée de l'art assyrien est marqué par le temps des Sargonides. — Les fouilles en Assyrie et en Chaldée ont été faites par Botta, Place, Fresnel, Oppert, etc.

L'architecture ressemble à celle de la Chaldée — matériaux : briques et moellons — Absence de fenêtres au rez-de-chaussée — éclairage par les cours. *Colonnes* décorées de chapiteaux sphériques — Les bases représentent parfois des animaux. — Les façades comprenaient une porte en plein cintre flanquée de deux avant-corps (fig. 57). — Les archivoltes étaient décorées de carreaux émaillés.

Façade du palais de Sargon. Fig. 58. — CHAPITEAU. Fig 59 — (Restitution) F 57 Modénature. — Plan.

MONUMENTS

Deux sortes :

1° Temples : Zigurat ;

2° Palais : immenses constructions élevées sur une esplanade ; impression d'un camp fortifié ; accès par de larges rampes en pentes douces.

Types : *Nimroud, Khorsabad* (31 cours, 209 pièces).

Rainures anguleuses; pas de corniches.

Différences entre l'Architecture Assyrienne et l'Architecture Égyptienne

Égypte	*Assyrie*
Fondations. Emploi de la pierre.	Pas de fondations. Briques.
(Conséquence : durée des édifices).	(Conséquence : destruction rapide).
Symétrie.	Non-symétrie.
Murs construits en talus.	Murs appareillés *debout*.
Salles hypostyles.	Pas de salles hypostyles.
Variété des chapiteaux.	Rareté des chapiteaux.
Art religieux.	Art civil.

L'Architecture Assyrienne comparée à l'Architecture Égyptienne paraît lourde et manque de variété. — Les édifices religieux n'atteignent point à la noblesse des temples égyptiens ni à leur mystérieuse beauté.

5° *Sculpture*

Type ethnique : nez busqué, lèvres fortes, sourcils très accentués ; barbe frisée en tire-bouchons parallèles ; tuniques et manteaux couverts de broderies ; race guerrière violente et cruelle.

Les figures isolées sont rares : *Statue d'Assur-Nazir-pal* (Londres).

La sculpture en bas-relief a un caractère historique, elle est destinée à transmettre le souvenir des victoires royales. Sujets violents : combats, figures lourdes, expression rude.

Différence des bas-reliefs

Égyptiens	*Assyriens*
Détails atténués :	Reliefs accentués :
(Travail de la pierre dure).	(Travail de la pierre tendre).
Finesse des lignes et grâce des contours.	Saillies violentes pour marquer la musculature. Puissance de mouvement et énergie du modelé.
Représentation de formes humaines nues, d'où souplesse des silhouettes.	Représentation de formes humaines drapées, d'où épaississement des contours.
Sujets : Scènes religieuses ; — Funérailles ; Vie agricole.	*Sujets :* Scènes de chasse ; — Combats ; Rareté des représentations de funérailles.

Colosses ailés

Taureaux à face d'homme; ailes à plumes géométriques; poils bouclés s'étendant sur les hanches; pattes : six (deux sur le devant, quatre sur le côté); aspect très imposant (fig. 61). (Louvre.)

Les *animaux* ont été traités d'une façon supérieure par les Assyriens. (Lionne mourante) (fig. 60). (British Museum.)

Les taureaux ailés étaient utilisés pour la décoration des pieds-droits des portes.

Dans les bas-reliefs on trouve très souvent l'*Arbre de Vie*, sorte de motif

La Lionne Blessée (Londres)—Fig: 60

Fig. 61.

Sculpture assyrienne.   Fig. 62.

symbolique, formé de palmettes et de rosaces (fig. 65).

6° *Peinture*

étoiles   Ornement caractéristique
1 blanc. 2 rose 3 vert
Figures 63. 64. 65.   (Fragment de l'arbre de vie)

Application sur les briques de stuc coloré; briques émaillées autour des portes.

La pomme de pin, emblème sacré, est souvent représentée comme motif décoratif.

7° *Art industriel*

Métallurgie très développée (portes du palais de *Salmanasar III*, à Balawat) (Londres).

Lion de bronze servant de poids (fig. 65 bis).

Décoration des armes et des boucliers.

Ameublements très luxueux (idée peut-être donnée par les bas-reliefs représentant des intérieurs de palais).

Tapisseries réputées dans le monde antique.

Fig. 65 bis.

Lion de bronze servant de poids.

— Pavements — Seuils. (Musée du Louvre.)

Glyptique. Les Assyriens se servaient d'un cachet pour signer certains actes, mais ces pierres étaient également considérées comme amulettes. — Belles pierres gravées sous forme de *cylindres;* sujets fréquents : dieux triomphant des démons.

(Collections au Musée britannique, à la Bibliothèque nationale de Paris et au Cabinet de la Haye)

Chapitre IV

ART PERSE

1° *Architecture*

La Perse s'étendait sur le plateau de l'Iran depuis le Tigre jusqu'à l'Indus.
Les plus anciens monuments ne remontent qu'au règne de Cyrus (549-529).
Darius détermine le premier grand choc entre la civilisation asiatique et la civilisation hellénique (guerres médiques). Conquête de l'Égypte par Cambyse. Religion : magie.

Caractéristiques : L'Art Perse subit deux influences :

Architecture Assyrienne
(a) Construction sur terrasse.
Escaliers monumentaux.

Architecture Hellénique de l'Asie Mineure

(b) Chapiteaux bicéphales (fig. 66)
formés de :

Deux taureaux supportant la poutre.

Sous les deux taureaux se trouvent des volutes.

(c) Aspect général des constructions, lignes sévères, largeur des masses.

taureaux :

volutes :

(Comparer ce chapiteau si fantaisiste avec le chapiteau égyptien si rationnel.)

(d) Détails architecturaux : Modénature, Taureaux ailés.

corolle
cloche

(e) Sculpture monumentale en bas-relief.

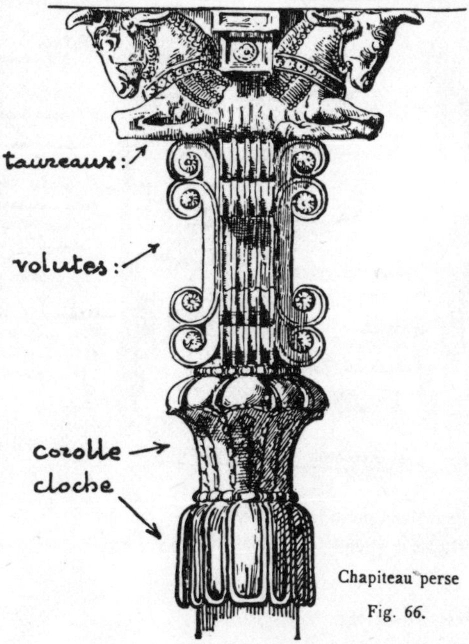

(f) Base des colonnes formée d'un tore et d'une doucine allongée en forme de cloche — décor de feuillages et de palmes (fig. 67)

Chapiteau perse

Fig. 66.

2

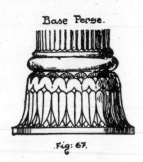

Base Perse.

Fig: 67.

Les colonnes perses ont 32 et même parfois 52 cannelures.

On retrouve dans l'architecture Perse la salle hypostyle (influence égyptienne).

Considération générale : La conception de la forme est complètement différente de la conception égyptienne et assyrienne ; au lieu de la masse uniforme, c'est ici le détail qui domine et ce sont les détails assemblés qui produisent l'effet d'ensemble.

MONUMENTS

Presque pas d'architecture religieuse.

Deux variétés de monuments

Funéraires : Deux sortes :

1° Tombeau de Cambyse Ier (Tour carrée) ;

2° Tombeaux de *Darius* et des princes de sa dynastie, creusés dans le roc à *Nakché-Roustem.* (Souvenir des hypogées égyptiennes.)

Civils : Palais.

1° *Palais de Cyrus à Persagade ;*

2° *Palais de Persépolis,* élevé par Xerxès (fig. 68) ; portes rectangulaires ornées de gorges égyptiennes ; grand escalier).

3° *Palais de Suze,* élevé par Artaxerxès ; *(Apadana)* ou salle hypostyle ; frise monumentale en brique émaillée.

Fouilles de Suze entreprises par M. et Mme Dieulafoy. (Musée du Louvre.)

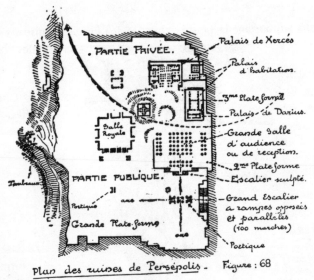

Plan des ruines de Persépolis. Figure : 68

L'Art Perse doit s'étudier dans trois périodes principales :
1° Période Archéménide (jusqu'à la conquête d'Alexandre, 330) ;
2° Période des Parthes ;
3° Période Sassanide ;
Enfin il y a aussi un Art Persan moderne.

2° *Sculpture*

Mêmes influences que l'architecture. *Bas-Reliefs :* sujets empruntés à la religion ou à la vie du roi (très souvent : lutte d'un personnage contre un animal symbolique).

Type ethnique distinct de l'Assyrien; corpulence moindre, expression moins cruelle, tiare moins élevée, toque s'évasant par le haut; les mains émergent de longues manches tombant en plis flottants. (Assyriens : les manches s'arrêtent au coude.) Pas de broderies sur les toges.

Bas-reliefs de Persépolis :

Se trouvent sur les quatre rampes de l'escalier qui conduit à la deuxième plate-forme, merveilleuse page de sculpture historique; sujet : les représentants délégués des provinces apportent au roi leur tribut annuel.

De même qu'à Ninive on trouve à Persépolis des *taureaux androcéphales.*

Principales différences entre les Taureaux :

Perse	Assyrien
4 pattes; sur la tête pas de cornes. 	5 pattes; cornes sur la tête. 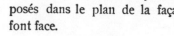
Partie supérieure des ailes décrit une courbe en S (fig. 69).	Partie supérieure des ailes disposée horizontalement (fig. 70).
Les taureaux perses sont toujours disposés parallèlement de chaque côté de l'ouverture.	Parfois les taureaux assyriens sont disposés dans le plan de la façade et se font face.

Animaux en général moins bien traités que dans l'art assyrien.

3° *Peinture*

Perfectionnement de la brique émaillée; estampage en relief; *célèbres frises des Lions et des Archers* (fig. 72 et 73); découvertes à Suse par M. Dieulafoy. (Louvre.)

ornements polychromes du Palais d'Artaxerxes   Fig. 71

Période des Parthes : En architecture, œuvre d'imitation grecque. *(Temple de Kingavar.)*

Frise des lions.   Fig. 72.

Période Sassanide : Contact avec l'art byzantin; arcades sur colonnes. *Salle du Trône de Ctésiphon.)*

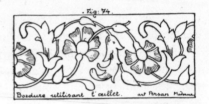

Frise des archers.   Fig. 73.

Persan moderne : La Perse a un art moderne qui n'est que la continuation de l'art antique avec, toutefois, une influence arabe laissée lors de l'invasion de ceux-ci.

La composition ornementale est à la fois géométrique et florale, l'œillet domine et devient une caractéristique; les nuances sont fines et légères.

Dans l'art décoratif il faut surtout signaler les tapis et la céramique.

Chapitre V

ART INDIEN

1° *Architecture*

Caractéristiques. — Colonne souvent terminée par un chapiteau en forme

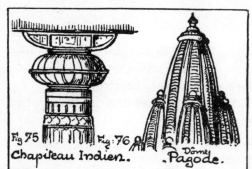

Fig. 75
Chapiteau Indien.

Fig. 76
Dôme Pagode.

Modenature.

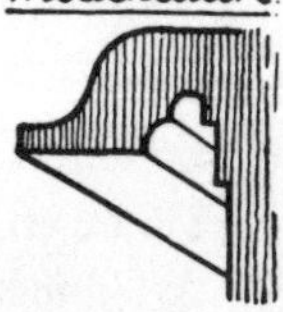

Coupe dans une corniche.
Fig. 77

de sphère aplatie (*Éléphanta*) (fig. 75). — Les piliers affectent parfois l'imitation d'éléphants. — Le toit des *pagodes* a la forme de dôme à renflements étagés. — Emploi de la charpente (richesse des forêts). — L'ensemble architectural disparaît souvent dans les monuments sous les sculptures et le nombre considérable des moulures.

Religion de l'Inde : trois périodes :
1° Période brahmanique (antérieure au III° siècle avant J.-C.);
2° Période bouddhique (du III° au V° siècle après J.-C.). — Temples souterrains ;
3° Deuxième période brahmane (pagodes).

MONUMENTS

La plus belle expression de l'art indien est la *pagode*.

Quatre parties
{
1° Enceinte avec portes monumentales;
2° Salles destinées aux pèlerins;
3° *Mandapa,* vestibule et porche à colonnes;
4° *Vimana,* salle formant sanctuaire, surmontée d'un dôme.
}

Plus célèbres pagodes : *Tandjore, Madura, Sriringam.*

Deux variétés de dômes
{
1° A étage, retraits successifs *(Sriringam) ;*
2° A faces courbes sillonnées de côtes longitudinales (fig. 76) *(Bhuwaneswar).*
}

Classification des Monuments

(a) Architecture Bouddhique

Principales formules

- 1° *Lat* ou pilier surmonté d'une image symbolique (fig. 82) ;
- 2° *Tope :* tumulus *(Topes de Sanchi et de Bhojpour) ;*
- 3° *Chaïtyas :* chapelles creusées dans le roc (plus célèbre : *Karli) ;*
- 4° *Viharas* ou monastère *(Ajunta).*

(b) Architecture Hindoue

Principales divisions

- 1° *Dravidien :* plan rectangulaire, tour pyramidale à étages ;
- 2° *Chalukyas :* plan en étoile ;
- 3° *Indo-aryen :* plan carré, dôme curviligne.

(c) Architecture Indo-Musulmane (du XII° au XVIII° siècle)

1° Antérieure à la période mogole : *Delhy ;*

2° Époque mogole : Le *Tadj d'Agra (Lahore)* (Tombeaux de *Mysore).*

(d) Architecture Indo-Thibétaine (du II° siècle à nos jours).

Architecture du Népal : *Buddnath.*

(e) Architecture Moderne : *Bénarès.*

Influence sur les pays environnants

Imitation du bois (pagode de *Bangkok) : Birmanie* (a).

Dôme en forme de capsule : *Siam* (b).

Art khmer (pagode d'*Angkor) : Cambodge* (c).

Dômes en forme de cloche renversée *s*e terminant en pointe : *Java* (d).

Fig 78 Birmanie   Java. Fig 79

Il existe une architecture gréco-bouddhique dans le nord-est de l'Inde : monuments de Peshawer. — L'architecture hindoue correspond à la religion néobrahmanienne. — Dieux : Civa, Vischnou.

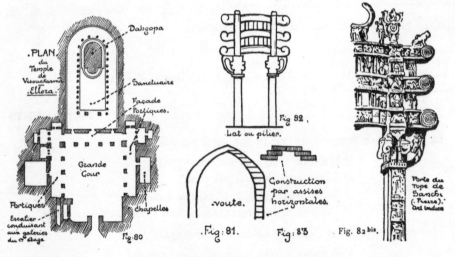

Le Temple

Le temple indien est un véritable reliquaire; à l'intérieur, en arrière de la statue du dieu, se trouve le *dahgopa*, construction symbolique souvent couronnée par une sphère aplatie. — La façade était recouverte de sculptures décoratives.

2° *Sculpture*

Fig. 84 — Civa.

La sculpture est faite pour la religion; sujet fréquent : Bouddha assis, expression calme et indéchiffrable, yeux en amande, lèvres épaisses, tête auréolée.

Art khmer : nombreux bas-reliefs étranges aux saillies molles et au dessin confus; scènes de danse : rythme des ballerines curieusement rendu, bras et jambes multipliés dans des proportions monstrueuses.

3° *Peinture*

Les œuvres manquent : on peut toutefois citer les fresques d'*Ajunta* (Tentation de Bouddha par les démons).

Sous les empereurs mogols, la peinture est persane.

4° *Art décoratif*

Caractéristiques du décor : palme à bout pointu, pomme de pin. — Pour tout ce qui est circulaire les motifs vont en rayonnant. — Des cordons plats ou tressés

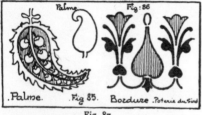

Palme. Fig. 85.   Fig. 86   Bordure. Poterie du Sind.

Fig. 87.

(fig. 88) se trouvent très fréquemment dans les encadrements. — Dans les fonds, les feuillages sont tendus à plat et se juxtaposent, ils remplissent toute la surface sans jamais se superposer. Les motifs sont parfois disposés sur des réseaux géométriques (fig. 89).

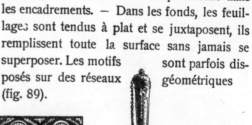

Fig. 88.   Fig. 89.   Sarai ou carafon.   Bracelet (argent)

Éléments modifiés par le voisinage :

Ouest (côté Perse) :	Est (côté Chine) :
Le style est indo-persan.	Le style est chinois.
Œillet.	Ornements géométriques.
Palme.	Grosses fleurs.

5° *Art industriel*

Cuivre	Bijouterie	Tissus	Céramique
Matière préférée. Sur les vases et plateaux : décor au repoussé.	très fine, ressemble à de la dentelle. Saraïs fabriqués à Penjab; délicatesse des ciselures.	Célèbres châles du *Cachemire*. Cotonnades (indiennes) du Penjab.	Le *Sind,* décor persan. Le *Delhi,* plus géométrique. Poteries de Madura.
Émaillerie	Poignées d'armes qui sont des bijoux.		
A pour centre : Jaipour. — Porcelaine bleue à rinceaux.			

Meubles : Se composent de lits et de coffres.

L'incrustation est le principal décor, mosaïque d'ivoire, d'ébène, d'argent et de laiton.

Ivoire : petits éléphants portant baldaquin; jonques (pièce d'échiquier); peignes.

Chapitre VI

ART HÉTHÉEN=PHÉNICIEN=JUIF

(a) ART HÉTHÉEN

Les Héthéens ou Hittites sont des populations d'origines diverses qui ont peuplé la Syrie, de l'Euphrate à l'Égypte, ainsi que la Cappadoce et une partie de l'Asie Mineure.

Art qui a servi d'intermédiaire entre l'art assyrien et l'art grec. — Plus grossier et plus rudimentaire que l'art assyrien. Les figures se dressent sur des fonds mal établis; fréquence des monstres et des figures ailées.

Stèles de *Carchémis.* — En Cappadoce, ruines des palais d'*Euîuk* et de *Boghaz-Keui,* construits sur terrasse. — Bas-reliefs rupestres de l'Asie Mineure. — Frises sculptées de *Jasili- Kaïa,* scènes religieuses relatives au dieu *Mêu.*

(b) ART PHÉNICIEN

Les Phéniciens furent un peuple très commerçant.

Art qui a servi d'intermédiaire entre l'art égyptien et l'art grec. — Les Phéniciens n'ont pas eu d'art original qui leur soit propre; néanmoins ils ont joué un grand rôle dans l'histoire de l'art en répandant dans le bassin méditerranéen la civilisation égyptienne.

1° *Architecture*

Le principe de l'architecture phénicienne est le roc taillé et non la colonne comme chez les Égyptiens.

Éléments : Pilier rectangulaire se terminant par des volutes (point de départ du chapiteau ionique grec) (fig. 92).

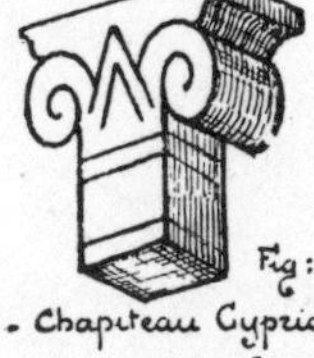

Fig : 92
- Chapiteau Cypriote.

Monuments : Maabed d'*Amrith,* reste du temple; le sanctuaire était dressé sur une plate-forme.

Les tombeaux sont creusés dans le roc avec, au-dessus, une borne ou cippe *(méghazil).* — Nécropoles de *Tyr* et de *Sidon.*

méghazil d'amrith.
Fig 93

Monument funéraire d'*Amrith.*

Monuments phéniciens des colonies maritimes : Monuments mégalithiques de l'*Eryx* (Sicile). — Sanctuaires de *Malte,* de *Gozzo,* mouraghes de la Sardaigne, tombeaux de *Carthage.*

2° Sculpture

Sarcophages : Grandes cuves monolithes reproduisant la forme de la momie (imitation égyptienne) : tombeau d'*Eschmunazar*.

Sculpture cypriote : Mélange de grec et d'asiatique : colosse d'*Amathonte*. — Quelques belles statues d'inspiration grecque aux draperies soignées, ayant le rire éginétique (collection au musée de New-York) (fig. 94).

3° Industrie

Statue cypriote

Terres cuites : chars, dieux, grotesques. — Verrerie très recherchée. — Les artistes verriers de Sidon furent célèbres. — Coupe en métal trouvée à Palestrina.

(c) ART JUIF

L'art juif se forma en Palestine.

Architecture subit les influences phéniciennes. — Fameux temple de *Salomon* (complètement détruit). — Bel appareil architectural au *Tombeau d'Abraham, à Hébron.*

Chapitre VII

ART GREC

L'art grec résume pour nous la perfection antique et la beauté artistique dans leur manifestation humaine.

L'art grec est l'art harmonieux par excellence, il est la résultante de l'inspiration mélangée à la réflexion. — Il doit son brillant développement au grand rôle que l'art a joué dans la société grecque. — Des considérations particulières ont favorisé son éclosion.

1° La nature (mer, îles, continent, beau climat, beau ciel) ;

2° La race : merveilleuse alliance de l'esprit dorien (grave, noble) avec l'esprit ionien (gracieux et fantaisiste) ;

3° Les mœurs (vie publique en plein air, exercice, goût pour la vie politique, développement de l'intelligence) ;

4° Beauté du type hellénique.

1° Domaine géographique de l'art grec

Cinq groupes bien définis :

1° L'Hellade avec ses villes comme Corinthe, Sparte, Delphes et Athènes est bien la Grèce proprement dite, la Grèce centrale, celle qui caractérise l'art dorien ;

2° La Grèce asiatique avec ses cités comme Priène, Ephèse, berceau de l'art ionien ;

3° La Grèce d'Afrique dont les villes les plus importantes sont Naucratis et Cyrène ;

4° La Grèce occidentale qui s'attache comme une frange aux golfes et aux promontoires de l'Italie du Sud et dont les cités les plus célèbres furent Pœstum, Cumes, Sybaris, Crotone, Métaponte, Tarente, Massalie, etc... ;

5° Et enfin la Grèce insulaire qui comprend la Sicile, les îles de l'Adriatique, Cythère et la Crète, les Cyclades et les Sporades, Rhodes et Chypre, Samos, Chios, Lesbos, etc., etc...

La race grecque, située sur les confins de l'Europe, de l'Asie et de l'Afrique, se trouve, par cette situation privilégiée, être une des mieux douées qui aient participé à l'œuvre commune de la civilisation.

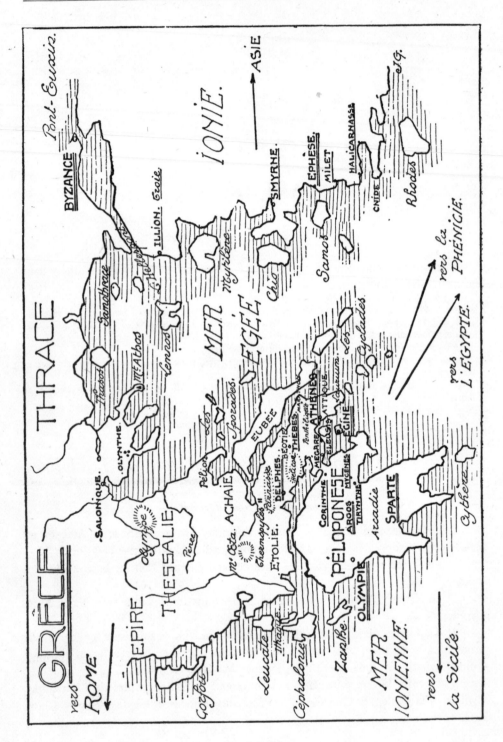

Carte de la Grèce.

2° *Origines de l'art grec*

(a) Civilisation gréco-pélasgique

Fouilles de *Santorin* (révélant des civilisations antérieures au seizième siècle avant J.-C.).

Fouilles d'*Hissarlik,* par Schliemann, bijoux, vases d'or, etc.

Antiquités de *Mycènes,* de *Tirynthe* (poteries décorées de plantes et animaux marins; décor bien particulier et caractéristique).

Fouilles d'Arthur Evans en Crète (Palais du roi Minos : le Labyrinthe).

(b) Civilisation gréco-orientale

Entre le douzième et le septième siècle avant J.-C., absence de monuments jusqu'à la période archaïque, où l'on peut signaler deux influences :

1° Influence phénicienne (art égyptien);

2° Influence assyrienne (très considérable).

Le mouvement part des îles et de l'Ionie, puis il atteint la Grèce proprement dite et revêt, dans les diverses contrées où il se développe : Égine, Argos, le Péloponèse, l'Attique, un caractère tout différent.

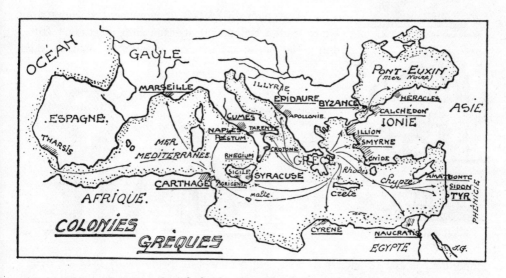

Carte du domaine géographique de l'art grec.

La race grecque se forma sur les deux rives de la mer d'Égée. — Les temps héroïques succédèrent aux temps légendaires. — La guerre de Troie fut chantée par *Homère* (l'*Iliade* et l'*Odyssée*). — Les guerres médiques eurent lieu entre les Grecs et les Perses (Marathon-Salamine). — Le siècle de Périclès fut le plus célèbre de l'histoire grecque, ce fut l'époque de Sophocle, d'Euripide, de Socrate, de Phidias. — Alexandre (IIIe siècle avant J.-C.) fit la conquête de la Perse et de l'Inde.

2° *Architecture*

A) ARCHITECTURE PRIMITIVE

1° Monuments gréco–pélasgiques :

L'histoire de l'architecture grecque commence avec la civilisation mycéenne (XIIe siècle avant J.-C.).

(a) Murailles cyclopéennes

Gros blocs irréguliers. — Remplissage avec de petites pierres *(Murs de Tirynthe)*. — Tentative de voûte : galeries de Tirynthe (assises horizontales en encorbellement).

(b) Murailles pélasgiques

1er système : Blocs rectangulaires, sans pierres de remplissage *(Murs de Mycènes)*.

2e système { Pierres quadrangulaires en assises régulières horizontales; joints dirigés dans tous les sens.

3e système : Blocs polygonaux irréguliers (Acropole de *Samicon)*.

(c) Trésors

Édifices à plan circulaire recouverts d'une voûte appareillée par assises horizontales *(Trésors d'Atrée, à Mycènes)*.

A l'exception de la façade, le monument est souterrain. Un corridor à ciel ouvert, ménagé entre deux murs, conduit à la porte; celle-ci est surmontée d'un linteau

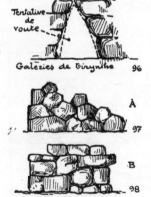

murs Cyclopeens.   95

Tentative de voute —
Galeries de Tirynthe   96

A   97

B   98

C   99

murs pélasgiques

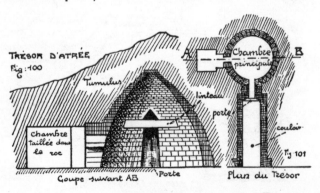

TRÉSOR D'ATRÉE
Fig: 100
Tumulus
Chambre taillée dans le roc
Coupe suivant AB   Porte

A   Chambre principale   B
linteau
porte
couloir
Fig 101
Plan du Trésor

monolithe colossal (8 mètres de long sur 6 mètres de profondeur) orné de deux moulures qui se continuent sur les jambages de la porte. Au-dessus du linteau : vide triangulaire faisant office d'arc de décharge (ou emplacement du bas-relief) (voir **acropole**). Grande salle recouverte probablement de plaques de métal.

Trésor d'Orchomène (même forme que le trésor d'Atrée).

(d) **Acropoles**

Enceintes de rochers escarpés (acropoles de *Tirynthe* et de *Mycènes*).

Portes des acropoles : *Porte des Lions*, à Mycènes.

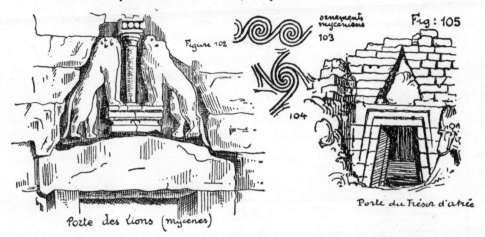

Figure 102 — ornements mycéniens 103 — 104 — Fig : 105

Porte des lions (mycènes) — Porte du Trésor d'Atrée

Porte des Lions, à Mycènes : deux jambages monolithes inclinés l'un vers l'autre et supportant un linteau ; au-dessus, vide triangulaire orné d'un bas-relief archaïque : deux lions ayant leurs pattes de derrière sur le linteau et les pattes de devant sur le soubassement d'une colonne.

Les têtes de lion ont disparu (elles étaient probablement en métal ; les trous de scellement existent).
Particularités : La petite colonne demi-circulaire a la forme d'un tronc de cône renversé ; le chapiteau est formé de plusieurs anneaux, d'une échine et d'un tailloir (voir dorique).

2° Monuments lyciens :

Tombeaux de la Lygie, de la Phrygie et de la Lycie ; tombes de la vallée du *Xanthe*. Tumuli de la *Troade*.

En Lycie, les tombeaux sont creusés dans le roc et reproduisent les détails de la construction en charpente.

Remarque : Analogie entre le chapiteau trouvé en Troade, le chapiteau perse et le chapiteau cypriote.

F:106 Chapiteau trouvé en Troade. Fig:107 Tombeau Lycien. (imitation de la construction en charpente)

(B) ARCHITECTURE CLASSIQUE

Au commencement du VIe siècle, l'architecture grecque est constituée ; de perfectionnement en perfectionnement elle produira, au Ve siècle, des œuvres d'une pureté de style et de proportion que l'on cite avec juste raison comme des modèles.

(a) Appareil

appareil grec. Fig : 108 .

Blocs quadrangulaires à arêtes vives; les assises sont d'une hauteur égale ; les joints verticaux tombent exactement au milieu du bloc de dessus et du bloc de dessous. Les pierres sont posées sans mortier, souvent elles sont réunies par des crampons de métal. Précision remarquable de l'appareillage.

Deux genres d'appareil $\begin{cases} 1° \textit{Isodomum} : \text{assises d'égale hauteur ;} \\ 2° \textit{Pseudisodomum} : \text{deux assises égales et une inter-} \\ \quad \text{médiaire plus petite.} \end{cases}$

Appareil à bossage (monument de *Lysicrate*).

Matériaux : marbre (Pentélique), pierre, brique, terre cuite.

(b) Peinture architecturale

Les monuments grecs étaient peints. Couleurs de l'époque archaïque : ocre, rouge et bleu. — Les tympans, les métopes, les triglyphes et les frises sont les parties généralement peintes.

(c) Modénature

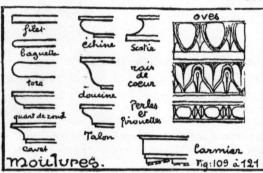

moulures. Fig : 109 à 121

Principaux ornements des moulures :

Grecques : méandres (sur les surfaces planes : larmier).

Oves (ornements de forme ovoïde séparés par une flèche ou dard) sur les tores.

Perles et *Pirouetics* décorent les baguettes.

Rais de cœur (fleurs d'eau séparées par des flèches) décorent le talon.

Larmier : moulure très saillante destinée à rejeter les eaux de pluie.

(d) Les ordres

Ensemble architectural formé par :

1° *Un soubassement :* (Gradins ou moulures).

2° *Une colonne.* . . . . . . $\begin{cases} \textit{(a)} \text{ Base.} \\ \textit{(b)} \text{ Fût.} \\ \textit{(c)} \text{ Chapiteau.} \end{cases}$

3° *Un entablement* . . . $\begin{cases} \textit{(a)} \text{ Architrave.} \\ \textit{(b)} \text{ Frise.} \\ \textit{(c)} \text{ Corniche.} \end{cases}$

Il y a trois ordres principaux :

Trois ordres $\begin{cases} \textit{(a) Dorique,} \text{ caractérisé surtout par le chapiteau composé de} \\ \quad \text{moulures.} \\ \textit{(b) Ionique,} \text{ chapiteau ayant des courbes (volutes).} \\ \textit{(c) Corinthien,} \text{ chapiteau décoré de feuilles d'acanthe.} \end{cases}$

On peut ajouter la *Cariatide* ou colonne remplacée par une statue.

(e) Ordre dorique et ordre ionique

Ordre Dorique et ordre Ionique.

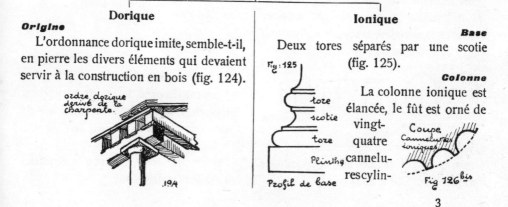

Larmier
mutules
Métope
Triglyphe
Listel
Gouttes
architrave
Chapiteau
Colonne
Gradins
Tailloir
Echine
Annelets
Gorgerin
abaque
Spirales des Volutes
Gorgerin (decor de palmettes)
astragale
Colonne
ordre dorique.
Larmier
Frise (décorée de bas-relief)
architrave
œil des volutes
Cannelures
Ordre Ionique.

Fig : 122   Fig : 123.

L'art grec recherche des impressions plutôt justes que fortes et plus humaines que gigantesques. — Les temples et les monuments sont à l'échelle de l'homme et ne frappent pas, comme les monuments égyptiens ou assyriens, par leurs dimensions colossales.

(f) Caractères particuliers aux deux ordres

Dorique	Ionique

Origine

L'ordonnance dorique imite, semble-t-il, en pierre les divers éléments qui devaient servir à la construction en bois (fig. 124).

ordre dorique dérivé de la charpente.

124

Base

Deux tores séparés par une scotie (fig. 125).

Fig : 125

tore
scotie
tore
Plinthe
Profil de base

Colonne

La colonne ionique est élancée, le fût est orné de vingt-quatre cannelu-rescylin-

Coupe Cannelures ioniques
Fig 126 bis

3

Soubassement

Primitivement marches, ensuite véritables gradins ne se réglant plus sur l'échelle humaine (probablement il existait à certains endroits des marches intermédiaires).

Base

Pas de base.

Colonne

La colonne dorique possède un fût légèrement renflé qui est orné de vingt cannelures à arêtes vives (la coupe dans une cannelure dorique donne un arc de cercle très aplati) (fig. 126).

Chapiteau

Chapiteau formé d'un *tailloir* carré, d'une *échine* et de trois *listels* (fig. 127).

F: 127

Moulures lisses
Entablement

L'*architrave* repose directement sur le tailloir, un listel sépare l'architrave de la *frise*. La frise est décorée de *triglyphes* (rectangles ornés de deux canaux et de deux demi-canaux sur les angles). — Entre les triglyphes se trouvent les *métopes* (dalles rectangulaires ornées de sculptures) (fig. 122). *Remarque* : les canaux des tri-

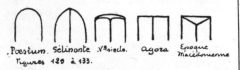

Pœstum. Sélinonte. V⁵ siècle.   agora   Époque Macédonienne
Figures 129 à 133.

glyphes s'arrêtent à leur sommet d'une façon particulière et cela suivant les époques (fig. 129 à 133).

driques séparées chacune par un méplat (fig. 126 *bis*).

Chapiteau

Chapiteau orné de volutes. Les lignes moulurées qui réunissent les deux volutes s'infléchissent vers le bas, le point le plus bas de l'inflexion se trouve à l'axe. — Au sixième siècle le chapiteau ionique comprend deux parties :

1° Deux faces à volutes.

2° Deux faces latérales à balustres (fig. 128).

Au cinquième siècle on trouve parfois des volutes sur les quatre faces *(Temple de Phigalie)*. — En Asie Mineure, les volutes sont généralement reliées par des moulures horizontales *(Priène)*.

L'œil de la volute tombe en dehors de la ligne du fût (fig. 123).

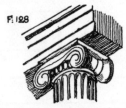

F: 128

Particularité : à Bassœ la ligne qui joint les deux volutes s'infléchit vers le haut.

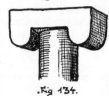

L'origine du chapiteau ionique peut se trouver dans le couronnement des poteaux en charpente employés en Asie (fig. 134).

Fig 134.

décorées d'ornements.

Moulures
Entablement

L'*architrave* est divisée en trois bandes, la *frise* est décorée de motifs et de bas-reliefs, enfin la *corniche* est composée de diverses moulures : doucine, larmier, etc. (fig. 123).

On trouve souvent dans la corniche des *denticules* (fig. 136).

Répartition des Triglyphes

Il y a un triglyphe au-dessus de chaque colonne et au milieu de chaque entre-colonnement. Toutefois, dans l'angle du monument, la rencontre de deux triglyphes fait que l'avant-dernier n'est pas dans le milieu du dernier entre-colonnement (fig. 135).

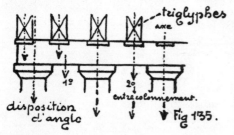

Corniche

La corniche se compose d'un larmier et de diverses moulures.

La *cimaise* formait parfois chéneau et était décorée de têtes de lions.

Aux temps archaïques, le parement du chéneau est vertical, plus tard il devient le talon et enfin le quart de rond.

Frontons

Tympans décorés de sculptures.

Chéneau

Son profil est une doucine.

Frontons

L'espace compris entre les rampants d'un fronton s'appelle *tympan* — l'inclinaison du toit suit celle

des frontons ; — les frontons étaient décorés par des statues, stèles, trépieds placés à leur sommet et par des motifs portant le nom d'*acrotères* et placés aux extrémités.

Les tympans des frontons ioniques sont généralement sans sculptures.

Plafonds

Plafonds à caissons.

Fenêtres

décorées d'un encadrement de chambranle.

Portes

Portes surmontées de corniches reposant sur des consoles — (exemple célèbre : *portes de l'Erecthéion*).

ANTE : on appelle ante un pilier peu saillant qui est la réplique contre un mur de la colonne isolée.

(g) Physionomie des ordres aux différentes époques de l'art grec

Les œuvres grecques portent dans leur proportion le meilleur indice chronologique.

Ordre dorique

L'ordre dorique archaïque possède une certaine lourdeur (exemple : *Pœstum*,

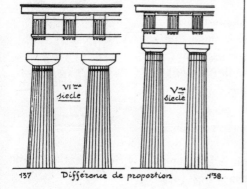

137   Différence de proportion   138.

Ordre ionique

De l'ordre ionique archaïque à l'ordre ionique de la décadence, on peut suivre les changements ; ils se définissent surtout par l'accentuation très marquée vers l'élancement.

Chapiteau

Nous avons déjà signalé les modifications que le chapiteau ionique recevait en Asie Mineure.

Base

En Asie la base ionique reçoit aussi de très grandes transformations (fig. 142, 143, 144).

sixième siècle). — De Pœstum au *Parthénon*, cinquième s ècle, les variations sont très sensibles : la lourdeur a fait place à la grâce. — Comparer les deux figures 137 et 138.

A l'époque macédonienne, tendance à l'élancement.

Chapiteau dorique

Le profil de l'échine est très accentué au sixième siècle, il devient plus tendu

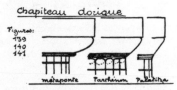

au cinquième, et à l'époque macédonienne c'est une ligne presque droite (fig. 139, 140, 141).

(h) Proportions

Dorique

La colonne varie de quatre diamètres à cinq diamètres et demi — la hauteur de l'entablement égale deux cinquièmes de celle des colonnes.

(i) Rôle des ordres

L'ordre dorique est réservé pour les grands temples et l'ordonnance extérieure *(Propylées d'Athènes).*

(j) Ordre Corinthien

Les Grecs attribuaient l'invention du chapiteau corinthien au sculpteur Callimaque. — Le comparer avec le chapiteau corinthien romain (fig. 222).

Le chapiteau corinthien est formé de deux rangs d'acanthe, il imite une corbeille dont les anses sont soutenues par des enroulements en volute (fig. 146). — Même base que l'ionique.

(k) Ordre Persique

Statue d'homme remplace la colonne.

(1) Ordre Cariatide

Statue de femme remplace la colonne — (célèbres cariatides de l'Erechthéion d'Athènes) (fig. 145).

Les tores sont généralement divisés par un grand nombre de baguettes saillantes horizontales.

En Asie Mineure, au temple d'Apollon Didyméen, il y a deux trochiles très accusés séparés par une astragale et unis au fût par un gros tore. Dans l'Héraion de Samos il n'y a qu'un seul trochile, mais d'une grande hauteur. Le tore de l'Erecthéion est cannelé horizontalement. A l'époque postérieure il est orné de divers motifs.

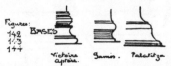

Pour évaluer les ordres on se sert d'une unité de mesure qui est le diamètre de la colonne, le module est le demi-diamètre.

Le fût ionique est plus haut que le fût dorique. (Neuf diamètres à l'Erecthéion.)

Ionique

La colonne varie de huit à neuf diamètres. La hauteur de l'entablement égale deux diamètres.

L'ordre ionique est réservé pour les petits temples et l'ordonnance intérieure *(Propylées d'Athènes).*

Fig. 145 l'Erechthéion. — Cariatide de l'Erechthéion.

Remarquer que la cariatide de l'Erecthéion supporte un entablement sans frise. — Comparer avec les caria- tides de la Renaissance française : cariatides de la salle des Gardes du Louvre par *Jean Goujon* et les cariatides de *Puget* (Hôtel de ville de Toulon).

(m) Du pittoresque dans l'architecture grecque

Les Grecs harmonisaient l'architecture au paysage — choix du site — pas de ni- vellement autour des temples — les groupes d'édifices se présentaient généralement d'une façon dissymétrique (exemple : édifices de l'acropole d'Athènes).

PRINCIPAUX MONUMENTS DE L'ARCHITECTURE GRECQUE

(A) — les Temples

(A) — Leur classification

1, Ante; 2, Prostyle; 3, Amphiprostyle; 4, Périptère.

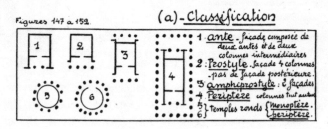

Figures 147 à 152.

(a) - Classification

1. **ante** - façade composée de deux antes et de deux colonnes intermédiaires.
2. **Prostyle** façade 4 colonnes - pas de façade postérieure.
3. **amphiprostyle** : 2 façades
4. **Périptère** colonnes tout autour
5. } temples ronds { monoptère
6. } periptère.

Il y a aussi les temples *diptères* (entourés d'une double colonnade) et les temples *pseudopériptères* (colonnes engagées dans les façades latérales — peu usité) — le plus célèbre exemple de temple pseudopériptère est la *maison carrée de Nîmes* (art romain)

Variété : Temples à cellules réparties le long de la nef *(Phigalie).*

Particularité : Les temples archaïques ont leur portique très large; au cinquième siècle, le portique est très étroit.

(B) Description d'un temple grec

Le temple grec est presque un autel, car la foule restait au dehors; du reste, ses dimensions sont très réduites — son emplacement est déterminé le plus souvent par une légende religieuse — généralement bâti sur une hauteur.

LE PARTHÉNON

Les architectes du Parthénon furent *Callicrates* et *Ictinos* — les sculptures sont de *Phidias*. — A peu près intact à la fin du dix-septième siècle, les Turcs en firent une poudrière; il fut détruit en 1687 par les Vénitiens. — Au commencement du dix-neuvième siècle, l'Anglais Elgin a enlevé presque tout ce qu'il restait des sculptures pour enrichir le British Museum.

PLAN DU PARTHÉNON. Fig. 153.

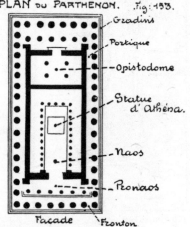

Gradins
Portique
Opistodome
Statue d'Athéna.
Naos
Pronaos
Façade   Fronton

Temple périptère — huit colonnes de façade; matériaux : marbre blanc du Pentélique — co- lonnes reposent sur un soubassement formé de trois gradins. — Sur les deux entablements des façades, se dressent deux frontons dont les tym- pans sont décorés de sculptures. Il y a aussi des sculptures sur les métopes (combat des Centaures et des Lapithes). — Façade peinte et décorée de boucliers. — Trépieds et acrotères sur les frontons.

L'édifice était entouré d'une enceinte sacrée (téménos) où les fidèles entassaient les offrandes.

Intérieur : Sous le portique de la façade principale s'ouvre le *pronaos* (vestibule), puis on pénètre dans le *naos* qui comprend une nef principale et deux latérales. — Dans le fond du naos se trouvait la statue de la déesse Athéna en chryséléphantine.

Il y avait probablement dans le naos deux ordres superposés (comme au temple Pœstum) formant une galerie supérieure. — Derrière le naos, mais ne communiquant pas avec lui, il y avait l'*opistodome,* pièce destinée à recevoir les trésors et les objets du culte. Les murs intérieurs du portique étaient décorés d'une frise sculptée *(procession des Panathénées).* — La décoration intérieure comprenait des voiles, des vases à offrande, des stèles votives, des trophées, etc. Le mode d'éclairage des temples n'a pas encore été résolu d'une façon absolue.

F. 154.   ordonnance dorique
          façade d'un Temple

(C) Principaux temples doriques

(a) — Grèce

Vieux temple de *Corinthe* (septième siècle). — *Egine :* temple d'Athéna (frontons représentent combat des Grecs et des Troyens (Musée de Munich).

Athènes : temple de Thésée. — Acropole d'Athènes : *Le Parthénon,* merveille de l'architecture grecque. — Temple de *Sunium.* — *Olympie :* temple de *Zeus, l'Héraion, le Metroon.* — *Nemée :* temple de Zeus. — *Phigalie :* temple de Bassœ. — *Eleusis :* grand temple (douze colonnes de façade).

(b) — Italie.

Pœstum : temple de *Poséidon* (cinquième siècle, très beau). — *La Basilique.* — *Métaponte.*

(c) — Sicile.

Sélinonte : six temples. — *Agrigente.* temple des *Géants* (sept colonnes de façade). — *Ségeste :* temple de *Castor et Pollux.* — *Syracuse :* temple d'*Arthémis.*

(D) Principaux temples ioniques

(a) — Grèce.

Athènes : temple de la Victoire aptère — amphyprostyle élevé en avant des pro-pylées sur l'acropole (fig. 155)); remarquable par l'élégance de ses proportions.

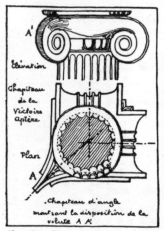

Fig 156 : Chapiteau ionique.

Les fragments des bas-reliefs en marbre servant de balustrade autour du temple de la Victoire aptère représentent des femmes ailées ; ce sont de très beaux morceaux de sculpture.

Plan du Temple
de la Victoire aptère
. Fig . 155.

L'*Erecthéion* (sur l'acropole d'Athènes) comprend deux temples — célèbre *tribune des cariatides* — ordre dans son entière perfection (voir le plan fig. 157).

Olympie : le *Philippeion,* temple circulaire périp-tère.

(b) — Asie Mineure.

Temple de Samos. — Le *Didyméo*n, le plus vaste édifice ionique : dix colonnes de façade. — *Temple de*

Priène (six colonnes de façade). – L'*Arthémision d'Ephèse* (diptère, huit colonnes de façade) – son portique s'élève sur un soubassement en stylobate (voir art romain).

(B) — Les Acropoles

Primitivement citadelles, puis enceintes sacrées. – On avait accès dans l'acropole d'Athènes (plan fig. 158) par les *Propylées,* dans l'intérieur on trouvait le *Parthénon,* le temple d'*Artémis Brauronia,* le temple d'*Athéna Ergané,* le petit temple de la *Victoire aptère,* l'*Erecthéion,* la colossale statue d'*Athéna Promachos,* œuvre de *Phidias,* et des milliers de statues et de trésors. – L'acropole était entourée de murailles et sur ses flancs était creusé le *théâtre de Dionysos.*

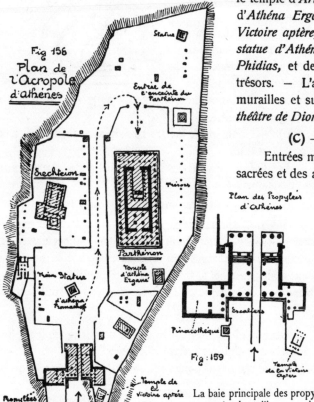

Fig 156
Plan de
l'Acropole
d'athénes

(C) — Les Propylées

Entrées monumentales des enceintes sacrées et des acropoles, les plus célèbres sont celles de l'acropole d'Athènes construites par *Mnésiclès.* – Portique de six colonnes doriques fermant cinq portes, en dedans deux rangées de colonnes ioniques soulignent le passage central (fig. 159). La *Pinacothèque,* salle se trouvant à côté du passage, était décorée de peintures de *Polygnote.*

Plan des Propylées
d'athènes

Fig : 159

La baie principale des propylées de l'acropole est élargie et la travée du milieu a trois entre-axes de triglyphes au lieu de deux, donc l'intention du passage central est nettement affirmée.

(D) — Gymnases – Palestres

Les Grecs étaient épris de tous les jeux physiques.

Portiques servant aux sports, au centre une cour – il y avait aussi des promenoirs pour les philosophes et les savants. – Bains dans la cour.

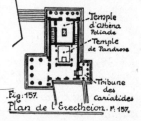

Fig: 157.
Plan de l'Erecthéion. F. 157.

(E) — Stades – Hippodromes

Les stades servaient aux courses à pied et aux luttes. – Piste entourée de pentes sur lesquelles se tenaient les spectateurs *(Stades de Messène* et *d'Olympie).* – Les hippodromes étaient réservés aux courses de chars, même disposition que les stades.

Si, chez les Grecs, les hippodromes constituent des édifices assez simples comme disposition, il n'en est pas de même chez les Romains où ils deviendront la raison d'être de tout un luxe architectural.

(F) — Théâtres et odéons

Les représentations théâtrales avaient le caractère d'une institution religieuse et nationale.

Les théâtres étaient adossés contre les flancs d'une colline afin d'obtenir des gradins naturels.

Trois divisions
{
(A) — *Scène* rectangulaire peu profonde entourée de trois murailles.

(B) — *Orchestre* circulaire réservé aux chœurs, au centre statue ou autel.

(C) *Gradins* s'étageant en demi-cercle, les escaliers convergent au centre.
}

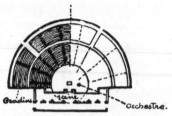

Plan du Théâtre de Segeste.
Fig. 160

Théâtre de Ségeste (fig. 160). — Comparer le théâtre romain avec le théâtre grec (fig. 237 et 238).

Les *Odéons* étaient des théâtres plus petits réservés aux auditions musicales.

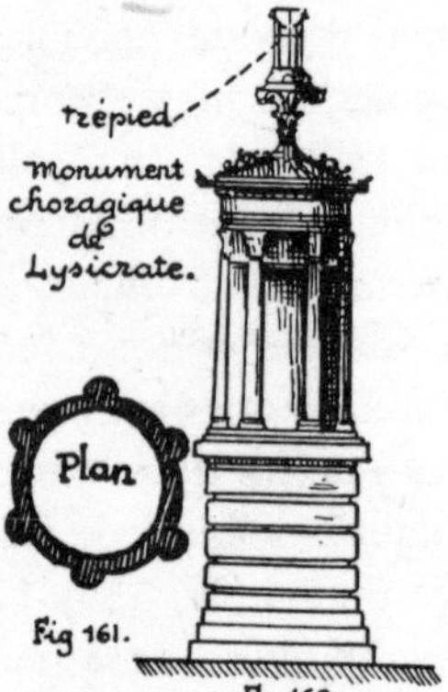

(G) — Monuments commémoratifs

Stèles, Colonnes votives, Hermès (pilier terminé par un buste). — *Monuments choragiques* (petits édifices élevés en l'honneur des chorèges qui avaient remporté le prix aux jeux; à leur sommet se trouvaient les trépieds consacrés). — *Monument choragique de Lysicrate* (fig. 161 et 162).

trépied

Monument choragique de Lysicrate.

Plan

Fig 161.

Fig 162

(H) — Agora

Grande place publique entourée de portiques (ces porques étaient généralement décorés de peintures : *pœcile d'Athènes).*

C'est dans l'agora que le peuple se réunissait pour s'entretenir des affaires publiques.

(I) — Enceintes sacrées

L'Enceinte sacrée d'Olympie renfermait un bois sacré et le grand *temple de Zeus,* il y avait encore des petits temples comme le *Metroon, l'Héraion, le Philippeion,* etc., et *l'allée des Trésors* avec ses colonnes commémoratives, ses stèles, ses petits monuments en forme de temple et ses statues.

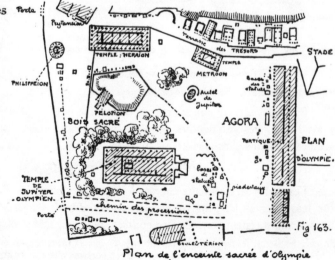

Plan de l'enceinte sacrée d'Olympie
Fig 163.

L'enceinte comprenait aussi des stades, des théâtres, des hôtelleries, etc., tout cela disposé d'une façon pittoresque et relié par des chemins que suivaient les processions les jours de fêtes (fig. 163, plan de l'enceinte sacrée d'Olympie).

Enceinte de Delphes.

(J) — Monuments funéraires

La tombe était généralement signalée par une *stèle* décorée de rosaces et de palmettes (fig. 164.) ⇥ Routes bordées de tombeaux *(la Céramique à Athènes).*

En Macédoine : les sépultures sont souterraines *(Pydna).*

En Asie Mineure : les tombeaux sont creusés dans les rochers (t. Lydiens) ou sont en forme de temples (les tombeaux les plus célèbres sont : *le tombeau de Théron à Agrigente, les tombeaux de Cyrène* et *le mausolée d'Halicarnasse).*

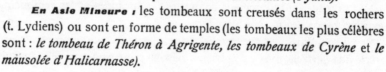

.Stèle.
Fig : 164.

(K) — Maison grecque

Voir maison romaine et figures 242, 243.

(L) — Fortifications : fortifications de *Messène.*

(M) — Travaux publics : port de *Rhodes.*

Décadence de l'architecture grecque

Le déclin de l'architecture grecque se produit sous Alexandre, les œuvres deviennent rares : Athènes : *Tour des Vents.* — En Asie Mineure, un seul effort est tenté à *Pergame :* acropole et fameux autel décoré de hauts-reliefs mouvementés (Lutte des dieux et des géants).

Sous la domination romaine les artistes grecs vont en Italie, néanmoins l'empereur Hadrien élève à Athènes le temple de Zeus et *l'arc Hadrien.*

Courants

Ionien	*Dorien*
Vers l'Est (Asie Mineure).	Vers l'Ouest (Sicile, g^de Grèce).

3° *Sculpture*

(a) Sculpture architecturale

Les sculptures extérieures sont en général en ronde-bosse (métopes, frontons), les sculptures intérieures, au contraire, sont en bas-relief à faible saillie; les Grecs avaient donc une profonde connaissance des effets produits par l'éclairage.

L'ordre dorique est peu sculpté. — L'ordre ionique est très sculpté.

(a) — Frontons sculptés : *Trésor du Cnide* (sixième siècle), *Egine, Olympie, Parthénon.*

(b) — Métopes sculptés : *Sélinonte, Thésée, Parthénon.*

(c) — Bas-relief des frises : *Trésor du Cnide, Victoire Aptère, Magnésie, Erecthéion.*

Acrotère. Griffon
Fig : 165.

Dans les temples ioniques la frise est généralement sculptée.

Les acrotères, motifs ornementaux placés aux extrémités des rampants des frontons, représentent le plus souvent des griffons (fig. 165).

(b) Sculpture (statuaire)

Les Grecs croyaient à de nombreux dieux, chaque dieu étant une force différente de la nature ; les dieux étaient représentés sous une forme humaine, ils avaient une généalogie et une histoire (mythologie).

La sculpture est l'expression qui correspond peut-être le mieux avec la nature et le tempérament grec, elle se signale surtout par la beauté de ses proportions, la noblesse de son expression, la simplicité naturelle des attitudes, la pureté et la sobriété des lignes, par une sérénité à la fois simple et forte qui est comme une empreinte particulière de l'esprit grec.

Les statues sont rarement colossales — les idées et les sentiments sont toujours exprimés sous des formes humaines.

La sculpture grecque, partie d'une plastique rudimentaire, arriva au cinquième siècle à la perfection ; il y a plusieurs raisons pour expliquer cette magnifique évolution et ce remarquable et si rapide développement.

A { Influence de la religion.
Les Grecs aimaient à idéaliser leurs divinités suivant le plus profond sentiment de la perfection de la beauté humaine.

B { Influence des mœurs.
Jeux physiques. Les statues devinrent vite des chefs-d'œuvre de forme anatomique.

C { Influence du costume.
Le costume antique est sculptural — plis souples et flottants laissant deviner le corps et tous les mouvements.

D { Amour des Grecs pour l'art.
Émulation.

1° Origines

Les plus anciennes statues sont des simulacres grossiers et ces formes primitives furent imposées par l'insuffisance d'outillage — les premiers essais de forme humaine représentent des dieux. — Statues en bois, bras pendants collés au corps, interprétation enfantine du visage, exagération des contours, raideur des attitudes, parallélisme des plis du costume et des tresses ou boucles de la chevelure. — La forme du corps en gaine est une marque d'archaïsme, forme qui du reste deviendra plus tard une interprétation particulière pour présenter les *Hermès* (Mercure). — Le premier progrès est attribué à *Dédale* qui détacha les bras du corps et donna aux jambes le mouvement de la marche.

2° Principales œuvres et principaux sculpteurs des origines au cinquième siècle

Statues archaïques {

1° Statues de bois *(xoana)*.

2° Statues céramiques (îles de la Grèce), le sculpteur légendaire *Dédale?*

3° Statues de métal. *Rhoecus* de Samos.

4° École de *Sicyone*. *Dipoinos* et *Scyllis*, fondateurs de : *l'École dorienne*. } œuvres (?) { *Arthémis de Délos* (septième siècle), *Métopes de Sélinonte* (Persée tuant la Gorgone), *Apollon de Tenéa* (Munich).

L'Apollon d'Orchomène, l'Apollon de Théra et celui de *Naxos* sont les exemplaires les plus connus du type archaïque. Les sculpteurs subissent encore l'influence de la tradition.

Formation de l'École dorienne

1° École dorienne et argienne Canachos, Hagéladas, Aristomédon, Glaucos. Œuvres : Apollon Didyméen (copie probable dans l'Apollon de Piombino. Louvre.)	2° École d'Égine Glaukias, Anaxagoras. (Zeus en bronze d'Olympie) Onatas (quadrige de Hiéron) Œuvres : Frontons du temple d'Égine.	3° École attique primitive Hégias (le maître de Phidias). Cristios et Nisiotès, auteurs du groupe en bronze des Tyrannoctones : Harmodios et Aristogeiton. - (Copie dans deux figures en marbre du musée de Naples.)

L'École d'Égine se signale tout particulièrement par l'archaïsme des figures. Les visages ont le sourire de l'ancien style dit : rire éginétique. — Les gestes sont énergiques et sobres et la musculature assez finement indiquée.

Les sujets des frontons d'Égine sont, pour le côté Est : la légende du combat livré par Télamon contre Laomédon, roi de Troie, et, pour le côté Ouest : le combat livré autour de Patrocle entre les Grecs et les Troyens. (Ces statues sont à la Glyptothèque de Munich.)

Le célèbre *Aurige de Delphes* peut être rattaché à l'École attique primitive (entre 478 et 472).

3° La Sculpture au cinquième siècle

C'est sous le règne de Périclès que l'art et la littérature ont atteint leur plus haute expression.

(a) Les précurseurs de Phidias

Calamis, Pythagoras, goût pour la statuaire représentant l'action et le mouvement, sujets athlétiques — œuvres en bronze (Philoctète).

Myron, statues d'athlètes (*le Discobole* — Rome, palais Lancelotti).

ÉCOLE D'ARGOS

Polyclète, perfection de l'exécution — connaissance parfaite du corps humain, étude des proportions. Œuvres : *le Doryphore* (figure 168). Canon et type accompli du jeune Dorien, représente le magnifique équilibre de la jeunesse; *le Diadumène*, jeune athlète se ceignant d'une bandelette; *l'Amazone d'Ephèse* (copie au Landowne-House, Londres.

Différence entre l'art de Myron et de Polyclète

Myron Recherche l'action, les gestes et l'attitude. Type : *le Discobole*.	Polyclète Recherche la beauté du type de l'idéal physique. Type : *le Doryphore*.

Frontons   **LES SCULPTURES D'OLYMPIE**

Le sujet du fronton Est représente la légende des Achéens de Pise : préparatifs de la course de chars où vont lutter Pélops et Œnomas. Zeus est au milieu du tympan et les statues se répartissent symétriquement des deux côtés. Au fronton Ouest est figuré le combat des Centaures et des Lapithes. — Au centre se tient Apollon. — Ces frontons, qui ont le caractère général de la sculpture du cinquième siècle, semblent appartenir à la génération qui précéda Phidias. Il n'existe que des fragments mutilés; les plus beaux morceaux sont le torse de Zeus, le buste et la tête du Kladéos.

Métopes : Elles représentent les travaux d'Héraclès; plusieurs sont bien conservées, comme le Taureau crétois (Louvre).

Fig. 168

Le canon de Polyclète

(b) Phidias

Phidias personnifie l'art grec tout entier, il donne aux divinités une expression inimitable de noblesse et de majesté; le premier il fait concourir la forme et le mouvement à l'expression de la pensée.

Sur sa vie on ne connaît rien de bien précis antérieurement à 450. — On sait qu'il a travaillé de 450 à 438 à l'Acropole et ensuite jusqu'à 432 pour Olympie.

Œuvres de Phidias

Cinq œuvres : *Les sculptures décoratives du Parthénon, trois Athèna de l'Acropole* (Lemnia, Promachos et Parthénos) et le *Zeus d'Olympie.*

De la première œuvre, l'Athèna Lemnia, il ne reste rien (peut-être la tête au musée de Bologne). Il en est de même de l'Athèna Pramachos qui se dressait au sommet de l'Acropole.

L'Athèna Parthénos était placée dans la cella du Parthénon, debout, vêtue de la longue tunique; sur le casque se dressait le sphinx entre deux griffons; un pectoral formé d'une tête de méduse s'étalait sur sa poitrine et la déesse tenait d'une main une lance et de l'autre portait une statuette de la Victoire.

Cette statue, de 10 mètres de haut, était en chryséléphantine; les draperies étaient en or et la chair était représentée par l'ivoire.

L'Athèna Parthénos, suprême hommage de l'État athénien, était la figure de la cité même au moment de sa plus haute prospérité. — Entièrement détruite, on peut se la figurer d'après la statuette dite du Varvakéion (Musée national d'Athènes).

« La Lemnia était une Athèna familière. la Promachos était une Pallas guerrière, et la Parthénos une Athèna triomphante. » (H. LECHAT.)

Le *Colossal Zeus d'Olympie* avait 15 mètres de haut; on ne possède de lui que les descriptions de Pausanias.

Les marbres du Parthénon : (a) Magnifiques frontons (Naissance d'Athèna, querelle d'Athèna et de Poseidon). Il

- Phidias -
- L'Illysus -
Fig: 166

subsiste de ces sculptures de superbes fragments comme le groupe Déméter et Coré, l'Illysus, le torse de Poseidon (Musée Britannique). Les têtes ont presque toutes disparu, les nus sont splendides, les corps ont des formes amples et souples, les chairs sont finement voilées par d'harmonieuses draperies.

« Ce qui frappe tout d'abord dans ces marbres, c'est une extrême simplicité qui arrive sans effort et, on dirait, sans y songer à la majesté suprême. La pose est toute naturelle, pleine d'abandon et comme par hasard les lignes se trouvent être de la plus exquise élégance. Un deuxième mérite, c'est la solidité de construction du corps. » (O. Rayet.)

(b) Les métopes représentent le combat des Centaures et des Lapithes (côté Sud), le combat des Athéniens et des Amazones (côté Ouest), la Guerre de Troie (côté Nord) et la Lutte des Dieux et des Géants (Est).

(c) Frise sous les portiques. Sujet : Procession des Panathénées, merveilleux défilé où la variété des attitudes, en particulier la vivacité des chevaux, est supérieurement rendue.

Victoire attachant sa sandale (balustrade du Temple de la victoire aptère)

Fig. 167.

École de Phidias.

Ce qui fait la beauté des marbres du Parthénon, en plus de leur savante technique, c'est le caractère d'unité que l'on retrouve dans le décor de tout le monument. — On sent que Phidias a dirigé toute l'œuvre et que les divers éléments dont elle était composée ont ramené la pensée toujours vers Athéna.

Les marbres du Parthénon ont beaucoup souffert — ceux qui sont restés en place sont mutilés ; quant aux autres, ils sont au Musée Britannique.

Des métopes, 15 sont à Londres et une au Louvre. La frise Ouest sous les portiques est tout entière en place — le côté Est est à Londres, sauf un fragment au Louvre et un autre à Athènes. Les côtés Nord et Sud ont été détruits par une explosion.

c) Les élèves et les successeurs de Phidias

Alcamène (L'Aphrodite des jardins). *Agoracritos. Colotès.*

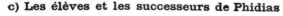

(d) Statues remarquables dont on ne connaît pas les auteurs

Type de l'homme nu debout	L'Apollon de Piombino. — Le Poseidon de Creusis (Athènes). — L'Athlète de Stéphanos (Rome, villa Albani), — L'Apollon à l'Omphalos (Athènes). — L'Apollon Choiseul-Gouffier (British Museum). — L'Hephaisto (glyptothèque de Munich).

Ces statues représentent l'évolution complète du type de l'homme nu debout, depuis la forme raide archaïque jusqu'à la ligne plus juste, plus souple et plus vraie.

Type féminin	Pénélope (Vatican). — Athèna au pilier (Acropole). — La Victoire attachant sa sandale (merveilleux fragment de la balustrade du Temple de la victoire Aptère (fig. 167). — Progrès de la draperie.
Statues offrant un intérêt au point de vue évolution de l'art	Pallas Vellitri (Louvre). — Athlète versant de l'huile (Munich). — L'Hèra Borghèse. — L'Hèra Barberini (Vatican). — L'Apollon Citharède (Munich).
Bas-reliefs	Médée et les Péliades (Latran). — Orphée, Eurydice et Hermès (Naples). — La stèle d'Hégèso (au Céramique d'Athènes).

Type ethnique grec : continuité du nez et du front sur une même ligne droite — petitesse de la bouche — yeux enfoncés — menton saillant — au pied le deuxième orteil dépasse souvent le premier.

4° La sculpture au quatrième siècle

(a) — Vers la fin du cinquième siècle, il se forma une réaction contre le style de Phidias, l'ionisme se mélange alors à l'atticisme et le goût des attiques pour la grâce et la finesse reprend tous ses droits.

(b) Au cinquième siècle, l'esthétique sculpturale était purement virile, les plus beaux types féminins créés pau Phidias gardent une plénitude robuste qui s'allie du reste merveilleusement avec la sévérité architecturale de la draperie; au quatrième siècle, avec Praxitèle, les formes féminines deviennent plus souples et plus élégantes, la sculpture réalise le moelleux de la chair.

(c) Au quatrième siècle, les finances publiques ayant diminué ne permettent plus l'entreprise de grands travaux et la construction de temples monumentaux ; la sculpture est obligée de se rabattre sur les monuments privés : ex-voto, tombeaux, monuments chorégiques, etc., etc.

(d) Au quatrième siècle, on ne trouve plus d'écoles comparables à celles de cinquième siècle. C'est le siècle de l'individualisme artistique.

Principaux sculpteurs

Fig 169. Le faune de Praxitèle.

Praxitèle : Le sculpteur de formes élégantes, il crée pour ainsi dire le type d'Aphrodite. — Ses œuvres sont caractérisées par une grâce harmonieuse et une souplesse juvénile parfois presque efféminée. Les figures sont campées d'une façon particulière : torse mis hors d'aplomb, posé sur uu pied et mollement appuyé à un tronc d'arbre, l'artiste diversifie ainsi l'aspect des membres symétriques et fait valoir les hanches et l'élégance générale du modèle. Œuvres : *Vénus du Cnide* (répliques à Munich et au Vatican), l'*Hermès d'Olympie,* marbre original trouvé en 1877 dans les ruines de l'Héraion, le *Faune* (fig. 169), l'*Apollon Sauroctone* (réplique du Louvre).

Les têtes sont très belles. Exemple : l'Hermès.

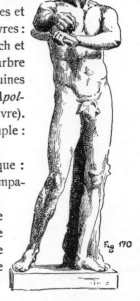

Fig 170

Scopas recherche le mouvement, l'effet et le pittoresque : l'*Apollon Musagète*, les frises du *Mausolée d'Halicarnasse* (comparer avec la frise des Panathénées du Parthénon).

Certains auteurs et archéologues rattachent à l'école de Scopas : La *Victoire de Samothrace* (Louvre, fig. 173) d'une merveilleuse envolée, les *Niobides* (Florence) et la célèbre *Vénus de Milo* (Louvre, fig. 172), marbre rapporté de Milo en 1820.

Lysippe emploie le canon de huit têtes, aussi son type sculptural est plus élancé (*Apoxyomène* ou athlète au strigile. Fig. 170).

ÉCOLES DE LA DÉCADENCE

Si les œuvres de cette période n'atteignent pas en grandeur et en beauté les œuvres des périodes précédentes, elles n'en sont pas moins encore des morceaux très remarquables.

Après Alexandre, l'art grec retourne en Asie Mineure. — La recherche de l'effet et du colossal est la caractéristique de la sculpture hellénistique, dont les sièges principaux sont Pergame, Mysie, Rhodes et Tralles.

École de Pergame	*École de Rhodes*	*École de Tralles*
Œuvre : *Autel de Zeus et d'Athèna à Pergame.* Sujet : La Gigantomachie, sculptures exécutées en très haut relief — art vivant et frémissant avec tendance à se dramatiser.	Œuvres : *Le Colosse de Rhodes,* représentait le Soleil (détruit). *Le Laocoon,* douleur bien représentée mais non sans emphase. — Œuvre d'*Agésandros* (Vatican).	Œuvres : Le Taureau Farnèse (ou supplice de Dircé), attribué à *Apollonios* et *Tauriscos.* — Le *Torse du Belvédère* (fig. 171).

L'art de cette période est le produit d'une conception matérialiste et sceptique, ce n'est plus l'art spirituel et divin de l'époque de Phidias ; les œuvres sont pathétiques mais brutales et offrent un certain intérêt par la fougue et la vie qu'elles présentent.

Œuvres auteurs inconnus { La Diane de Gabies (Louvre). L Apollon du Belvédère (Vatican). Le Gladiateur mourant (Capitole).

Ces deux magnifiques chefs-d'œuvre qu'on rattache à l'école de Scopas et de Praxitèle se trouvent au musée du Louvre.

Le Torse du Belvédère apollonios.
F: 171

Fig: 172

La Vénus de Milo

Fig 173

La Victoire de Samothrace.

Certains archéologues rattachent la Vénus de Milo à l'école de Phidias.

Au quatrième siècle, la sculpture des figurines en terre cuite est en pleine apogée — merveilleuses statuettes de *Tanagra* (femmes drapées assises ou debout). — Période de *Myrina* au troisième siècle — (Figures de Dyonisos et d'Aphrodite).

Caractère des grandes écoles grecques (1).

École de Phidias : force sereine.
École de Praxitèle : grâce langoureuse.
École de Scopas : passion.
École de Lysippe : élégance nerveuse.
École de Rhodes et de Pergame : souffrance physique — mouvements tumultueux de l'âme et du corps.

(1) D'après Salomon Reinach (Apollo).

TABLEAU DES PRINCIPALES

DATES	PRINCIPAUX ÉVÉNEMENTS	ARCHiTECTURE	SCULPTURE
500			
510			Groupe des Tyrannoctones d'Anténor
490	Les Perses à Marathon.	Trésor de Delphes.	
480	Victoire de Salamine.	Temple d'Égine.	
477			Groupe des Tyrannoctones de Cristios et Nésiotès.
460		Temple de Zeus à Olympie.	Aurige de Delphes (*).
450			Grand relief d'Eleusis.
449		Commencement des grands travaux de Périclès.	
448			
447		Parthénon de l'Acropole d'Athènes.	
438			
435		Propylées — Temple d'Athèna Niké.	
432			
431	Commencement de la guerre du Péloponèse.	Temple d'Apollon à Bassæ.	
429	Mort de Périclès.		
423			
421		L'Erectheion — L'Acropole d'Athènes.	
407			
404	Fin de la guerre du Péloponèse.		Balustrade en marbre du Temple d'Athéna Niké à l'Acropole (*).
400			

Pour les œuvres marquées d'un (*), il n'est pas possible de préciser une date.

ŒUVRES DU CINQUIÈME SIÈCLE

PRINCIPAUX SCULPTEURS					
CALAMIS	PYTHAGORAS	MYRON	POLYCLÈTE	PHIDIAS	
Sosandra (*).	Philoctète (*).	Discobole (*). Marsyas (*).	Kyniscos. Doryphore (*). Diadumène (*). Héra.	Athéna. Lemnia. Athèna. Promachos. Sculptures du Parthénon. Zeus d'Olympie. Mort de Phidias.	Les Élèves de Phidias furent : *Alcamène* (l'Héphaistia — l'Aphrodite des jardins — l'Athlète au disque) [Vatican]. *Agoracritos* (Némésis de Rhamnonte — la Mère des Dieux du Métroon d'Athènes). *Colotès.* *Crésilas* (Périclès). *Callimachos* (Lacédémoniennes dansant). ——— Les principaux peintres furent : *Polygnote* de Thasos — *Micon — Panainos.* *Agatharque* de Samos. *Apollodore l'Athénien.*

TABLEAU DES PRINCIPALES

DATES	PRINCIPAUX ÉVÉNEMENTS	ARCHITECTURE	SCULPTURE
395	Guerre de Corinthe.		Statue d'Eupolémos d'Elis, par Daidalos de Sicyone.
394			Stèle de Dexiléos.
380			
375		Temple d'Asclépios à Épidaure.	Sculptures de Timothéos à Epidaure.
371	Paix entre Sparte et Athènes.		Eiréné portant Ploutos enfant, par Képhisodote l'Ancien.
369		Nouveau temple d'Apollon à Delphes.	Statues de Damarétos et Téiestas de Méssène, par Silanion.
365			
360			
356			
353		Nouvel Arthémésion d'Ephèse. Mausolée d'Halicarnasse.	Sculptures de Scopas, Léocharès, Timothéos et Bryaxis.
346			
343			
340			Frontons du temple d'Apollon à Delphes, par Praxias.
338			
336	Gouvernement d'Alexandre le Grand.		
334		Monument choragique de Lysicrate.	
323			
320			
310			
300			La Victoire de Samothrace.
295			

Pour les œuvres marquées d'un (*), il n'est pas possible de préciser une date.

ŒUVRES DU QUATRIÈME SIÈCLE

PRINCIPAUX SCULPTEURS				
PRAXITÈLE	LÉOCHARÈS	SCOPAS	LYSIPPE	BRYAXIS
Groupe de Latone. Apollon et Artémis. Aphrodite du Cnide (*). Satyre rue des trépieds. Eros de Thespies (*). Satyre au repos (*). L Apollon Sauroctone (*). Artémis Brauronia.	Isocrate. Sculptures du Mausolée.	Fronton du temple d'Athénia à Tégée. Hygie (*). Ménade au chevreau (*). Sculptures du Mausolée.		Sculptures du Mausolée.
Hermès d'Olympie.			L'Apoxyomène(*).	
	Philippe et sa famille.			
	Groupe de Thèbes (*).		Groupe de Thèbes (*).	
	Chasse d'Alexandre.		Chasse d'Alexandre.	Séparis d'Alexandrie (*).

principaux peintres furent : Zeuxis, Parrhasios et Apelle.

4° *Peinture*

Il ne nous reste rien de la peinture grecque, mais on peut s'en faire une idée par les vases peints et les peintures de l'Italie méridionale. Jusqu'au quatrième siècle, l'histoire en est très obscure; probablement qu'au début elle était monochrome. Au premier siècle, la peinture grecque s'était répandue dans l'empire romain (œuvres découvertes à Pompéi et dans les tombeaux égyptiens de Fayoum — ces peintures permettent de se représenter la technique des peintres grecs et les procédés d'exécution : détrempe, fresque ou encaustique).

Le premier nom connu est *Polygnote,* contemporain de Phidias, qui décora la Lesché de Delphes et la pinacothèque de l'Acropole d'Athènes (Prise de Troie, Bataille de Marathon); il fut aidé par *Micon* et *Panainos.* — Ensuite on peut citer : *Agatharque* de Samos, *Apollodore,* célèbre par ses tableaux de chevalet, *Zeuxis* et *Parrhasios* qui affranchirent la peinture de l'archaïsme. — *Apelle* est le plus grand peintre, son œuvre la plus renommée était l'Aphrodite Anadyomène qui décorait le temple d'Esculape, portraits d'Alexandre, d'Antigone, de Clitus à cheval. — Les noms de *Timanthe* et de *Protogène* étaient aussi très populaires.

5° *Art décoratif*

Les qualités de l'art décoratif grec sont le goût et la modération.

Le décor grec reste indépendant de la substance décorée — il est le même sur un vase d'argile et sur le métal d'un casque.

Figures 174 à 189

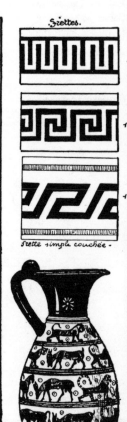

Fig. 209.

La décoration grecque a deux sources :

1° **Géométrique**	2° **Végétale**
Combinaison des droites : *Grecques.*	Interprétation de la feuille, de la fleur,
Combinaison des courbes : *Postes.*	formes ramenées à des figures simples :
Combinaison des droites et des courbes :	*Palmettes, Rosaces, Fleurons, Rinceaux.*
Entrelacs, Torsades, Oves, Perles.	

Métal

Vases d'or découverts dans les tumuli de *Vaphio* (frise représentant une chasse aux taureaux sauvages).

L'orfèvrerie se mêle à la sculpture (sculpture chryséléphantine), incrustation des métaux dans les meubles.

Meubles

Lit très haut (escabeau pour y monter) — tables dont les pieds ont la forme de pattes d'animaux.

Céramique

Réputation universelle.

La céramique grecque tire sa valeur non pas de la beauté de sa pâte, ni de l'éclat de sa couleur, mais de l'harmonie de ses formes, de la pureté du galbe de ses contours et de la richesse de sa décoration.

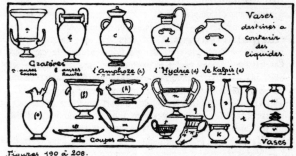

Figures 190 à 208.

Les vases destinés à contenir les liquides sont les *cratères*, les *amphores*, l'*hydrie* et le *kalpis*.

Les vases à usages variés sont : l'*oxibaphon* (f), vase à vinaigre ; le *stammos* (h), vase à filtrer ; le *kélébé* (k), vase à sacrifice. — Vases servant à verser : l'*Œnochœ* (o).

Coupes

Le *Kylix* (w). Le *Kyathos* (p).
Le *Kanthare* (m). Le *Karkhesion* (n).
Le *Rhyton* (q), vase à boire se terminant par une tête d'animal ou un visage humain (fig. 210).

Vases à parfums

Le *Pyxis* (v), boîte à fard.
Le *Bombylos* (z). L'*Alabastron* (s).
Le *Léythos* (t).
L'*Aryballe* (u).

Décoration des vases
3 divisions

1° Figures noires sur fond rouge (jusqu'au cinquième siècle).	2° Figures rouges sur fond noir.	3° Poteries à fond blanc (du quatrième siècle au troisième siècle).

A l'origine l'ornementation est végétale, la faune marine se trouve représentée sur les vases mycéniens (1600 à 1100 av. J.-C.), puis viennent les vases à décor géométrique (1100 à 750) : cercles isolés ou concentriques, lignes parallèles, lignes brisées, triangles. (Variété : vases dipyliens avec cortèges et animaux stylisés).

La troisième période comprend les vases de style corinthien (750) (fig. 209) décorés de zones avec frises d'animaux — Influence asiatique : dieux inconnus des Grecs — Fond jaune clair, figures noires.

La quatrième période marque l'apogée des vases à figures noires sur fond rouge (600 à 500) — Sujets représentant des scènes mythologiques avec les héros de l'Hellade. Les personnages occupent alors tout le vase. — Au quatrième siècle : scènes intimes et familières, compositions avec de nombreux personnages — Vases à figures rouges sur fond noir.

Les plus anciennes poteries grecques ont été trouvées à *Hissarlik*, elles sont ornées de rudiments de visages.

Fig. 210. Rhyton.   Fig. 211. Masque.

Fig 212.

Les principaux céramistes furent : *Nicosthènes, Ergotimos* et *Clitias* (première manière) — *Euphronios* (deuxième manière) — *Douris*.

Principales œuvres. C'est vers 536 que la peinture noire commence à fleurir, le style des peintures accuse le caractère de l'archaïsme : figures raides et presque toujours de profil — gestes anguleux — physionomie sans expression et d'un caractère uniforme. — Au cours du cinquième siècle, on passe de ce dessin aigu à la rondeur souple des contours, les silhouettes deviennent plus agiles et plus vivantes. — Dans les fonds, à part quelques portiques architecturaux, il n'y a jamais d'effets perspectifs et les personnages sont tous situés sur un seul plan.

Dans les vases à peinture noire il y a plusieurs séries :

(a) — Vases à fond blanc ou jaune — Exemple : *Coupe d'Arcélias* (Cabinet des Médailles, Paris).

(b) — Vases du style d'*Ergotimos*. Exemple : Vase François (magnifique amphore du musée de Florence).

(c) — Vases du style de *Nicosthènes* reconnaissables aux formes métalliques et aux palmettes qui décorent le col. Exemple : Vase du Sphinx (Louvre).

(d) — Vases du style sévère — trace d'ornementation orientale a disparu — effet obtenu par la gravure à la pointe sèche qui accuse les détails du corps et des costumes. Exemple : *Hydrie de Timagoras* (lutte d'Héraklès) et du Triton)). Louvre.

(e) — Amphores panathénaïques (Vases donnés en prix aux vainqueurs des Panathénées) ; la peinture de la face principale de la panse montre Athèna armée ; de chaque côté de la déesse, colonne surmontée d'un coq ou d'un vase. Le long des colonnes il y a des inscriptions : l'une rappelle la destination du vase, l'autre donne le nom de l'archonte éponyme qui en était possesseur.

D'*Euphronios* on peut citer le cratère du Louvre (combat d'Hercule et d'Antée) et de *Douris* une merveilleuse coupe représentant Eos portant Memnon (Louvre).

Les œuvres de *Brygos* (milieu du cinquième siècle) se signalent par des compositions pleines de fougue et de verve. (La prise de Troie, Louvre).

(f) — Les Lécythes blancs (du cinquième au septième siècle) étaient à la fois des objets de commerce et des œuvres d'art — on trouve principalement des vases mortuaires et les sujets représentés avaient trait au rituel funéraire. — La peinture sur ces lécythes offre un grand intérêt parce qu'elle inaugure un effet impossible à obtenir dans la céramique rouge : le dessin n'est pas seulement rendu par le contour mais encore par le modelé polychromé à la façon des grandes fresques. (Étude intéressante pour avoir une idée de la peinture grecque.) Le Lécythe *Pourtalis* et le Lécythe de *Salamine* sont les deux plus belles œuvres.

INFLUENCE DE L'ART GREC DANS LE MONDE

L'origine de l'art grec est orientale, mais une fois cet art à son apogée il rayonne autour de la Grèce et envahit à son tour l'Orient : Asie Mineure, Perse, etc... et l'Occident : colonies de la grande Grèce et tout le bassin de la Méditerranée (voir carte page 28).

Chapitre VIII

ART ÉTRUSQUE

La civilisation étrusque s'est étendue entre le Tibre et l'Arno — origines mal connues.
L'art étrusque n'est pas un art d'invention mais plutôt un art d'adaptation — il se borne à combiner les formes que l'Orient et la Grèce lui fournissent.

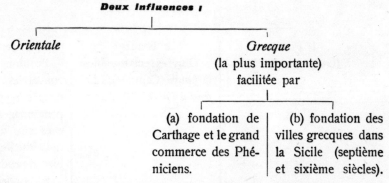

Deux Influences :

Orientale

Grecque
(la plus importante)
facilitée par

(a) fondation de Carthage et le grand commerce des Phéniciens.

(b) fondation des villes grecques dans la Sicile (septième et sixième siècles).

L'art étrusque a été le passage entre l'art grec et l'art romain et il aide à comprendre celui-ci.

1° *Architecture*

Murailles à système polygonal *(Cossa, Alatri, Fiesole)*. Travaux de défense. — Voûtes appareillées (grand égout de Rome : *Cloaca Maxima*) — Ponts. — Portes monumentales *(Volterra, Faléries)*. — *La colonne Toscane* est une imitation de la colonne dorique grecque,

MONUMENTS

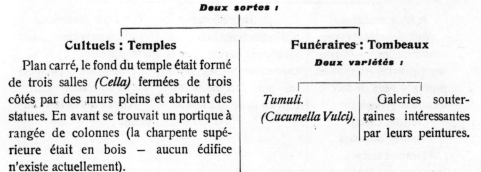

Deux sortes :

Cultuels : Temples

Plan carré, le fond du temple était formé de trois salles *(Cella)* fermées de trois côtés par des murs pleins et abritant des statues. En avant se trouvait un portique à rangée de colonnes (la charpente supérieure était en bois — aucun édifice n'existe actuellement).

Funéraires : Tombeaux
Deux variétés :

Tumuli.
(Cucumella Vulci).

Galeries souterraines intéressantes par leurs peintures.

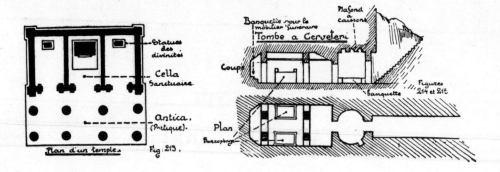

2° *Sculpture*

Trois variétés :

1° Pierre	2° Bronze	3° Terre cuite
(Ouvrages rares).	Œuvres remarquables : la *Louve* (Capitole), l'*Enfant à l'oiseau* (Vatican).	Frontons des temples, couvercles des sarcophages représentant des personnages à demi couchés sur un lit, vérité individuelle, accessoires bien reproduits. Sarcophage de *Chiusi* (Florence). Sarcophage de *Cœré* (Louvre).

3° *Peinture*

Trois périodes

1° *Style archaïque*	2° *Style correct*	3° *Style fantaisiste*
Attitudes raides et conventionnelles — couleurs pauvres — corps de profils — yeux de face — imitation grecque. *(Corneto, Cœré).* Femmes blanches. Hommes rouges.	Proportions justes, colorations variées, têtes expressives — les sujets les plus fréquents ont trait au culte des morts.	Vie, mouvement, poses compliquées. Emploi de la perspective et du clair-obscur. *(Grotte del Orco* à Corneto).

Fresques des **chambres funéraires.**

4° *Art industriel*

Monnaies — Pierres gravées — Céramique

Variétés

(a) *Canopes*	(b) *Bucchero*	(c) Vases peints	(d) Vases noirs
Vases funéraires surmontés d'une tête (imitation égyptienne), huitième et septième siècles.	Terre noire à reliefs, ornements orientaux, septième et cinquième siècles.	imités de la Grèce, quatrième siècle — (n'ont pas la perfection des vases grecs).	à vernis brillant et à reliefs, troisième siècle, — formes élégantes imitant le métal.

L'exode des vases grecs vers l'Étrurie fut considérable.

On appelle *Patère* un plat circulaire renflé au centre avec parfois un sujet en relief.

Bijouterie étrusque. — Elle est composée d'une grande quantité de pièces tenues superposées — granulations en cordonnet ou filigranes.

Au septième et au sixième siècle les formes deviennent plus compliquées et décorées avec une richesse tout asiatique.

Les Étrusques avaient pour la parure un goût très prononcé (hommes, femmes et enfants). Les principaux bijoux étaient les pendants d'oreilles, les colliers, les bagues, les fibules et agrafes et enfin les bijoux de coiffure (voir figure 268).

(Collection du musée Grégorien au Vatican).

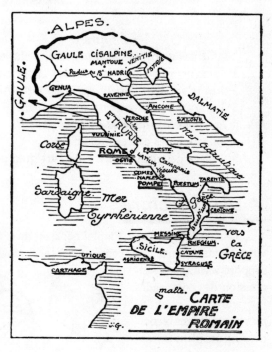

Chapitre IX

ART ROMAIN

L'art romain a son apogée de la période d'Auguste aux Antonins (fin du premier siècle avant J.-C. Premier siècle de notre ère). — Son influence fut considérable et le sol africain et européen se couvrit de grandioses monuments. — Décadence au troisième siècle de notre ère.

L'influence grecque, si considérable, a plusieurs causes déterminantes.

1° Immense rayonnement créé par l'apogée de l'art grec.

2° Les arts se transportent, après la mort d'Alexandre, d'Athènes à Rome.

3° Les artistes grecs se transportent en Italie (écoles grecques d'Italie). *L'histoire générale de la sculpture grecque se continue en Italie.*

4° Imitation des ordres grecs.

5° Pillage des chefs-d'œuvre de l'art grec par les Romains. Statues ramenées à Rome.

1° *Architecture*

Caractéristiques : Emploi constant de la *voûte* (voûte en berceau, voûte d'arête, voûte hémisphérique). Les conséquences se traduisent en plan par le renforcement des supports verticaux, la suppression des colonnades intérieures ; variations plus grandes dans la composition des plans (se rappeler que les temples grecs sont toujours des rectangles, condition exigée par la portée des poutres horizontales). Plans circulaires très fréquents.

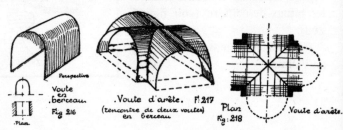

Appareil : Les Romains se servirent de l'appareil étrusque, appareil à joints vifs et en assises horizontales.

3 variétés
{
1° *Opus quadratum ;*
2° *Opus reticulatum* (bel appareil) ;
3° *Opus lateritium* (m. brique).
}

Éléments Grecs dans l'Architecture Romaine

Imitation des ordres grecs.

Le *Dorique* se transforme en *Toscan* : base, pas de cannelures, le chapiteau se complique d'annelets. La courbe de l'échine, si élégante, se transforme en un quart de rond.

L'*Ionique* : chapiteau réduit comme hauteur — les volutes ne décrivent plus d'inflexion — rarement des cannelures sur le fût.

Le *Corinthien* : devient l'ordre le plus employé — chapiteau décoré avec l'acanthe molle et parfois avec la feuille d'olivier.

Entablement corinthien : très chargé de moulures et de bas-reliefs sculptés.

L'ordre corinthien, très fastueux, convenait bien à la noble ordonnance des monuments romains. — Exemple d'ordre dorique romain à Paris : l'Odéon. — Toscan : rez-de-chaussée du Luxembourg. — Ionique : École de pharmacie. — Corinthien : Panthéon.

Création Romaine : L'*ordre composite,* mélange de l'ordre corinthien et de l'ordre ionique *(arcs de Titus) ;* exemple : figure 223.

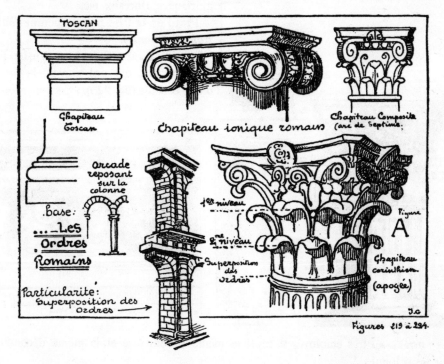

Figures 219 à 224.

Particularités de l'ordonnance Romaine

1° *Superposition des ordres :* les lois de l'ordonnance hellénique sont méconnues : les ordres romains se superposent (toscan : inférieur ; ionique : au centre ; corinthien : étage supérieur).

Exemple : *Théâtre de Marcellus.*

2° *Emploi de l'arcade.*

3° *Colonne juxtaposée à l'arcade :* les ordres grecs deviennent de véritables motifs décoratifs : ils sont seulement accolés, la colonne au lieu d'être placée sous la retombée de l'arcade se plaque contre le mur, au lieu de porter l'arcade elle reçoit l'entablement — (défaut de logique).

Les arcades sur colonnes se trouvent parfois dans l'architecture romaine (*Spalatra*) — cette ordonnance se généralise surtout au cinquième siècle dans les basiliques chrétiennes.

Détails de l'ordre corinthien

Chapiteau : différences suivant les époques.

1° Période archaïque	*2° Apogée*
(a) La deuxième rangée des feuilles d'acanthe s'élève très peu au-dessus de la première (remarquer les deux lignes de niveau B. (Fig 226).	*(a)* — Les rangées de feuilles sont égales comme hauteur (deux lignes de niveau de la figure A. — Fig. 222).
(b) Acanthe frisée à contours pointus.	*(b)* — Acanthe molle — olivier (B — fig. 222).
(c) Au centre, grande rose épanouie.	*(c)* Pas de rose centrale.
Exemple : *Tivoli, Preneste,* Temple d'*Assise.*	Exemple : *Jupiter Stator, Panthéon.*

À droite, suite de la colonne 2 :

Frises : toujours décorées d'un motif : guirlandes, rinceaux, etc.

Profil de la frise parfois bombé *(basilique d'Antonin).*

Corniche : denticules et sous le larmier des *modillons* qui ont souvent la forme d'une console (fig. 225).

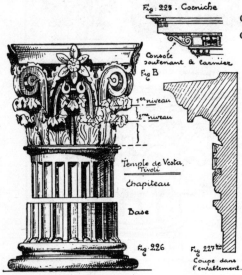

Fig. 225 . Corniche

Console soutenant le larmier
Fig B

1er niveau
2me niveau

Temple de Vesta.
Tivoli

Chapiteau

Base

Fig. 226

Fig. 227 bis
Coupe dans
l'entablement.

Fig. 227.   Entablement Temple de Vesta

Pilastre : très employé, il revêt la même ordonnance et la même décoration que les colonnes.

Plafonds : à caissons — au centre de chaque caisson se trouve une rosace.

Frontons

Pente plus accentuée que dans l'art grec.

Art Grec	*Art Romain*
Pente : un de haut, quatre de base.	Pente : un de haut, deux et demi de base.

Ornements sculptés

Occident	*Orient*
Lourdeur solennelle. Formes épaisses.	Formes anguleuses.

Revêtement des grandes salles par des marqueteries de marbre.

Sous la Renaissance, la corniche à modillons renaîtra avec un décor très chargé. Exemple : Palais Riccardi (Florence), château de Blois, etc. — Les frontons romains présentent de nombreuses variétés : brisés, en arc de cercle, etc. (écoles d'Orient surtout).

Esthétique de l'art Romain

L'architecture romaine marque un effort très sensible vers l'utile. — Heureuse et logique distribution des plans. — Les constructions ont des proportions colossales : impression de force.

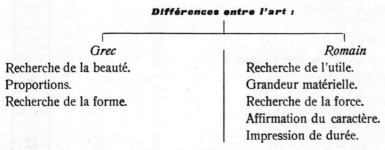

Différences entre l'art :

Grec	Romain
Recherche de la beauté.	Recherche de l'utile.
Proportions.	Grandeur matérielle.
Recherche de la forme.	Recherche de la force.
	Affirmation du caractère.
	Impression de durée.

L'art était pour les Grecs une passion, une jouissance de toutes les heures ; pour les Romains, l'art n'était qu'un instrument, un moyen d'assurer leur empire, une marque de possession... le sceau imprimé sur le pays conquis... (BEULÉ.)

PRINCIPAUX MONUMENTS DE L'ARCHITECTURE ROMAINE

(A) Les Temples

Différences avec le Temple grec :
1° Profondeur du portique qui précède le sanctuaire ;

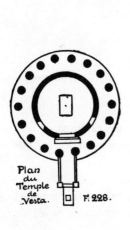

Plan du Temple de Vesta. F. 228.

Sanctuaire

Plan de la Maison Carrée (Nîmes)

Portique

Perron
Fig. 229

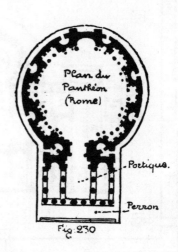

Plan du Panthéon (Rome)

Portique.

Perron

Fig. 230

2° Implantation sur un soubassement précédé d'un perron ;

3° Fréquence des formes rondes (*Panthéon,* dôme de 43 mètres, fig. 230 ; architecte : *Valérius d'Ostie ; Temple de Vesta à Tivoli,* fig. 228).

(B) Les Basiliques

Les basiliques étaient des édifices servant aux réunions d'affaires — elles se composaient généralement de trois nefs, les nefs latérales étant à double étage; — dans le fond, dans un hémicycle, se tenaient les jurisconsultes. *Basilique de Fano, Basilique Æmilia, Basilique Ulpienne* (fig. 231).

L'hémicycle du fond était couvert par une coupole en quart de sphère (*absis*) — la forme de la basilique sera plus tard empruntée par les chrétiens — comparer le plan de la basilique païenne (fig. 231) avec le plan de la basilique chrétienne (fig. 270).

(C) Les Thermes

Distribution savante du plan. *Thermes de Titus, Thermes de Dioclétien, Thermes de Caracalla.*

Deux parties { 1° enceinte.
{ 2° le bâtiment principal.

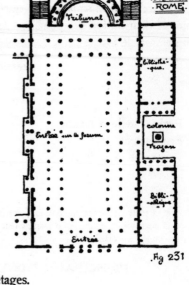

PLAN DE LA BASILIQUE ULPIENNE
FORUM DE TRAJAN. ROME.
Fig 231

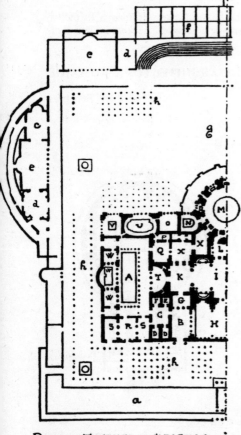

PLAN DES THERMES DE CARACALLA.
(UNE MOITIÉ)   Fig. 232.

Enceinte :

a — bains particuliers (femmes).

f — réservoir à deux étages.

c — académies.

d — salles de conférences.

e — palestres.

g — xyste.

h — gymnases et promenades.

Bâtiment principal :

A — péristyle découvert.

C — (*Apodyterium*) salle où l'on se déshabillait.

D — vestiaires.

E — (*Clæothesium*) salle des parfums.

F — *Conisterium*) salle contenant les enduits pour les lutteurs.

G — salle de conversation.

H — (*Frigidarium*) espace découvert avec une piscine, tout autour niches servant de salles de repos pour les nageurs.

I — grande salle centrale, xyste couvert, bains tièdes dans quatre piscines situées dans les exèdres (riche décoration, marbres précieux).

K — salle pour les spectateurs.

L — *(Tepidarium)* préparation au bain chaud.

M — *(Caldarium)* bain chaud (salle voûtée en coupole).

N — *(Tepidaria)* bains tièdes.

O — *(Fregidaria)* bains froids.

Q — *(Sudatorium)*.

R — vestibule.

S — bibliothèques.

T — exèdre pour conférences.

U — salle réservée aux exercices du corps.

X — cours.

W — *(Éphébea)* salles pour l'éducation des jeunes gens.

Les Thermes de Caracalla (troisième siècle) peuvent être considérés comme un des plus beaux monuments de l'architecture romaine — grandiose disposition du plan.

Les Romains étaient passionnés pour les fêtes et les spectacles — le théâtre se présente sous trois formes : 1° le demi-cercle (théâtre) — 2° le cercle ou ovale (amphithéâtre) — 3° le rectangle allongé et arrondi (cirque).

(D) Amphithéâtres

Destination différente du cirque : on y donnait des combats de gladiadeurs et des combats contre les animaux — piste elliptique entourée de gradins s'élevant sur des murs  rayonnants — les étages inférieurs des gradins s'appelaient *infima cavea* et étaient réservés aux personnages de distinction. — Plan très bien combiné pour que la foule se répartisse d'elle-même dans tout l'amphithéâtre et cela sans confusion. — Disposition heureuse des galeries intérieures (refuge en cas de pluie). — Il n'y a pas de toiture, mais seulement une tente.

F 233
Disposition adoptée dans les passages de circulation.

Le Colisée (Rome, soixante mille spectateurs), *Vérone, Arles, Nîmes.*

L'ordonnance extérieure de l'amphithéâtre comprenait quatre étages formés d'ordres superposés. Dans la partie souterraine se trouvaient des fosses et des aqueducs.

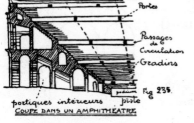

voûte
Portes
Passages de Circulation
Gradins
Fig 235.
portiques intérieurs
piste
COUPE DANS UN AMPHITHÉATRE

Emploi constant dans toutes ces constructions de *l'arcade* et de *la voûte.*

un anneau
Gradins étages
Piste elliptique
F. 234
Plan d'un Amphithéatre

(E) Cirques

Les cirques se composaient de quatre parties (fig 236) :

1° Les *gradins* disposés parallèlement de chaque côté du grand axe;

2° La *piste;*

3° Les *carceres,* cellules disposées en diagonales à l'extrémité de la piste (avant le départ, les chars étaient enfermés dans les carcères);

4° La *spina,* qui occupe le

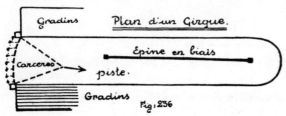

Gradins
Plan d'un Cirque.
Épine en biais
Carceres
piste.
Gradins
Fig: 236

centre de la piste ; elle servait aussi de motif décoratif et elle était ornée de monuments divers : obélisques, autels, etc. — Aux extrémités de la spina se trouvaient les bornes.

La diagonale suivant laquelle étaient disposées les carcères avait pour but de rendre l'espace à parcourir égal à tous les coureurs.

(F) Théâtres

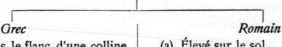

Différences

Grec	Romain
(a) Creusé dans le flanc d'une colline.	(a) Élevé sur le sol.
(b) Au centre : l'orchestre, plate-forme vide réservée aux évolutions des chœurs.	(b) Le public envahit la plate-forme de l'orchestre et les chœurs se transportent sur la tribune.
(c) Tribune étroite.	(c) Tribune plus large.
(d) Autel de Bacchus au centre de l'orchestre (caractère religieux).	(d) Pas d'autel de Bacchus (pas de caractère religieux).

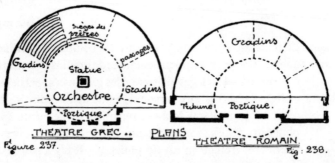

Figure 237. — Fig. 238.

Principaux théâtres romains : *Théâtre de Pompée, Théâtre de Marcellus, Théâtre d'Herculanum, Théâtre de Pompéi.* — En France : *Théâtre d'Orange, Théâtre d'Arles.* — En Afrique : *Théâtre de Tébessa.*

(G) Aqueducs — Ponts — Routes

Grandes routes stratégiques. — *Pont du Gard* (France) (fig. 239) ; *Aqueduc de Ségovie.*

(H) Forum

Place publique entourée de vastes portiques et d'édifices religieux et civils : *Forum de Rome, Forum de Pompéi* (fig. 240).

Fig. 239. Disposition des arcades du Pont du Gard.

(I) Palais

Spalatro : Palais de *Dioclétien.*

(J) Tombeau

Trois variétés

1° *Columbarium,* pièce dont les murs contenaient des niches destinées à recevoir les urnes ;

2° Édifices pyramidaux ou circulaires. *Pyramide* de *Cestius,* Tour ronde de *Cecilia Metella ;*

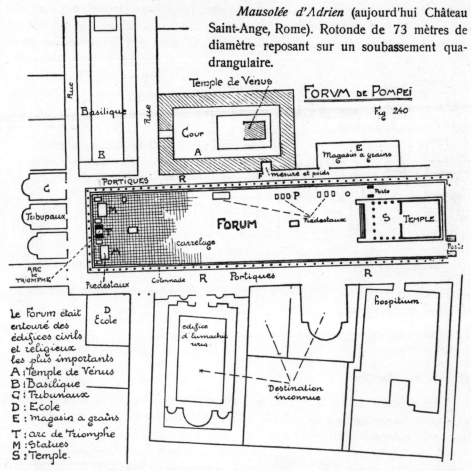

Mausolée d'Adrien (aujourd'hui Château Saint-Ange, Rome). Rotonde de 73 mètres de diamètre reposant sur un soubassement quadrangulaire.

Temple de Vénus

FORVM DE POMPEI

Fig. 240

Cour A

Basilique B

Rue

Rue

E Magasin à grains

PORTIQUES R

F : mesure et poids

Porte

C

Tribunaux

FORUM

carrelage

Piedestaux

S TEMPLE

Porte

ARC DE TRIOMPHE

Piedestaux Colonnade R Portiques R

D Ecole

hospitium

Le Forum était entouré des édifices civils et religieux les plus importants
A : Temple de Vénus
B : Basilique
C : Tribunaux
D : Ecole
E : magasin à grains
T : arc de Triomphe
M : Statues
S : Temple

édifice d'Eumachia uria

Destination inconnue

3° Sarcophages de pierre (tombeau de *Scipion Barbatus*, fig. 241). Les tombeaux étaient situés le long des grandes routes.

(K) Maison

Différences entre la maison romaine et la maison grecque : (fig. 242 et 243). — MAISON ROMAINE : En avant, cour couverte

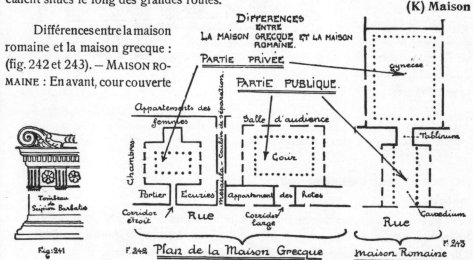

DIFFERENCES ENTRE LA MAISON GRECQUE ET LA MAISON ROMAINE.

PARTIE PRIVEE

PARTIE PUBLIQUE.

gynécée

Appartements des femmes

Chambres — mesaula — Couloir de séparation

Salle d'audience

Tablinum

Portier

Ecuries

Appartement des hôtes

Cour

Cavædium

Corridor étroit

Rue

Corridor large

Rue

Tombeau de Scipion Barbatus

Fig. 241

F. 242 Plan de la Maison Grecque

F. 243 Maison Romaine

5

(testudinatum) ou ouverte *(arupluvium)*; au centre, l'*impluvium* (bassin); aux alentours petites chambres et les *alæ* (musée). — Dans le fond, le *tablinum*; un couloir fait communique cette cour avec la partie privée qui comprend le *péristylium* (cour entourée de portiques) et différentes salles. Dans le fond, l'*œcus*, pièce où la famille se réunissait et autour les *cubicula* (salles à coucher) et *triclinia* (salle à manger).

Pas de cheminées, pas

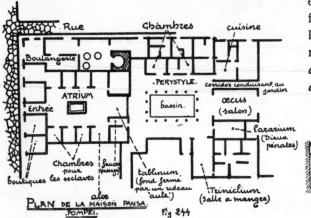

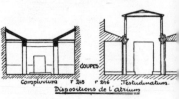

de décoration sur les façades; à l'intérieur : aires de mosaïque, fontaines de marbre, peintures sur les parois des salles.

La maison romaine est caractérisée par la cour ou *atrium* — Dans le *tablinum* on plaçait les dieux du foyer (Pénates).

(L) Arc de triomphe

A l'origine, arcade unique; plus tard, elle est flanquée à droite et à gauche d'arcs plus petits; au-dessus de la corniche se trouve généralement un *attique* (étage peu élevé servant de couronnement).

Sur la plate-forme supérieure se dressait un char à quatre chevaux (quadrige).

Arc de Titus, arc de Septime le Sévère, de Trajan. Arc de Constantin. Arc d'Orange (France).

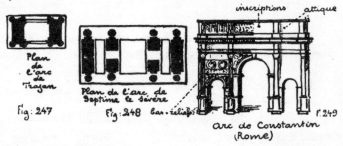

Dans l'art grec il n'y a pas d'arc de triomphe. — Sous les Césars les arcs sont décorés avec sobriété (arc d'Auguste à Rimini). — Sous Septime le Sévère les détails s'accumulent. — L'Arc de Septime le Sévère a été imité par *Percier* et *Fontaine* dans *l'arc du Carrousel* élevé à Paris à la gloire de l'Empire (1805-1806).

(M) Monuments commémoratifs
Colonnes

Colonne Trajan, formée de trente-quatre tambours de marbre blanc disposés en hélice (39 mètres de haut). — Les bas-reliefs représentent la guerre des Daces. — Elle fut élevée en l'honneur de Trajan après la conquête de la Dacie.

Pour l'histoire de l'Architecture Grecque et de l'Architecture Romaine, consulter l'*Histoire de l'Architecture* de CHOISY, ouvrage remarquable auquel nous avons fait du reste de nombreux emprunts.

EXPANSION DE L'ART ROMAIN

1° ART ROMAIN EN GAULE

Les Gaulois étaient bien préparés pour s'assimiler la civilisation romaine, car il y avait eu une civilisation gallo-grecque auparavant.

Temples. *Maison carrée de Nîmes*, temple pseudo-périptère, perron de dix marches placées entre deux stylobates; en avant, portique composé de trois colonnes en

Ordonnance de la maison carrée
(Nîmes)
Fig. 250.

profondeur, la quatrième est engagée dans la cella — hexastile — (sur les côtés huit colonnes engagées) — ordre corinthien, chapiteau décoré des feuilles de l'olivier (fig. 250). (Consulter plan fig. 229).

La Frise de la cimaise est ornée de têtes de lions et de superbes rinceaux.

Bains et *Temple de Diane, Nîmes*.

Amphithéâtre de Nîmes : plan elliptique, trente-cinq rangs de gradins, façades : deux étages (construction très remarquable, bel appareil des voûtes, rampants, portiques, majestueuse harmonie de l'ensemble). Amphithéâtres d'*Arles*, de *Périgueux*, de *Fréjus*, de *Paris*, d'*Autun*.

Pont du *Gard* : trois étages (inférieur : 6 arcades, second : 11, troisième : 35). Grand appareil. — *Pont de Vayson*.

Arc de triomphe d'Orange, arc de *Cavaillon, de Carpentras* — *Théâtre d'Arles* — *Tombeau de saint Rémy* — *Temple de Livie à Vienne* — *Palais Gallien à Bordeaux*.

Sculpture Gallo-Romaine

Vénus d'Arles, Vénus de Nîmes, Buste d'Octavie à Lyon, Mercure de Langres. — Formes élégantes.
Sarcophages des Aliscamps à Arles.

2° ART ROMAIN EN ASIE

Ruines de Palmyre et de Balbek.

L'influence de monuments tels que le Panthéon ou les Thermes de Caracalla fut considérable et nous retrouverons la trace de leurs particularités de construction jusqu'en Syrie et plus tard dans les monuments de l'art Byzantin (Sainte-Sophie).

2° Sculpture

Influence grecque considérable — épanouissement sous le règne des Césars, des Flaviens et des Antonins.

(A) Sculpture grecque chez les Romains

1° *École Asiatique*

Sculpteurs d'Asie Mineure.

Agasias d'Éphèse : gladiateur combattant (recherche du mouvement).

Aristéas et *Papias d'Aphrodisias,* auteurs de deux centaures.

2° *École Attique*

continue les traditions de l'école de Praxitèle et de Lysippe.

Apollionos : Torse du Belvédère (Vatican), recherche anatomique.

Cléoménès : Vénus de Médicis (Florence), chef-d'œuvre de grâce.

Glycon : l'Hercule Farnèse (Naples).

3° *École Archaïque*
dite de *Pasitélès.*

Le Tireur d'épine (?).
Diane à la biche.

(Louvre)

Pour l'époque à attribuer à ces œuvres, les avis sont partagés ; certains auteurs voient dans le Tireur d'épine une œuvre antérieure à la période classique grecque.
La Diane à la biche est peut-être une œuvre de l'école de Scopas.

(B) Sculpture de style Romain

Différents genres

1° **Statues mythologiques :** mêmes dieux que les Grecs.

Noms des principales divinités :

(dans le même ordre)

Grecques	*Romaines*
Zeus, Héra, Poseidon, Hermès, Aphrodite, Athénée, Éros, Dionysos.	Jupiter, Junon, Neptune, Mercure, Vénus, Minerve, Cupidon, Bacchus.

Égyptiennes

Thoth (Mercure).
Hathor (Vénus).
Neith (Minerve)

2° **Statues allégoriques** (très fréquentes).

3° **Portraits :** recherche de la vérité et de la ressemblance — tous les traits distinctifs sont soigneusement représentés. Beaux portraits des empereurs, des impératrices et des personnages officiels : *César, Auguste, Agrippa, Néron, Vitellius, Marcellus, Lucien Vérus :*

Statue
l'auguste
du
Vatican
Fig 251

portraits de personnages historiques grecs : *Homère, Solon, Socrate, Épicure, etc.* (belle collection du Capitole).

Statues en pied : *Auguste* (Vatican). Vêtu de sa cuirasse, jambes nues, face soucieuse, dans l'attitude d'un général prononçant une allocution (fig. 251).

Agrippine (Capitole).

Statues équestres : *Marc-Aurèle.*

Statues colossales : *Pallas Velitri, Melpomène* (Louvre), *le Nil, le Tibre.*

Les draperies sont généralement bien traitées (*la Pudeur* : Vatican).

4° **Bas-reliefs historiques** (sur les arcs de triomphe ou les colonnes).

Relief très accusé — grand nombre de personnages accumulés dans un petit espace — sur le fond se dessinent des paysages ou des monuments — sujets : combats, victoires.

Bas-reliefs de la *colonne Trajane,* de l'*Arc de Septime le Sévère,* de l'*Arc Constantin,* de la *colonne Antonine.*

Les bas-reliefs ont surtout une grande valeur au point de vue reconstitution de la vie militaire romaine — les bas-reliefs de l'arc Constantin (312) sont des œuvres de déclin.

5° **Monuments funéraires :** bas-reliefs intéressants par les scènes qu'ils représentent :

a — Motifs ornementaux : têtes de lions, de béliers, cypes, torches renversées, feuillages, guirlandes, cannelures ondulées en S — masques.

Fragment d'une Peinture de Pompéi

Fig 252

b — Portrait du défunt dans un médaillon.

c — Représentation du métier du défunt : *Tombeau du boulanger.*

d — Imitation des peintures de Pompéi : scènes familières.

e — Scènes des légendes helléniques (allusions à la mort) : *Mort d'Actéon, Mort d'Alceste.*

3° *Peinture*

Célèbres fresques de Pompéi.

Caractéristiques : imitation en couleur et en trompe-l'œil des reliefs architectoniques — dans les premiers temps, cette imitation est sincère, plus tard elle se transforme en fantaisie : plus de vraisemblance, la perspective devient fausse, les colonnes sont de plus en plus grêles et frêles, elles supportent des couronnements étrangers à l'ordonnance gréco-romaine. — Partout s'étalent des lignes ténues et aériennes d'où s'échappent : un griffon, un dauphin ou un génie. — Souvent des médaillons sont suspendus sous les chapiteaux, ils représentent des scènes mythologiques ou badines, souvent aussi des personnages sont penchés sur les corniches et apparaissent aux endroits les plus inattendus et les moins stables.

Les petits ornements : rubans noués, oiseaux, masques, flûtes, lyres, sont très nombreux.

Art avant tout frivole, gracieux et imaginatif dont plus d'une fantaisie se retrouvera dans notre Louis XVI français.

Parfois cette architecture illogique mais amusante laisse apercevoir, à travers ses portiques et ses baies, des paysages aux perspectives fuyantes (fig. 252).

Peinture de chevalet : mythologie grecque (amours très nombreux). — Tableaux de paysages — natures mortes — *Caricatures*.

La plupart des peintres romains étaient Grecs. — Parmi les plus célèbres peintures on peut citer : *Les Noces Aldobrandines* (Vatican), les peintures de la *Villa de Livie* (Rome) et de la maison des *Vettii* (Pompéi).

4° *Art décoratif*

La richesse et le luxe romain favorisèrent le développement de l'art décoratif. Emploi de matériaux de prix : or, argent.

Ornements

Les ornements sont grecs mais plus chargés que ceux-ci, richesse ample et touffue. Frises avec oves, palmettes, rinceaux dans les enroulements desquels s'ébattent des chi-

Figures 253 à 260.　　　　　Ornements tirés des diverses maisons de Pompéi.

nières et des amours au corps terminé en feuillage (fig. 261 à 265). Acanthe romaine, feuille grasse, courte et large.

Le rinceau romain et son acanthe seront employés dans le style Louis XIV en France.

Le rinceau est l'élément dominant de l'orientation, il s'étale dans un mouvement gras, profusion de détails, le déroulement est régulier, la volute découlant d'une autre volute, mais les points de jonction sont moins délicats que dans le rinceau grec.

Mosaïque

Deux genres

1° *Géométrique* (fig. 267).

2° *Pittoresque*, reproduction des perspectives et des tableaux (fausse idée du rôle décoratif de la mosaïque) (fig. 266).

Scènes mythologiques

Principales œuvres : *les Colombes de Pline, la Bataille d'Arbelles* (Naples), *les Restes d'un repas* (attribué à *Sosos*), *le Chien de garde aboyant au visiteur, les Quatre Saisons* (Lambessa), *le Nil de Palestrina* (6 mètres sur 5).

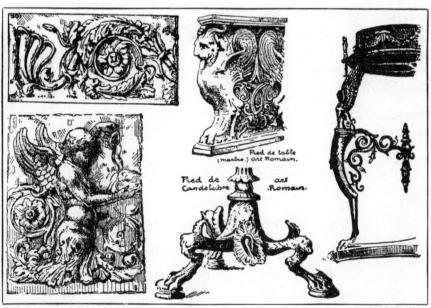

Rinceaux — ornements — pieds de table — trépieds.   Figures 261 à 265.

Meubles

Ornementation au moyen de plaques de métal, pieds des meubles composés de disques superposés. — Lits très hauts où l'on s'accoudait pour les repas. — Les tables *(Mensa)* avaient des formes variées, pieds en forme de pattes de lion. — Chaises à dossiers penchés et arrondis. Sièges en X.

Orfèvrerie

Importance considérable — Trésors trouvés à *Pompéi*, à Bernay (Bibl. nat., 69 pièces), à Hildesheim (Berlin, reproduction en galvano au musée de Cluny). Trésor de Bosco-Réale (Louvre).

Frise en mosaïque de marbre (Pompéi).

Fig. 266.

Fig. 267. — Pavement en mosaïque.

Généralement ces reliefs dans les pièces d'orfèvrerie sont obtenus au repoussé. Patère de Rennes Bibl. nat.).

Monnaies

Sous l'Empire, superbes monnaies avec effigies et portraits.

Bijouterie

Gravure sur pierres fines —*Camée de l'apothéose d'Auguste* (sardonyx, Bibl. nat.). *Camée de Vienne.*

Verrerie

Vase de Portland.

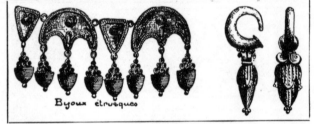

Bijoux étrusques

Fig. 268. — Bijoux étrusques et byzantins.

Céramique

Antéfixes, figurines, lampes, etc. — Vases d'Arezzo (à reliefs sur fond noir).

MYTHOLOGIE ROMAINE

Nom de la Divinité	Élément et Idée représentés		Attributs
Jupiter	Air	Toute-puissance	Aigle — Sceptre — Foudre
Junon	Ciel	Mariage	Paon
Minerve	Éclair	Intelligence	Chouette — Égide — Olivier
Vénus	Amour	Beauté	Colombe
Diane	Lune	Chasteté	Cerf — Croissant
Cérès	Terre	Fécondité	Gerbe — Faucille
Phébus	Soleil	Arts et lettres	Arc — Lyre
Mercure	Pluie	Éloquence	Ailes — Caducée
Mars	Orage	Guerre	Casque — Lance — Bouclier
Vulcain	Feu souterrain	Industrie	Marteau — Enclume
Neptune	Mer	Colère	Trident — Cheval marin
Vesta	Foyer	Vertus domestiques	Feu sacré — Trépied

DEUXIÈME PARTIE

LE MOYEN AGE

Chapitre X

ART CHRÉTIEN

1º Les Catacombes

Progrès rapides du christianisme vers la fin du premier siècle.

Les catacombes sont des tombeaux : galeries creusées dans le tuf — immense étendue (246 hectares de superficie) explorés par M. de Rossi et Antonio Bosio.

DIFFÉRENCES AVEC LES NÉCROPOLES ANTIQUES

Nécropoles antiques	Catacombes
Salles funéraires souterraines de l'Égypte et de la Grèce : spacieuses, bien ordonnées.	Galeries étroites et basses *(ambulacres)*, murs sales et noirs percés de niches *(locus)* situées les unes au-dessus des autres et fermées par des dalles avec inscriptions ; ce sont les tombes.
Belles peintures, essai de décoration, urnes et objets funéraires arrangés symétriquement autour du sarcophage, bijoux et bibelots précieux. Souci de la présentation, aspect souvent très riche.	Le seul mobilier consiste en deux ampoules (huile sainte et vin eucharistique).
	Souterrains sombres, éclairés par des *luminaires*, puits creusés de loin en loin, aspect triste.

Les sarcophages étaient, dans les catacombes, réservés aux riches; on trouve aussi parfois des *cubicula* et des *arcosolia* qui sont des caveaux de famille et des chapelles.

Principales Catacombes

Généralement hors la ville — *Cimetière de Saint-Calixte* (crypte Sainte-Corneille), *Cimetières Domitille, Priscilla,* etc.

Décoration des Catacombes

Première manifestation de l'art chrétien : fresques, figures tracées avec une pointe sur le stuc — couleurs peu variées, jaune, rouge, vert. — Le style ornemental est franchement gréco-romain et on y retrouve l'imitation d'œuvres pompéiennes, néanmoins on peut y distinguer quelques efforts bien chrétiens : signes particuliers, monogrammes, nimbes, représentations cachées et symboliques de la croix : ancre, mât, trident, le *tau* grec ⊤, le *gammata* 卍 (d'inspiration orientale), le *decussata* ✕ qui se combine avec ✕ et forme le monogramme de Constantin ☧.

Les principaux sujets sont des scènes païennes ou mythologiques (cubiculum d'Ampliatus — Domitille), des scènes chrétiennes (peu nombreuses : Le Baptême, crypte de Lucine — La Vierge et le Prophète, Priscilla).

Symboles les plus fréquents : La colombe, le navire, le phare, le dauphin, l'agneau, la vigne, le poisson du salut : ΙΧΘΥΣ, l'ancre, l'image du Bon Pasteur. *L'orante* (figure en prière, les bras étendus).

Image du Christ.

Jusqu'au cinquième siècle : jeune et imberbe, visage encadré de cheveux ondulés. Après le cinquième siècle : barbu et solennel.

Le christianisme modifie le caractère moral de la peinture; exclusivement décorative chez les païens, elle revêt dans les catacombes un caractère symbolique et didactique.

2° *Les Basiliques*

Lorsque la religion chrétienne fut reconnue et puissante (conversion de Constantin en 313), l'art sortit des catacombes pour créer les basiliques.

L'influence de l'art ancien sur la technique de l'art chrétien fut considérable et elle le fut d'autant plus que les premiers chrétiens, en sortant des catacombes, utilisèrent pour leur culte les édifices païens.

Caractéristiques–Plan :

Trois nefs, une médiane plus haute ayant des fenêtres — dans le fond : *l'abside* contenant le siège de l'officiant *(cathedra).*

La nef de droite était réservée aux hommes, celle de gauche aux femmes.

Façade :

La façade comporte trois portes ou cinq, au-dessus s'ouvrent des fenêtres et le tympan du fronton est percé d'un œil-de-bœuf (origine des roses des cathédrales gothiques). — Devant les portes se trouvent un *narthex* (portique) et des galeries entourant une cour ou *atrium* avec au centre une fontaine (souvenir de la maison romaine). (Fig. 270).

Baptistères :

Jusqu'au huitième siècle, ils sont extérieurs à la basilique (le baptême se donnait par immersion). *Baptistère de Latran.*

Disposition type :

Dans l'intérieur des basiliques on trouve une suite d'arcades reposant directement sur des colonnes (fig. 271).

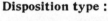

La disparition de la classe des catéchumènes et des pénitents entraîna la suppression de la cour sur le devant de la basilique, néanmoins de cette cour sortira l'idée du monastère ou cloître (voir art gothique).

—Le prêtre officiait derrière l'autel en regardant l'assistance (église orientée : façade vers l'est) au cinquième siècle façade à l'ouest : le prêtre ne regarde plus alors l'assistance. — En avant du sanctuaire, dans la nef principale, se dressaient deux chaires ou *ambons*. — Toutes les convenances du culte chrétien se trouvent réalisées dans le plan de la basilique. — La forme en croix du transept revêt vite une signification symbolique.

Il est évident que la basilique païenne a plus d'un point de ressemblance avec la basilique chrétienne (nefs, disposition intérieure, etc.), mais néanmoins elle présente quelques caractères différents.

Différences

Basilique Païenne.

Emplacement dans un endroit très fréquenté de la foule. — On y vient pour causer et discuter.

Basilique Chrétienne.

Emplacement isolé. — On y vient pour prier, il faut plus de lumière (idée qui atteindra son apogée à l'art gothique).

Suppression des colonnes qui séparent l'abside de la nef. — L'arcade prend naissance sur le tailloir du chapiteau. — L'autel s'élève au centre entre l'abside et la nef, il est dominé par *l'arc triomphal*.

Décoration

La peinture est généralement remplacée par la mosaïque; mais tandis qu'à Rome celle-ci était réservée pour le pavage, ici, elle remplace la tapisserie et se dresse sur les parois verticales. — Aspect solennel qui s'accorde très bien avec l'architecture.

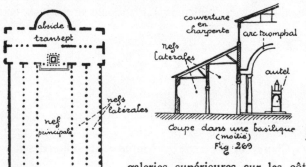

Coupe dans une basilique (moitié)
Fig. 269

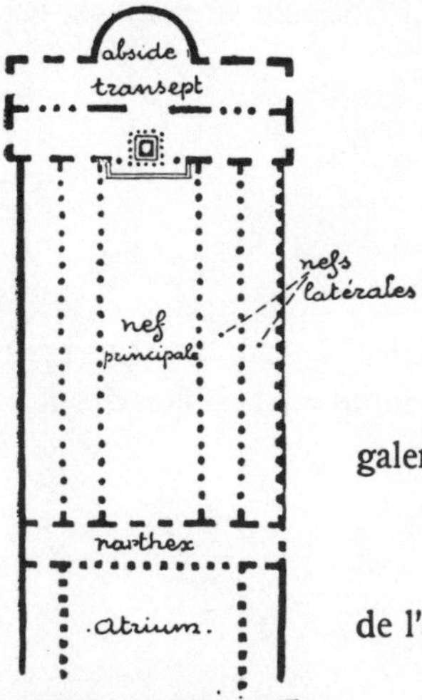

PLAN DE LA BASILIQUE.
S¹ PAUL HORS LES MURS.
Fig. 270.

Principales Basiliques

Saint-Jean-de-Latran, Saint-Paul-hors-les-Murs (Rome), *Sainte-Marie-Majeure, Sainte-Agnès-hors-les-Murs* (septième siècle — galeries supérieures sur les côtés).

Influences

Influences considérables : toute l'architecture religieuse de l'avenir empruntera aux basiliques.

Particularités

1° On voit dans la basilique croître progressivement le bras du transept et l'idée du plan en forme de croix prend naissance (plan de Saint-Paul-hors-les-Murs).

2° L'abside était dans les premiers temps réservée au clergé et elle était éclairée par le jour qu'elle recevait de la nef, plus tard elle devient le *martyrium* (lieu où reposaient le corps d'un saint ou des reliques) et on la *perce de fenêtres* (importance capitale).

Mosaïque

Les plus belles mosaïques sont celles de Sainte-Pudentienne (sujet : le Christ et les apôtres) (quatrième siècle), de Sainte-Marie-Majeure (cinquième siècle) — de Saint-Cosme et Saint-Damien (sixième siècle). — Au fur et à mesure que l'on avance vers le moyen âge, l'art de la mosaïque se fait plus sec et plus brutal, les figures deviennent plates, le modelé des corps disparaît et les personnages, perdant leur caractère humain, ressemblent à des idoles hiératiques (Exemple : Sainte-Agnès-hors-les-murs — septième siècle.)

3° Basiliques de la Syrie centrale

La formation d'un foyer d'art très actif en Syrie centrale s'explique très bien par l'immense rayonnement de l'art Romain — l'art de la Syrie rayonna à son tour en Europe.

Matériaux

Emploi exclusif de la pierre.

Différence essentielle avec la basilique italienne : emploi d'une tour ou coupole au-dessus du transept. — Si l'on considère que nos églises romanes françaises ont adopté ce parti architectural, on peut en conclure, semble-t-il, à une influence.

Basilique de Tafkha, Baptistère de Saint-Georges-d'Ezra (plan formé de deux octogones concentriques, au centre coupole de forme ovoïdale) influence de l'Asie Centrale), sur un des côtés se trouve l'abside. Particularité : à la base de la coupole s'ouvrent des petites fenêtres semi-circulaires (imitation à la coupole de Sainte-Sophie de Constantinople).

Basilique *de Roueiha,* Basilique *de Tourmanin.*

4° Arts mineurs

Indépendamment des belles mosaïques, on peut citer la sculpture sur ivoire (plaque : ivoire des Symmaques, Cluny) et l'orfèvrerie qui continue la tradition classique. — Belles miniatures.

Chapitre XI

ART BYZANTIN

La civilisation byzantine est un mélange de l'admirable organisation administrative romaine et du luxe raffiné de l'Orient. — Origine au quatrième siècle sous le règne des Constantins.

La transformation de l'antique Byzance en Constantinople eut pour conséquence la création de l'art Byzantin qui est un mélange de l'influence hellénique et romaine et de l'influence orientale.

Constantinople fut une autre Rome : Forum, Capitole, le grand palais impérial, le Sénat, l'Hippodrome et les basiliques.

1° *Architecture*

Caractéristiques :

1° *Emploi des voûtes à pénétrations et des voûtes d'arêtes;*

2° *Emploi de la coupole sur pendentifs* (c'est-à-dire sur plan carré, il y a quatre triangles à base curviligne, en encorbellement, s'appuyant de chaque côté sur deux arcades (fig. 273);

3° *Arcade sur colonne;*

4° *Chapiteau à double étage,* ornementation animale et végétale (acanthe) (fig. 272);

5° *Plan en croix grecque* (à branches égales).

6° Aspect extérieur lourd et sans intérêt. Aspect intérieur très riche et somptueux. Sculpture architecturale très médiocre.

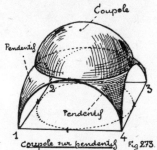

Coupole sur pendentifs — Fig. 273

Variétés des Eglises voûtées :

(a) Églises à coupoles sur plan circulaire : *Saint-Georges de Salonique.*

(b) Églises — — octogonal : *Saint-Serge* de Constantinople, *Saint-Vital* de Ravenne.

(c) Églises à coupoles sur plan carré : *Sainte-Sophie* de Constantinople.

(d) Églises à coupoles (cinq disposées en croix) : *Saint-Marc de Venise, Saint-Front de Périgueux.*

Mosaïque

Les églises sont décorées de grandes mosaïques qui s'étendent sur les murs, — spécimens remarquables pour servir à l'histoire du costume; somptuosité des vêtements; fidélité des détails.

MONUMENTS

L'édifice type est *Sainte-Sophie de Constantinople,* architectes : *Anthémius de Tralles* et *Isidore de Milet.*

La nouveauté du plan est la forme adoptée de la croix grecque (les Turcs ont ajouté quatre salles angulaires et l'édifice est devenu carré) (fig. 274).

En avant de l'église s'étend un atrium, puis un double narthex qui communique par neuf portes avec l'intérieur. Au centre de l'église s'élève la coupole (31 mètres de diamètre) qui s'appuie sur quatre arcs,

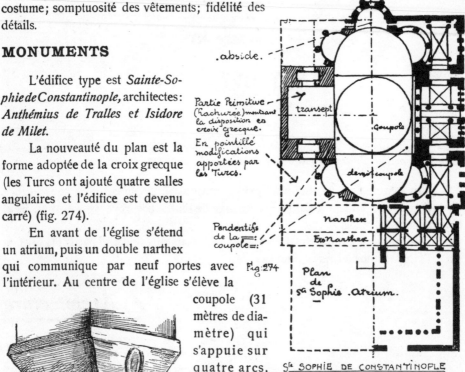

Fig. 274 — Plan de Sᵗᵉ Sophie. Atrium. — Sᵗᵉ SOPHIE DE CONSTANTINOPLE

Fig. 272 — Chapiteau double byzantin décoré de l'acanthe. (Sᵗ Vital de Ravenne)

les deux arcs perpendiculaires à la nef sont sur deux demi-coupoles; sur les deux autres côtés se trouvent des colonnades supportant un premier étage.

La beauté extérieure est sacrifiée; quant à l'intérieur un luxe prodigieux y a été prodigué : les mosaïques s'étendent partout : voûtes, absides, coupoles, — mobilier; candélabres d'or et d'argent, colonnes de marbre, vases sacrés, autel d'or et d'émail.

Les mosaïques de Sainte-Sophie ont été recouvertes d'un badigeon par les Turcs.

L'église de Sainte-Sophie a été construite de 532 à 537, le dôme écroulé a été refait en 558 en briques blanches spongieuses. — Comparer les édifices voûtés de l'école byzantine avec les édifices voûtés romains (Panthéon).

Église de la Mère de Dieu ou *Théotocos* (Constantinople).

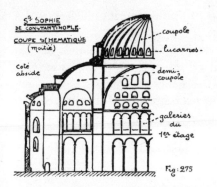

Ste SOPHIE DE CONSTANTINOPLE.
COUPE SCHÉMATIQUE (moitié)

coupole
lucarnes
demi-coupole
galeries du 1er étage

Coté abside

Fig. 275

Monuments byzantins en Grèce

Église des Saints-Apôtres (Salonique).
Église Saint-Nicodème (Athènes).

Monuments byzantins en Italie

Ravenne. Monuments remarquables :
Église San Vital : plan octogonal (fig. 276), coupole reposant sur huit piliers entre lesquels se trouvent sept exèdres, le huitième intervalle donne accès dans l'abside. — Galerie au premier étage. Magnifique décoration intérieure. — Belles mosaïques de l'abside représentant Justinien et Théodora entourés de leur cour offrant des présents à l'église.

La chapelle Palatine d'Aix-la-Chapelle, élevée par Charlemagne à la fin du huitième siècle, procède de la rotonde de San Vital ; la différence réside en ce qu'il n'y a pas de pendentifs — la coupole est octogonale.

San Apollinaire in Cita, San Apollinaire in classe (deux églises de formes basilicales — belles mosaïques). — *Église de Santa Maria in Cosmédin, Saint-Jean l'Évangéliste, Tombeau de Galla Placidia, Tombeau de Théodoric.* (Coupole formée d'un seul bloc gigantesque — décoration syrienne.)

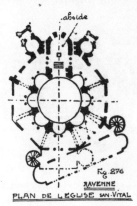

abside

Fig. 276
RAVENNE
PLAN DE L'ÉGLISE SAN-VITAL

Fig. 277.

Monuments français d'influence byzantine

École romane du Périgord (voir art roman).

2° Sculpture

Pas d'œuvres en ronde-bosse, mais de nombreux bas-reliefs (fig. 277). — Sculpture sur ivoire (couverture d'évangéliaires – diptyques – cassettes).

3° Peinture et décoration

L'*ornementation* est large et pesante, les motifs les plus fréquents sont : les galons, les perles, rubans contournés décorés de cabochons et de pierreries — l'étoile, l'hélice, la tresse, l'as de pique, la pal-

ornements byzantins

Fig. 279 à 281

6

mette. — Les feuilles ornementales sont pointues et profondément cannelées — les motifs s'enlèvent presque toujours sur un fond or.

La *mosaïque* occupe une place prépondérante (magnifiques mosaïques de San Vital et de Saint-Apollinaire); les figures sont en général maigres, allongées et inexpressives — répétition pour ainsi dire rythmique des gestes et des attitudes (cela tient à ce que les traditions de l'iconographie s'imposent aux conceptions de l'artiste; célèbre *Manuel de la Peinture* du moine Denys). Du onzième siècle : belles mosaïques de l'église de Daphni.

La décadence de l'art Byzantin commence à la prise de Constantinople par les Croisés en 1204.

4° *Art industriel*

Fig. 278
animaux affrontés

(a) Orfèvrerie remarquable — les dorures, les cabochons, les pierreries envahissent tout — l'orfèvrerie est polychrome : émaux cloisonnés. *Couronne de Charlemagne* (Vienne) — *Dalmatique impériale de Saint-Pierre de Rome.*

(b) Tapisserie — étoffes précieuses — superbes tentures — magnifiques tissus décorés de rinceaux, médaillons, feuillages et animaux asiatiques très souvent « affrontés » (fig. 278).

Richesse des costumes (reconstitution au moyen des mosaïques). — Beaux manuscrits (le Grégoire de Nazianze, Bibliothèque nationale; le Psautier de Venise).

En résumé l'art Byzantin possède supérieurement le sentiment du style monumental, la décoration recherche l'éclat et le luxe et les grandes compositions mosaïques sont un élément décoratif incomparable s'adaptant merveilleusement au type architectural — remarquer avec quelle facilité la mosaïque épouse la concavité des coupoles byzantines.

Particularités des Écoles Latines et du Bas-Empire.

Art Syrien	Art Latin	Art Byzantin
Arcade en ogive.	Arcade en plein cintre.	Arcade à cintre surhaussé.
Traces de coupoles sur pendentifs (par exemple *église d'Oum-es-Zeitoun).*	La seule partie voûtée est l'abside (demi-coupole).	Coupoles sur pendentifs.
Le décor du chapiteau est corinthien.	L'Arcade tombe directement sur le chapiteau.	L'Arcade tombe directement sur le chapiteau, mais pour rendre cet effort plus logique on double celui-ci en hauteur.
Modénature très fouillée.	Modénature : ronde.	Modénature : anguleuse.

La décoration est prise dans la masse — sculpture sur pierre — peu de couleur.

La Décoration est un revêtement
— couleur —
— mosaïque —

Imitation des œuvres de la décadence romaine.	Imitation des œuvres asiatiques — véritable broderie. La mosaïque imite la peinture.

INFLUENCES

Au quatrième siècle, lors de la pleine décadence de l'Empire romain, l'art Perse Sassanide était en pleine apogée (bas-reliefs de *Schâpour*, palais de *Chosroès à Ctésiphon*). — Cet art Perse a eu un développement parallèle à l'art Byzantin et les emprunts réciproques entre ces deux civilisations ont été très fréquents.

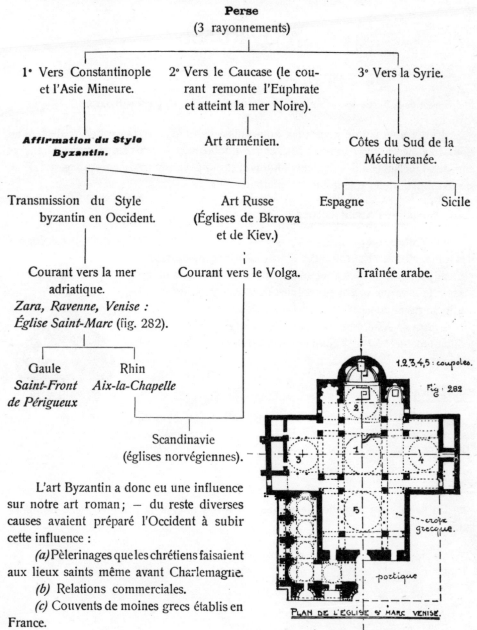

Perse
(3 rayonnements)

1° Vers Constantinople et l'Asie Mineure.

2° Vers le Caucase (le courant remonte l'Euphrate et atteint la mer Noire).

3° Vers la Syrie.

Affirmation du Style Byzantin.

Art arménien.

Côtes du Sud de la Méditerranée.

Transmission du Style byzantin en Occident.

Art Russe (Églises de Bkrowa et de Kiev.)

Espagne

Sicile

Courant vers la mer adriatique.
Zara, Ravenne, Venise :
Église Saint-Marc (fig. 282).

Courant vers le Volga.

Traînée arabe.

Gaule
Saint-Front de Périgueux

Rhin
Aix-la-Chapelle

1,2,3,4,5 : coupoles.

Fig. 282

Scandinavie
(églises norvégiennes).

croix grecque.

portique

PLAN DE L'ÉGLISE S' MARC VENISE.

L'art Byzantin a donc eu une influence sur notre art roman ; — du reste diverses causes avaient préparé l'Occident à subir cette influence :

(a) Pèlerinages que les chrétiens faisaient aux lieux saints même avant Charlemagne.

(b) Relations commerciales.

(c) Couvents de moines grecs établis en France.

Chapitre XII

ART RUSSE

Éloignement de la Russie des centres artistiques, néanmoins influence Perse et Byzantine.

L'art Russe fait de nombreux emprunts à l'Orient, à Byzance principalement au douzième siècle *(cathédrale de St-Dimitri à Vladimir)* — mais les éléments étrangers sont aussi mélangés à des éléments finnois et scandinaves, au treizième et au quatorzième siècle on peut noter une influence hindoue.

Caractères de l'Architecture

Les églises ont plusieurs *coupoles* établies autour d'un clocher central; élevées sur des tours, elles sont surmontées d'un *couronnement bulbeux* très particulier, les coupoles sont toutes d'une ornementation diffé-rente : taillées en bossages, pointes de diamant, stries, écailles, guilloehures et faïences colorées (fig. 283).

Église de Kiev. Moscou : *Le Kremlin, Église Sainte-Basile* (édifice type — 1554 — 17 coupoles ayant toutes une ornementation différente).

Dôme bulbeux St-Basile (Moscou)

Fig. 283.

Sculpture

Imite la passementerie, motifs d'inspiration soit byzantine, soit hindoue. — Œuvre célèbre : *porte de l'Église Saint-Jean le Théologue à Rostow* (seizième siècle).

Peinture

En dehors des vignettes de manuscrits et des images, la peinture a peu d'impor-tance.

❖

Chapitre XIII

ART MUSULMAN

1° *Architecture*

La civilisation arabe commence au septième siècle (l'art byzantin est alors complètement formé) — origine en Syrie, à Damas — influence de l'art chrétien.

Matériaux { Pierre de taille et moellons rarement employés.
Mélange de mortier et de cailloux (d'où rareté des moulures extérieures).

Caractéristiques générales { Toitures en terrasses.
Arcades sur colonne.
Coupoles sur pendentifs avec *stalactites*.
Créations d'un décor particulier : *l'arabesque*.
Architecture nue et monotone à l'extérieur, luxueuse à l'intérieur.

L'originalité de l'art arabe est toute dans le détail.

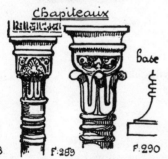

Colonnes et Chapiteaux

Au treizième siècle, colonnettes effilées, chapiteaux rappelant le chapiteau cubique byzantin, mais décor d'arabesques (fig. 288 et 289).

Bases

Profil s'évasant — garnitures d'annelets et de tores superposés (fig. 290).

Arcades

Divers profils : fer à cheval (fig. 284, 285) — ogive, arc outrepassé, arc lobé (fig. 286), arc en accolade (fig. 287). Les découpures ou festons dans les arcs sont obtenus au moyen de briques saillantes.

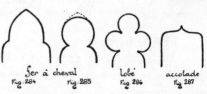

fer à cheval   lobé   accolade
Fig. 284   Fig. 285   Fig. 286   Fig. 287

Classification { École musulmane de Perse. — Profil : ogive.

des { École musulmane d'Égypte } Profil : plein cintre ou fer à cheval.
     { École musulmane d'Espagne {

Arcades { École musulmane d'Espagne { Arcades enchevêtrées et tympan ajourés — arcades lobées.

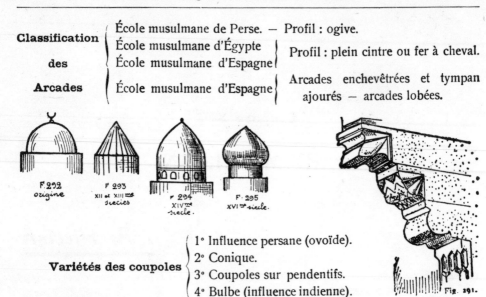

F. 292 — origine

F. 293 — XII et XIIIme siècles

F. 294 — XIVme siècle.

F. 295 — XVIme siècle.

Fig. 291.

Variétés des coupoles { 1° Influence persane (ovoïde).
                          { 2° Conique.
                          { 3° Coupoles sur pendentifs.
                          { 4° Bulbe (influence indienne).

Pendentifs très alvéolés avec prismes formant des stalactites *(Alhambra : magnifiques voûtes à stalactites)* (fig. 296).

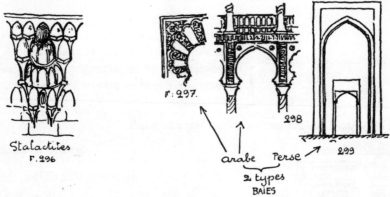

Stalactites
F. 296

F. 297.

298

arabe   Perse
2 types
BAIES

299

La fréquence de l'encorbellement est une des caractéristiques de l'art arabe (fig. 291).

MONUMENTS   *Deux sortes*

Religieux : Mosquée

La mosquée est le lieu de prière où l'*iman* lit le Coran. — Les croyants prient le regard tourné vers les lieux saints de l'Islamisme (La Mecque).

Plan de forme rectangulaire.

Au centre de la cour entourée de portiques se trouve une fontaine pour les ablutions des pèlerins. Au milieu de l'un

Civils : Palais

À l'extérieur : murs nus, rares ouvertures, terrasses.

Exemple type : l'Alhambra (1250), situé sur un plateau qui domine Grenade, enceinte crénelée et garnie de tours.

Les appartements se groupent autour de deux cours à portiques. Les toits de ces portiques sont saillants. — Au centre des

des portiques est établie une niche (Mihrab) qui indique la direction de la ville sainte ; à droite se trouve le siège du scheik, à gauche la tribune du muezzin et la chaire

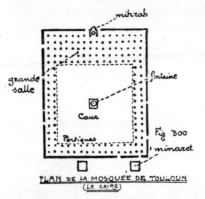

PLAN DE LA MOSQUÉE DE TOULOUN
(LE CAIRE)
Fig. 300

du prédicateur. Tout à côté de la mosquée se dressent les *minarets* (tours servant au muezzin à appeler les fidèles à la prière).

Annexes de la mosquée { Ecoles, établissements hospitaliers.

Particularités
des
minarets
{ A l'origine : tours carrées (Damas).
— En Perse, ce sont des tours rondes (fig. 302). *(Ispahan.)*
— En Egypte : tours rondes ou polygonales avec balcons (fig. 303) *Kaït-Bey : Le Caire).*
— En Espagne, Algérie, Tunisie, Maroc : Tour carrée (fig. 304).
(La Giralda : Séville.)

cours se trouvent des vasques et des fontaines.

Magnificence de la décoration intérieure : *Salle des Ambassadeurs* (cent

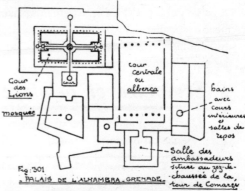

Fig. 301
PALAIS DE L'ALHAMBRA-GRENADE.

mètres carrés) couverte par une coupole à stalactites (c'était la partie officielle) — La partie privée s'ouvre sur la célèbre *cour des Lions*, elle comprend : la *Salle des Deux-Sœurs*, la *Salle du Tribunal*, la *Salle des Abencérages* (qui est un véritable joyau — seizième siècle).

A   302   B 303   C 304

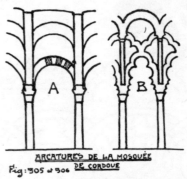

Fig. 305 et 306
ARCATURES DE LA MOSQUÉE DE CORDOUE

Principales Mosquées

Mosquée d'Amrou (le Caire, septième siècle), mosquée de *Touloum* (le Caire), mosquée d'*Hassan* (voûtée, quatorzième siècle), *Mosquée de Damas, Mosquée de Cordoue* (786. Espagne), grand vaisseau divisé en onze nefs par des colonnades (fig. 305 et 306) (huit cent cinquante colonnes de marbre), la nef centrale conduit au sanctuaire. Devant la mosquée s'étend une cour bordée de portiques.

Les voussoirs des arcs de la mosquée de Cordoue (fig. 305) sont en pierres blanches alternées de pierres rouges. — Il y a aussi des arcs festonnés et lobés (fig. 306).

Architecture civile

L'habitation arabe ressemble à la maison romaine : séparation très marquée entre la partie publique et les appartements privés. Le *Khan* ou caravansérail est un établissement hospitalier. La *Kasbah* est la citadelle. Les *bazars* sont des rues couvertes bordées de boutiques (bazar de Vali-Chah à Chiraz). — Les balcons extérieurs des maisons portent le nom de *moucharabi*.

2° *Sculpture et peinture*

L'Art musulman n'admet ni la peinture ni la sculpture proprement dites utilisant la représentation du corps humain.

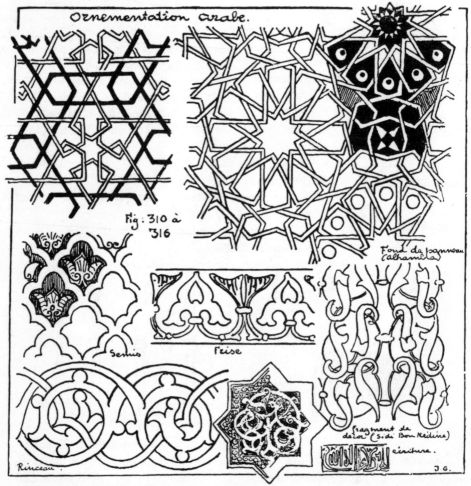

Ornementation arabe.

Fig: 310 à 316

Fond de panneau (alhambra)

Semis

Frise

fragment de décor (S. di Bou Médine)

écriture.

Rinceau.   J.G.

Les principales raisons de cette interdiction se trouvent dans la religion : le Coran défend en effet la représentation de la figure humaine. La sculpture ne pouvait pas se développer à cause même de la nature et du tempérament arabe ; en effet, celui-ci est nomade, d'où instabilité, il vit dans un pays plat brûlé par le soleil et son esprit se conforme à l'uniformité du désert — absence de modèles représentant des formes.

3° *Décoration*

Ornementation essentiellement géométrique. — Imitation des tissus et des entrelacs. — Aspect uniforme.

Trois éléments concourent à la formation du décor arabe.
{
1° L'entrelacs géométrique.
2° Le rinceau.
3° L'épigraphie (écriture koufique).
}

Arabesques, décor dont le tracé repose sur des combinaisons géométriques — juxtaposition de l'entrelacs et des principales figures primaires : triangle, carré, cercle, polygone.

Le groupement des polygones étoilés fournit des motifs de rosaces extrêmement variées et souvent d'un aspect très compliqué. Dans l'ornementation se mêlent parfois des versets du Coran. La feuille ornementale caractéristique a la forme d'une double palme (fig. 307 et 308).

Fig. 309 *L'écriture dans l'ornementation*

Apparition des armoiries.

Coloration, monochrome : l'or et le rouge dominent.

Ornementation Mauresque : plus géométrique que l'arabe, l'espace à décorer, aussi irrégulier soit-il, est toujours divisé en tranches ou zones égales dans lesquelles sont distribués les détails qui se relient néanmoins toujours à une tige principale qui commande la composition. Tons dominants : rouge, bleu et or.

Figures 307 à 308.

4° *Art industriel*

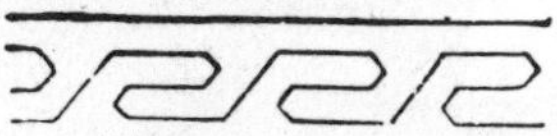

Fig. 317.

La décoration géométrique s'adapte à toutes sortes d'objets et à toutes les matières.

Figures 318 à 325.

Céramique

Élégance des formes — reflets métalliques mordorés, bassins, plats, aiguières, vases à ailes (fig. 327, 328). *Aquamaniles* (affectant souvent la forme d'un animal) (fig. 329), aquamanile en métal.

.Formes de Vases. 327. 328.

Principaux centres de fabrication :

1° Malaga (quatorzième siècle), reflets cuivreux — décor bleu.

2° Valence, reflets métalliques rouges.

3° Majorque (d'où le nom Majoliques).

Les *Azulejos* sont des carreaux de faïence émaillée revêtant les surfaces architecturales.

Verrerie

Verres émaillés — produits de Damas et du Caire. — Verrerie d'Almeida.

Orfèvrerie

Riches damasquinures qui s'étendent sur les lampes, braseros, brûle-parfums, etc.

Ce sont surtout les armes qui sont remarquables, célèbres armures de Boabdil (Madrid) et de Tolède.

Tapisserie

Le tapis tient la place du meuble (facilité de transport pour un peuple si nomade, vivant presque toujours sous la tente).

Paon aquamanile (art arabe)

Fig. 329.

Fig. 326.

Tapisseries sarrasinoises renommées au moyen âge. Damas Tokat, Chiraz, Kairouan sont des centres de fabrication.

La *menuiserie* (fig. 326) est surtout faite au moyen d'une multitude de petits fragments de bois assemblés. — Incrustations de nacre et d'ivoire.

DOMAINE GÉOGRAPHIQUE DE L'ART ARABE

Le peuple arabe fut un peuple conquérant qui se déversa en Europe et apporta avec lui son art d'autant plus transportable qu'il réside essentiellement dans le décor de la surface. — L'Espagne devint arabe au huitième siècle et c'est en Espagne qu'on trouve les plus beaux monuments de cette civilisation. — Lorsque les Maures renversèrent la puissance des Arabes, l'art devint l'art Mauresque, celui-ci est encore plus ornemental et plus varié que l'art Arabe.

OCCIDENT   ORIENT

Arabie
Égypte

Mosquée d'Amrou.
Mosquée de Touloun (876).
Mosquée d'Hassan (1356).

Palestine

Mosquée de Jérusalem.

Turquie

La Muhammedjé (Constantinople).

Algérie   *Perse*

Côtes du Sud de la Méditerranée.

Mosquées   d'Ispahan,
Le Schah Scindah
(Samarcande).

Espagne   *Sicile*   *Inde*

Mosquée de Cordoue.   Palais de Ziza.
L'Alcazar de Séville.   Delhi — Agra
L'Alhambra.   Le Tadj — Mahal.
L'Alcazar de Tolède.
La Porte del Sol (Tolède).
Le Généralife (Grenade).

Chapitre XIV

ART CHINOIS (*)

1º *Architecture*

La Chine est en apparence fermée aux influences extérieures. — Religion : 1º le Taoïsme (vers le sixième siècle avant notre ère) — 2º le Bouddhisme (premier siècle).

Matériaux { bois.
briques.

Caractéristiques { Toit qui se recourbe en surplombant les constructions (imitation de la tente primitive) (fig. 330).
Les toits sont généralement doublés ou triplés.
La décoration s'étend sur les tuiles faîtières (dragons, chimères, etc).
Supports imitant les bambous.
La couleur est le complémentaire de l'architecture : tuiles vernissées, etc.

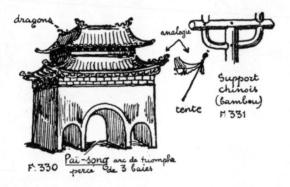

F. 330 Paï-song arc de triomphe percé de 3 baies

Support chinois (bambou) F. 331

MONUMENTS

Temples

Pavillons à deux étages entourés d'une enceinte de portiques *(temple au Ciel à Pékin).*

(*) Pour les arts Orientaux, Perse, Chine, Japon, Inde, etc., — nous avons préféré donner un résumé complet une seule fois, quitte à nous trouver en désaccord avec la rubrique générale sous laquelle ils sont classés (moyen âge, art antique, etc.), et cela afin de ne pas avoir à y revenir plus loin.

Rareté des monuments

Grande muraille de Chine (235 av. J.-C.). *Tour de Porcelaine de Nankin* (détruite).

L'architecture des jardins prend en Chine une importance considérable : recherche du pittoresque, kiosques, ponts à dos d'âne, etc.

2° Sculpture

Deux périodes

(a) — Antérieure aux influences de l'Inde, bas-reliefs de la dynastie des Han.

(b) — Postérieure. — Art fantastique — colosses sculptés dans le roc à *Hang-t-Chéou*.

3° Peinture

Origine et développement très obscurs.

L'artiste chinois est avant tout calligraphe — pourtant essai de pittoresque dans la peinture de paysage.

Peintres célèbres : *Sie-Tchouan-Tse* (chasses au tigre réputées).

Ouang-Oueï, Tchentchéou (quinzième siècle, paysages).

Ouen-Tch'eng-Ming (seizième siècle).

Supériorité de l'art chinois dans le bibelot.

4° Art industriel

La fabrication des bronzes pour les besoins du culte remonte à la plus haute antiquité.

Bronzes

(a) — **Bronzes rituels** (curieux).

Très ornés, décor : trois façons différentes
{ 1° — Géométrique (grecques très fréquentes).
{ 2° — Naturel : animaux (tortues). Nuages.
{ 3° — Fantastique (dragons).

grecque chinoise.

Fig. 336

(b) — **Bronzes honorifiques.** Les plus décorés, forme usuelle : cornet à trois compartiments.

(c) — **Bronzes bouddhiques** (début du quinzième siècle), décorés de figures symboliques : le lotus, l'éléphant, le lion de Fo, le Ouan 卍 (symbole dn cœur de Bouddha).

le Ouan

(d) — **Bronzes taoïstes.** Décorés de la pêche de longévité et du diagramme magique.

diagramme taoïste

.Vase bronze.
Fig. 337

Ornements chinois.   Figures 332 à 335.

Céramique : réputation universelle.

Dès l'an 1200, les Chinois connaissaient les poteries; invention de la porcelaine au milieu du neuvième siècle.

Porcelaines de la famille blanche, de la famille rose, de la famille verte, etc..., porcelaine coquille d'œuf.

Le lion de Fo, l'éléphant, la tortue sont souvent représentés.

Laques : une des branches particulières à l'art chinois, beaux **ivoires.**

Chapitre XV

ART JAPONAIS

Influence chinoise très considérable.

1° *Architecture*

Caractéristiques } Emploi exclusif du bois.
Prédominance des vides sur les pleins.
La toiture est comme en Chine le point important.

Temple de Nikko de Kioto, de Yedo (dix-septième siècle).

2° *Sculpture*

Les œuvres les plus importantes sont les Bouddha (fig. 388), le plus célèbre sculpteur est *Zingoro* (dix-septième siècle), les animaux sont en général bien traités — les *masques* sont une particularité de la sculpture japonaise.

3° *Peinture*

On fait commencer l'histoire de la peinture au Japon à Kosé Kanakao (neuvième siècle). — La peinture et l'art décoratif japonais ont eu de nos jours une influence très marquée sur les arts européens.

La Peinture occupe une place prépondérante. — L'artiste japonais est extrêmement habile, sa touche est légère, vive, hâtive, mais d'une exactitude extraordinaire. — Les *Kakémonos* sont des peintures sur soie ou sur papier enroulées sur des cylindres de bois.

Principaux peintres :

Mataheï (fondateur de l école réaliste, dix-septième siècle), *Genrokou*, *Korin* (très personnel), *Goshin* (dix-huitième siècle), *Okio*, *Sosen* (animalier), *Katsoukava*, *Outamaro* (un des maîtres de l'imagerie en couleurs), *Hokousaï* (le plus célèbre, force, variété, virtuosité incomparable, œuvre

Boudha
Fig. 388

immense et influence considérable), *Yosaï* (dix-neuvième siècle, très poétique), *Hiros-highé* (grand paysagiste).

4° *Art décoratif et industriel*

L'ornementation utilise des motifs très variés : méandres (fig. 339), personnages, animaux : grues, crabes, tortues, langoustes, canards, rats, coqs, carpes; la flore : chrysanthèmes, nénuphars, etc., et le paysage : le Fushi-Yama ou mont sacré s'élève très souvent dans le fond du décor.

méandre Fig. 339

Figures 340 à 343. L'Art décoratif japonais : étoffes modernes, vases en bronze et en céramique.

Laques	**Tissus**	**Ciselure**
Véritable industrie nationale. — Le maître le plus illustre fut Korin.	Vêtements somptueux brodés d'or. — Étoffes ornées de motifs floraux (fig. 340-341).	Ciselure sur métaux, belles armures, poignées de sabre, gardes (fig. 344).

Garde de sabre.   Fig. 344.

Céramique : poteries célèbres. *Ninsei* (dix-huitième siècle) est le plus grand céramiste.

Principales espèces céramiques :

1° Le *Kanga* (décor rouge et or sur fond blanc);

2° L'*Imari* (décor bleu, rouge et or fond blanc);

3° Le *Satsouma* (or, rouge, vert, un peu de bleu, fond crème légèrement craquelé);

4° Les grès de *Bizen* (rouge-brun).

Chapitre XVI

ART MEXICAIN

Ruines nombreuses dues à deux civilisations : 1° Les Toltèques (qui fondèrent Tula et se réfugièrent au onzième siècle au Yucatan) ; — 2° Les Aztèques.

Les Monuments les plus caractéristiques sont les temples ou *téocalli*, sortes de pyramides à étages. — Les plus célèbres sont ceux de *Palenqué*, de *Cholula* (cinquante-quatre mètres de haut, cent vingt marches), de *Truxillo* et de *Tlascala*. Au Yucatan, le palais de *Chichen-Itza* est encore très bien conservé.

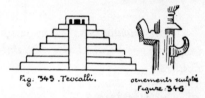

Fig. 345. *Teocalli*.   ornements sculptés
Figure 346

La Sculpture peut se diviser en deux catégories bien distinctes :

1° La sculpture hiératique dont les éléments étaient nettement fixés par la religion — Aspects bizarres. — Têtes disproportionnées. — Figures de profils montrant deux yeux. — Statuettes de dieux.

art Mexicain.

2° La sculpture populaire : vases (fig. 347), terres cuites, etc.

La Décoration sculpturale est touffue, compliquée et curieuse, les moulures sont garnies de crochets

Fig. 347. *Poterie Mexicaine*   Fig 348.

dont la pointe se relève (influence chinoise?) fig. 346).

La Peinture utilise des couleurs grossières — contrastes vifs — ornementation géométrique.

❖

Chapitre XVII

ART MÉROVINGIEN ET CARLOVINGIEN

Après la période gallo-romaine si riche en belles œuvres, il se produisit une rapide décadence (invasion de la Gaule par les Francs). — Charlemagne essaya de réaliser une civilisation artistique, mais l'ignorance était trop avancée pour que cet effort fût couronné de succès.

1° *Architecture*

Caractéristiques
{
Appareil imité de l'appareil romain.
Fenêtres étroites et à plein cintre.
Colonnes de dimensions et de formes différentes provenant de monuments antérieurs.
Barbarie de la sculpture architecturale.
}

Rares monuments. — Les palais mérovingiens étaient construits en bois (incendies fréquents). — *Façade latine de Saint-Front de Périgueux. — Temple de Saint-Jean de Poitiers.*

2° *Sculpture*

Motifs sculptés : étoiles, rosaces à six pointes, torsades, etc.
La sculpture en ronde-bosse n'existe pas.

3° *Art décoratif et industriel*

Miniature : raideur et solennité — ornementation géométrique — (Évangéliaires de Saint-Médard de Soissons — Bible de Charles le Chauve) (Bibl. nationale).

Fig. 349.

Bijouterie : très caractéristique, elle est purement géométrique (parfois quelques poissons ou insectes) : méandres, crosses, entrelacs, croix, damiers, roues pointées, etc. Grande variété de motifs,

Fig. 350.
Agrafe Merovingienne

mais aspect barbare. — Principaux objets : anneaux, boucles, fibules, broches (trouvés dans les sépultures) (fig. 350). — La bijouterie mérovingienne a beaucoup d'analogie comme ornementation avec l'art oriental (Caucasie).

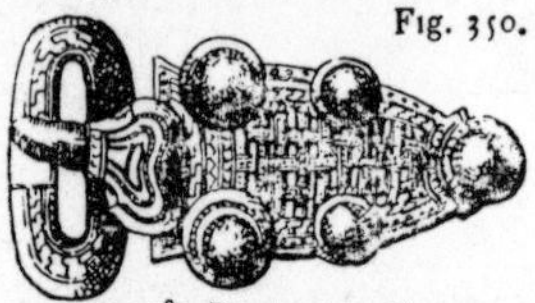

Mobilier : *Pupitre de Sainte-Radegonde* (Sainte-Croix de Poitiers). Trône de Dagobert.

Chapitre XVIII

ART ROMAN

ART OCCIDENTAL

A. — Éléments dont se compose l'art occidental

1° Influence Romaine

Rome, maîtresse de l'Occident, y impose son architecture.

2° Influence Byzantine

Introduction, par Charlemagne, de l'art Byzantin en Occident.

Naissance de l'art Roman

B. — La France est le centre principal de l'art occidental

1° Influence de la Société et de l'Église

L'art Roman se développe dans un milieu très favorable — le peuple est très religieux — il y a rivalité entre les villes pour élever les plus somptueux monastères.

2° Influence de la Féodalité

Les seigneurs féodaux soumis à l'Église favorisent de toute leur autorité l'érection des monuments religieux, ils y font même participer leurs vassaux.

Période de formation
(Roman Primaire)

La Renaissance Romane commence avec le onzième siècle. — Les édifices sont couverts d'une charpente en bois, disparition de tous les monuments lors de l'invasion des Normands (incendie).

1° *Architecture*

A. — ARCHITECTURE RELIGIEUSE

Matériaux { Briques dans le Midi.
Moellons et pierres de petites dimensions dans le Nord.

Méthode de construction : les pierres sont posées toutes taillées — pas de ravalement.

Caractéristiques { Substitution à la couverture en charpente de la *voûte en berceau.*
Épaisseur des murs (rendue nécessaire par la poussée exercée par les voûtes).
Consolidation des murs par des *contreforts.*

Technique architecturale

(a) Voûtes. — A l'origine le profil fut le plein ceintre. L'ogive apparaît dès le douzième siècle. — Les *voûtes en berceau* ont souvent leur intrados souligné de distance en distance par des *arcs doubleaux* (fig. 351, Poitou). — Les nefs latérales sont parfois couvertes par des demi-berceaux (Auvergne, voir fig. 369) et aussi parfois par des voûtes d'arête (voir art gothique).

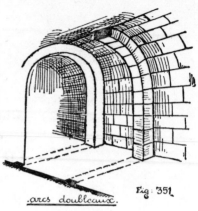

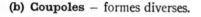

Fig. 351

(b) Coupoles — formes diverses.

Deux modes de distribution	Une seule coupole élevée sur le carré du transept *(Paray-le-Monial)*. Une série de coupoles établies sur toute la longueur de la nef (École du Périgord. Influence byzantine).

Les absides sont généralement couvertes par des demi-coupoles ou *culs-de-four.*

(c) Conséquences de la poussée des murs (poussée des voûtes tendant à l'effondrement des murs de soutènement) :

1° Murs très épais.

2° Rareté des ouvertures (églises mal éclairées).

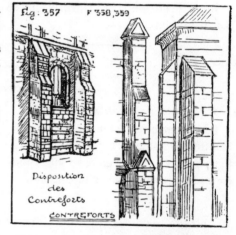

Disposition des Contreforts

CONTREFORTS

Fig. 357   F 358,359

PLAN DES PILIERS

Piliers rectangulaires — Fig. 352 à 356 — Piliers cruciformes

École Provençale   École du Nord

3° Contreforts extérieurs (fig. 357 à 359).

4° Colonnes des nefs remplacées par de gros piliers.

(d) Piliers

Les piliers sont souvent *composés* car ils épousent le tracé des retombés de la voûte (fig. 352 à 356).

Disposition de l'arcade.

Fig. 360

Les piliers sont en général dans la nef et les colonnes dans le *déambulatoire*. — Comparer les sections faites dans les piliers romans et celles faites dans les piliers gothiques.

(e) Colonnes. — Fût non galbé.

(f) Chapiteaux. — (Fig. 361 et 362).

Abaque épaisse souvent taillée en biseau.

Le Puy   angoulême

F. 361.   F. 362

CHAPITEAUX

Trois variétés { Imitation du corinthien.
Imitation byzantine.
Tronc de cône renversé (profil parfois bombé) (fig. 363 et 364).

Le décor imite les motifs gallo-romains et byzantins — la reproduction grossière de l'acanthe romaine se rencontre fréquemment. — Dans les feuillages du chapiteau on trouve encore des animaux fantastiques (influence orientale), les têtes de ces monstres correspondant généralement aux saillies des angles de la corbeille.

Chapiteaux doubles dans le sens de la largeur. (Exemple : *Moissac*).

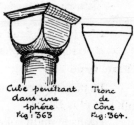

Cube pénétrant dans une sphère Fig: 363

Tronc de Cône Fig: 364.

(i) Bases

Chapiteau renversé et très étalé — griffes dans les angles (fig. 366).

(j) Portes et fenêtres

Les portes présentent de nombreux voussoirs avec colonnettes logées dans les angles rentrants (fig. 365). — Au-dessus de l'ouverture : linteau supporté par un trumeau central souvent sculpté *(Souillac)* (fig. 367).

Les fenêtres sont généralement en plein cintre — quelquefois tréflées et géminées (influence byzantine). En Auvergne, elles sont groupées au nombre de trois.

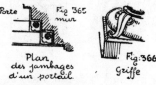

Porte Fig 365 mur

Plan des jambages d'un portail.

Fig: 366 Griffe

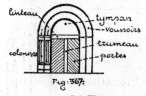

linteau — tympan
— voussoirs
colonnes — trumeau
— portes

Fig: 367.

(k) Tympans

Au-dessus des linteaux, motif sculpté.

(l) Escaliers

Généralement à vis *(Saint-Gilles,* Gard) et la tourelle qui les contient sert de motif ornemental *(Notre-Dame de Poitiers).*

Plan de l'Église Romane

L'Église romane dérive de la basilique latine et par conséquent de la basilique romaine du quatrième siècle, mais elle en diffère par plusieurs points :

1° Forme de croix latine (chœur regardant vers l'est).

2° Toiture voûtée.

3° Prolongement des nefs latérales autour de l'abside par la création du *déambulatoire.*

4° Extension du chœur.

PLAN D'UNE EGLISE ROMANE.
St PAUL D'ISSOIRE

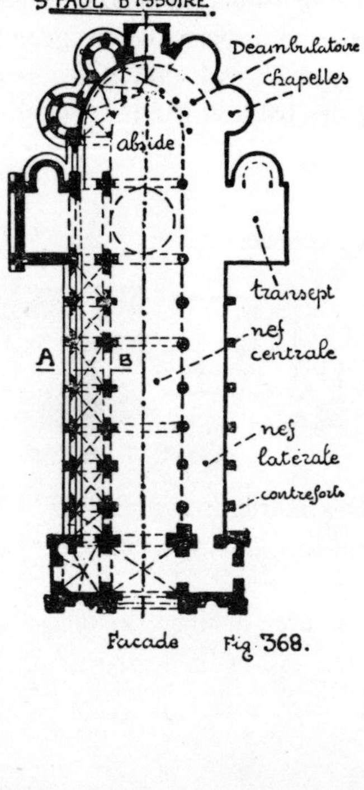

Déambulatoire
Chapelles
abside

A B

transept
nef centrale

nef latérale
contreforts

Façade Fig 368.

Eglise d'Issoire.
Coupe
AB

Fig: 369

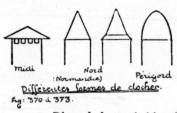

midi   Nord   Périgord
(Normandie)

Différentes formes de clocher.
Fig. 370 à 373.

5° Adjonction de chapelles autour du sanctuaire.

6° Adjonction des clochers.

Il existe plusieurs sortes de plans :

a — Plans en croix.

b — Plans tréflés.

c — Plans à deux absides (école germanique).

d — Plans rayonnants *(Mérinville*, Aude).

Plan type :

Le plan type comporte trois nefs, celle du centre un peu plus élevée.

(Dans le midi, collatéraux très étroits).

En avant s'étend un porche ou narthex *(Saint-Benoît-sur-Loire)*.

Sous le sanctuaire se trouve une église souterraine ou *crypte*.

Fig. 374.   Fig. 375.

Le *clocher* central — il est

Dans au 1ᵉʳ étage

Cloître :

est placé entre le chœur et la nef ou à la façade dans l'axe à l'origine une tour carrée surmontée d'une charpente.

les églises à collatéraux, il existe parfois des galeries *(Triforium)*.

se place sur les côtés de l'église.

Élévation

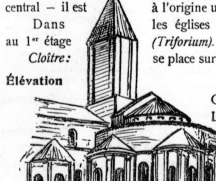

Fig. 376   abside romane

Ce qui frappe le plus à l'extérieur, c'est :

Le contrefort, la façade et le développement de l'abside. Les façades expriment les grandes divisions du plan, elles présentent une ornementation géométrique qui s'étend autour des arcatures, des baies et sur les voussoirs.

Décoration architecturale Romane

Influence de l'art carlovingien. Entrelacs, zigzags et toute la décoration géométrique.

Influence de l'art byzantin. Animaux et monstres.

Les ornements les plus fréquents sont : les grecques, les méandres, les losanges, les dents de scie, les damiers, les pointes de diamants,

modillon à copeaux

Fig. 377

Fig. 378.

les torsades, les câbles, les besants, les chevrons brisés et les imbrications (fig. 379 à 388).

La surface des colonnes est décorée généralement des motifs : stries, chevrons, damiers, etc. (fig. 374 et 375).

La flore est conventionnelle et rappelle très peu la nature : feuillages étroits, côtes saillantes.

La décoration des églises avait une portée éducatrice, du reste cette ornementation variait suivant les contrées. — On trouve parfois des colonnes reposant sur des lions accroupis (Saint-Gilles, Gard, souvenir antique).

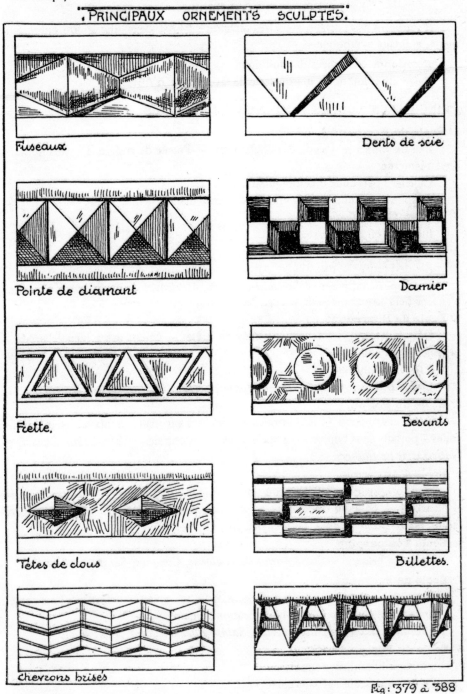

PRINCIPAUX ORNEMENTS SCULPTES.

Fuseaux

Dents de scie

Pointe de diamant

Damier

Frette.

Besants

Têtes de clous

Billettes.

Chevrons brisés

Fig : 379 à 388

Modénature : Beaux profils en Bourgogne et en Provence.

Voussures : décoration très riche.

Billettes et damiers	Disques	Étoiles
Languedoc.	Sud-Ouest.	Normandie.

Tympans des portails, sujet très répandu : Christ dans une gloire entouré de quatre animaux symboliques.

Corniches soulignées de modillons.

Essais de colorations, marqueterie de laves (école d'Auvergne).

PRINCIPALES ÉCOLES ROMANES FRANÇAISES

1° École de Normandie.

Peu de voûtes — Pas de déambulatoires — Travée de croisée des nefs surhaussée en lanterne.

Clocher : pyramide quadrangulaire.

Chapiteaux : Imitation byzantine — ornementation géométrique.

Caen, Cerisy, Jumièges.

Influence en Angleterre.

2° École du Nord.

(Ile-de-France — Picardie — Artois).

Peu importante. — *Saint-Germain-des-Prés, Morienval, Saint-Étienne de Beauvais.*
L'école du Nord deviendra, à partir de 1140, l'école gothique par excellence.

3° École de Bourgogne.

Déambulatoire — collatéraux voûtés en arête — églises assez bien éclairées — ornementation antique.

(Grand rayonnement.)

Cluny, Beaune, Autun, Paray-le-Monial, Semur, Saint-Benoît-sur-Loire.

4' École du Poitou.

Intérieurs obscurs — nefs étroites — clochers sur plans circulaires avec profil en cônes — portails sans tympans — grande richesse sculpturale. — *Saint-Savin, Chauvigny, Notre-Dame de Poitiers.*

5° École d'Auvergne.

École originale — collatéraux à double étage — matériaux colorés (pierres noires et blanches) — coupole centrale avec tour octogonale : *Notre-Dame-du-Port* (Clermont), *Notre-Dame du Puy, Issoire, Brioude, Orcival.*

6° École Toulousaine.

Utilise la brique. — *Saint-Sernin de Toulouse, Conques, Saint-Gaudens.*

7° École de Provence.

Plans sans collatéraux, voûtes en berceau — toit aplati — clocher : tour carrée. Imitation de l'appareil et de la décoration romaine.

Cavaillon, Saint-Trophime d'Arles, Saint-Gilles du Gard, Montmajour.

8° École du Périgord.

Imitation byzantine, coupoles.

Plans à une seule nef sans collatéraux.

Saint-Front de Périgueux, Cahors, Angoulême.

9° **École Limousine**

Deux clochers. — *Beaulieu* (Corrèze), *Moissac, Solignac.*

INFLUENCE DES ÉCOLES ROMANES A L'ÉTRANGER

10° **École Germanique**

Deux absides, pas de déambulatoire, chapiteaux cubiques — quatre clochers, parfois deux transepts. — *Worms, Spire, Mayence, Bonn.*

11° **École Lombarde**

Clochers isolés — pas de voûtes — marqueterie de marbre — (influence en retour dans le midi de la France : *Puissalicon, Hérault*).

12° **École Anglaise**

Mêmes caractères que l'école Normande. — *Exeter, Norwich, Durham, Peterborough.*

13° **Scandinavie**

Lund, Rœskild.

B. — ARCHITECTURE MONASTIQUE

Si l'art gothique est surtout l'art des cathédrales, l'art roman est avant tout un art monastique. — C'est dans les monastères que pendant les périodes d'invasion s'étaient réfugiés les arts et les lettres. — Les ordres religieux se divisaient en trois catégories : 1° les ordres bénédictins — 2° les ordres mendiants (dominicains et franciscains) — 3° les ordres religieux militaires (templiers, hospitaliers).

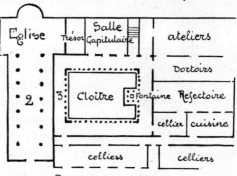

Fig. 389 PLAN D'UN MONASTÈRE

Les monastères comprenaient deux sortes de bâtiments :

1° *Les bâtiments claustraux* qui se développaient autour du *cloître* (fig. 389). Le cloître est un portique à arcades dont les arcs sont généralement soutenus par un groupe de deux colonnettes (fig. 390). Tout autour se trouvaient : *la salle capitulaire* (s'ouvrant par de larges baies sur le portique du cloître). Pièce voûtée où se faisaient les réunions officielles. Les dortoirs, les ateliers, le réfectoire, la cuisine, les celliers, etc.

2° *Les bâtiments ruraux et agricoles* : *École, Usine, Granges et dépendances.*

Principaux cloîtres : *Cluny, Clairvaux, Saint-Bertrand de Comminges, Valmagne* (Hérault), *Saint-Salvi* (Albi), *Le Puy-en-Velay, Moissac,* etc.

Fig. 390
Galerie du Cloître

C. — ARCHITECTURE CIVILE

La maison romane (le plan de la maison romaine est complètement abandonné). A l'origine le plan de la maison romaine comporte une seule grande salle (influence barbare).

La maison se présente à la rue par le pignon et s'étend surtout en profondeur. Elle comprend :

1° La salle ou pièce commune (la plus importante).

2° Le privé ou chambre à coucher.

3° La cuisine.

4° Le cellier.

Les escaliers sont généralement extérieurs, plus tard ils seront à vis et logés dans une tourelle. — Les maisons nobles avaient une chapelle et une tour. — Les maisons marchandes avaient des boutiques s'ouvrant sur la rue.

2° Sculpture

La Sculpture est avant tout ornementale et elle concourt à la décoration des églises. Lorsque l'artiste veut reproduire la figure humaine il la traduit d'une façon si naïve qu'il arrive à des déformations monstrueuses, néanmoins on peut citer quelques belles statues, comme les figures du portail du Mans, qui laissent pressentir notre remarquable école gothique.

Fig. 393

(a) Ornementation géométrique

Le décor préféré est l'entrelacs et le méandre sans fin. — Dans les enroulements se débattent des guerriers et des animaux chimériques *(Moissac, Souillac)*. — On retrouve aussi les animaux affrontés du décor asiatique et l'acanthe classique de l'art romain. — La sculpture décorative romane est donc formée par la combinaison extrêmement complexe de l'influence romaine, de l'influence byzantine et de l'influence anglo-saxonne.

(b) Bas-reliefs

La figure humaine se montre surtout dans les portails des églises, les tympans de *Moissac*, de *Beaulieu* sont des exemples très remarquables de la statuaire romane, on y sent tous les germes de notre grande école nationale de sculpture.

Jésus-Christ y est représenté assis, vêtu d'une tunique brodée, la main droite levée, autour de lui se trouvent les symboles des quatre évangélistes : l'aigle (saint Jean), le lion (saint Marc), le bœuf (saint Luc), l'ange (saint Mathieu). — La Vierge porte toujours dans ses bras l'Enfant-Jésus et elle est coiffée d'une couronne.

On peut aussi citer les tympans de *Vezelay*, d'*Autun* décorés de bas-reliefs représentant des scènes de l'Ancien Testament.

3° Peinture

La feuille ornementale est grasse et perlée (fig. 391, 392).

Murs décorés de peintures à la fresque, palette restreinte, tons sombres; *Saint-Savin* (Poitou) (fresques exécutées de 1050 à 1150).

Débris de fresques à *Montoire* (Loir-et-Cher), au *Liget* (Indre-et-Loire) et à *Saint-Julien de Brioude*.

Fig. 391    Fig. 392

(a) — La peinture romane accepta les types de Jésus, de la Vierge et des apôtres tels que les avaient fixés les Orientaux; les formes romanes, apparentées, du reste, aux formes byzantines, sont bien plus des déformations de figures savantes que des figures naïves et archaïques, elles ne recommencent pas la simplification de tous les arts primitifs mais sont plutôt l'imitation maladroite des belles œuvres byzantines (la preuve en est dans la reproduction de face des figures au lieu du dessin de profil, première traduction que l'on retrouve dans tous les essais primitifs).

(b) — A côté de cette importation orientale il existe toutefois une création locale ou septentrionale, car la partie monstrueuse de l'art roman n'est certainement pas antique mais provient de l'imagination gauloise, germanique ou scandinave (représentation de l'enfer — diables — damnés, etc., St-Jul en de Brioude).

(c) — La technique des fresques est très simple – ce sont des teintes plates relevées de hachures blanches dans les clairs. Les ombres sont produites par une teinte sombre uniforme — Les figures sont groupées avec gaucherie et sans effet de composition — les draperies sont à la mode byzantine, rayées de plis durs et secs — les pieds des personnages sont tout à fait caractéristiques : ils sont verticaux et ne portent pas sur le sol horizontal.

4° *Art décoratif*

Miniature : décoration des manuscrits. — Images naïves mais vivantes — tons vifs et tranchés. — Les lettres initiales fournissent parfois le thème de véritables compositions. Manuscrit l'*Hortus deliciarum*.

Pavage des églises au moyen d'une mosaïque composée de petites briques.

Fig : 394. 395.

Orfèvrerie : retables couverts d'émaux. Décor imite le décor sculptural de l'architecture. — Reliquaires. Châsses. Centre : Limoges.

Fragment de candélabre, Reims.

Apparition des *vitraux* (vitraux de Saint-Denis du douzième siècle).

Tapisserie : bande brodée de *Bayeux* représentant la conquête de l'Angleterre.

Influences orientales
(Résultats des Croisades).

La première croisade fut prêchée au Concile de Clermont par le pape Urbain II (1095), elle eut pour résultat la conquête de la Terre-Sainte. — Deuxième croisade en 1147 sous Louis VII. — Troisième croisade en 1189 sous Philippe-Auguste. — Dans leurs expéditions, les Français se trouvèrent en contact avec deux peuples civilisés : les Grecs de Constantinople et les Arabes. — Introduction en Occident des *chiffres*, du coton, de la canne à sucre, du riz, du cheval arabe, etc., influence considérable de l'Orient sur notre civilisation.

Emprunts à l'Orient :

(a) Voûte sphérique sur plan carré. — *(b)* Voûte d'arête appareillée (type usité en Syrie). — *(c)* Introduction de l'ogive. — *(d)* Colonnes engagées. — *(e)* Ornementation.

Chapitre XIX

ART FRANÇAIS DES XIIIᵉ, XIVᵉ ET XVᵉ SIÈCLES

(ART GOTHIQUE)

L'art Gothique est un art essentiellement français, son architecture a donné à l'art religieux l'expression la plus haute qu'il ait jamais atteinte dans aucun pays.

L'art Gothique s'oppose à l'art Roman dont il s'affranchit peu à peu. La transition entre la période romane et la période gothique s'est effectuée vers la deuxième moitié du douzième siècle.

Le développement rapide de l'art Gothique s'explique par l'idéal nouveau de la mysticité du moyen âge.

Causes du développement :

1° Grand mouvement communal qui donne au peuple français un élan de vie considérable.

2° L'esprit religieux, joint à cet esprit communal, contribue à l'érection des grandes cathédrales.

3° Émulation des villes entre elles — orgueil des cités.

4° Grands chantiers où toute une population travaille avec ardeur.

5° Remarquable organisation du travail.

Une remarque importante s'impose : c'est que si l'art Roman est un art exclusivement religieux (églises construites par les moines), l'art Gothique marque au contraire un mouvement très prononcé de la société laïque (églises construites par des architectes laïques).

1° *Architecture*

A — ARCHITECTURE RELIGIEUSE

Caractéristiques
- 1° Voûte d'ogive — voûte d'arête appareillée sur membrure indépendante (fig. 397).
- 2° Arc-boutant.
- 3° Ornementation architecturale formée par des éléments tirés de la nature.

nervures

voûte d'arête.

F: 397.

C'est une erreur de croire que l'architecture romane est caractérisée par l'arc en plein cintre et l'architecture gothique par l'arc brisé.

Différences entre l'art Roman et l'art Gothique

Art gothique	Art roman
La voûte se décompose en parties indépendantes les unes des autres portées sur une armature de nervures, donc :	La voûte d'arête romane est un tout qui se tient d'un bout à l'autre. Donc :
(a) Localisation des poussées En des points bien déterminés. Résultat :	**Diffusion des poussées.** Résultat :
Murs ajourés.	Murs pleins nécessaires.
Grandes fenêtres.	Baies étroites.
Église très éclairée.	Église sombre.
(b) Poussée de la nef centrale Transportée sur les côtés au moyen des arcs-boutants.	**Poussée de la voûte centrale.** Soutenue par des contreforts massifs.
Les piliers peuvent se décomposer en colonnettes qui supportent les nervures.	Piliers robustes sont nécessaires.
Aspect élancé — légèreté.	Aspect lourd.
(c) Pas de crypte.	**Crypte.**
(d) Clochers toujours en façade.	Clochers parfois à la croisée du transept.
(e) Suppression du narthex.	**Souvent narthex**
(f) Ornementation rationnelle. Interprétation de la flore locale.	**Ornementation conventionnelle.** Imitation de l'antiquité et des arts orientaux.

Comme édifices de transition on peut citer : *Saint-Maclou* de Pontoise, le *chœur de Saint-Germain-des-Prés*, le *déambulatoire de Saint-Denis*, 1140.

Technique architecturale.

Matériaux { Petites pierres et moellons.
Arcs-boutants et nervures des voûtes en pierre dure.
Appareil soigné.

Voûte d'arête — chaque panneau est indépendant et supporté par une nervure en pierre de taille — les panneaux sont en moellons garnis de blocage.

Tout l'effort des poussées se fait sur les nervures.

Les nervures ont des profils.

Moulures très variées (fig. 397 *bis*).

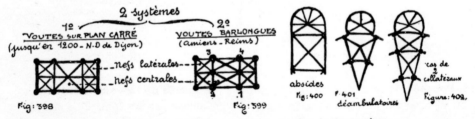

Profil des Nervures.
Fig. 397 bis.

Conséquences de l'emploi des voûtes d'arêtes {
1° L'effort des poussées est localisé.
2° Le maximum de flexibilité de la voûte est atteint.
3° Cette voûte permet toutes les hardiesses de construction : percement des murs.
4° Elle s'accommode aux exigences des plans les plus irréguliers et les plus compliqués.

(a) Voûtes d'arêtes dans les travées

Deux systèmes : voûte sur le plan carré — voûte barlongue.

2 systèmes

1° VOÛTES SUR PLAN CARRÉ (jusqu'en 1200 - N.D. de Dijon)

2° VOÛTES BARLONGUES (Amiens - Reims)

—nefs latérales—
—nefs centrales—

Fig. 398   Fig. 399

absides
Fig. 400

P. 401 déambulatoires

cas de collatéraux
Figure 402.

(b) Voûtes d'arêtes dans les absides et les galeries tournantes.

Les voûtes des absides se composent de panneaux disposés sur des nervures rayonnantes (fig. 400) — les voûtes des galeries tournantes se décomposent aussi en travées rayonnantes (fig. 401 et 402).

Arc-boutant

L'arc-boutant varie de forme suivant les époques, à l'origine il est sous les toitures (Saint-Martin-des-Champs), mais il ne tarde pas à s'isoler dans l'espace.

Parfois l'arc-boutant est double, il contrebute alors deux voûtes superposées (voir coupe de Reims).

Souvent les deux arcs-boutants superposés sont réunis par des arcatures (Chartres).

Les arc-boutants permettent de pratiquer des jours à toutes les hauteurs des murs. Ils contribuent à la décoration extérieure des édifices, car ils revêtent un caractère ornemental, pinacles, niches, crochets, etc.
Les arcs-boutants sont aussi utilisés comme aqueducs pour l'écoulement des eaux pluviales de la toiture qui couvre la nef centrale.

Supports

Parfois grosse colonne (Notre-Dame de Paris); au quatorzième siècle, les piliers sont composés de colonnettes qui correspondent aux moulures des arcades et des nervures.

Dans les déambulatoires, les piliers ont la forme ovale (A) (fig. 405).

Le fût des colonnes n'a pas de galbe.

Fig: 403
arc-boutant

(Reims)
A
Plan des Piliers. B
Fig: 404 à 407

G
XVᵐᵉ

Chapiteaux

Le chapiteau a la forme d'une corbeille revêtue de feuillages sculptés.

Variations suivant les époques :

XIIᵉ siècle. — Imitation dans le décor de la forme végétale — feuilles grasses — bourgeons à peine épanouis — aux angles : crochets formés de feuilles retournées (dernière expression de la volute corinthienne).

Simplicité des contours — forme architecturale très rationnelle.

XIIIᵉ siècle. — Formes plus légères, plus

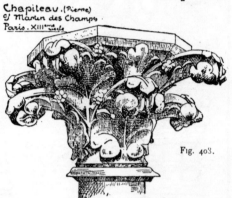

Chapiteau .(Pierre)
S Martin des Champs .
Paris. XIIIᵐᵉ siècle

Fig. 408.

svelte — feuilles épanouies et dentelées. — Les crochets, vers la fin du treizième siècle, font place à des touffes de feuillage appliquées à la corbeille.

XIVᵉ siècle. — La feuille ornementale se coude et se relève.

XVᵉ siècle. — Feuillage frisé — la corbeille se réduit à un simple cavet.

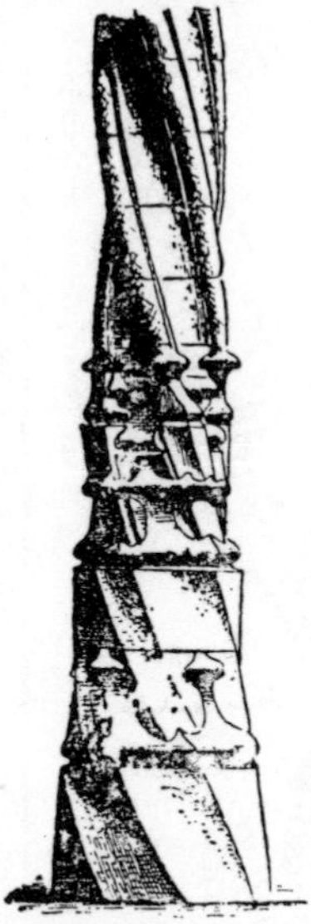

Bases

Les bases sont formées d'un grand nombre de moulures — la scotie se déprime — le tore déborde et l'ensemble s'aplatit. — Au quinzième siècle il arrive fréquemment que les colonnettes du pilier descendent dans la base et se mélangent aux moulures de celle-ci (fig. 409).

Corniches

Généralement on trouve dans les corniches une rangée de crochets. — Au quatorzième siècle ce sont des guirlandes de feuilles finement découpées.

Les crochets décorent non seulement les chapiteaux et les corniches mais encore les rampants des pignons.

Base de colonne.
Fig. 409.

Gargouilles

Les gargouilles sont placées à la base des toitures et projettent au loin des murailles les eaux pluviales — ce sont généralement des animaux grotesques dont la gueule crache les eaux : poissons, chimères, aigles, ou des êtres humains : moines accroupis faisant saillie dans le vide (fig. 424, 425).

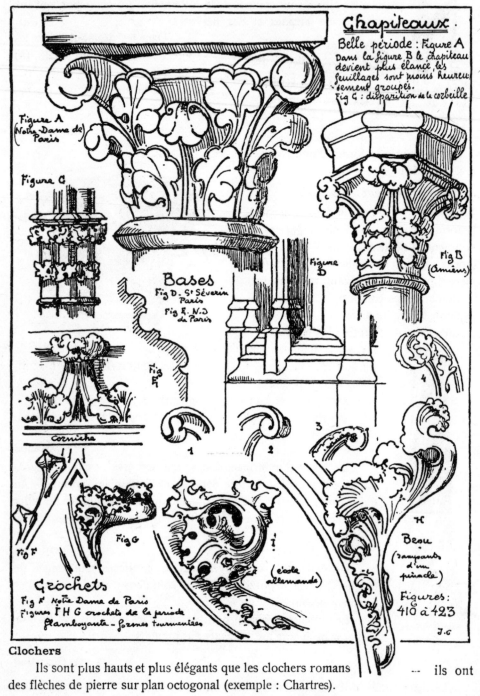

Clochers

Ils sont plus hauts et plus élégants que les clochers romans — ils ont des flèches de pierre sur plan octogonal (exemple : Chartres).

(Dans presque toutes les cathédrales, clochers inachevés.)

Balustrades

A l'origine, colonnettes — plus tard, frise ajourée composée de lobes et de quatrefeuilles. — Au quinzième siècle, découpures multiples, décor en forme de flamme.

Fenêtres

XII° siècle. — Baies en lancette — au centre se trouve un meneau (tige verticale de pierre qui supporte des arcatures ogivales sur lesquelles repose une rosace).

XIII° siècle. — La rosace et les arcs se compliquent de découpures de pierre (cercles, redents et lobes).

Au treizième siècle on trouve un ornement caractéristique : losanges à facettes, convexes, emboîtant des trèfles et des quatrefeuilles. — Ces fenêtres occupent parfois toute la largeur d'une travée.

XIV° siècle. - L'ornementation des rosaces se complique et les meneaux s'entre-croisent.

XV° siècle. — Les courbes concaves s'opposent aux courbes convexes — le mouvement général des nervures de pierre imite une flamme ondoyante.

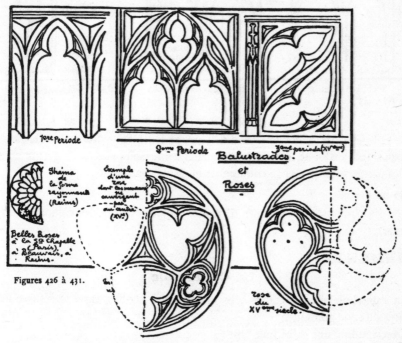

Figures 426 à 431.

Roses

On appelle ainsi les grandes ouvertures circulaires situées dans les pignons du transept et sur les façades. — Aux douzième et treizième siècles, les roses sont compo-

sées d'anneaux ajourés s'enlaçant ou rayonnant. — Au quinzième siècle, les meneaux
ne convergent plus au centre. — Au quinzième siècle, formes ondoyantes.

Dans l'Ile-de-France la rose a pour cadre une baie circulaire, en Champagne la baie a une forme ogivale. —
La grande rose de Notre-Dame de Paris, restaurée par Viollet-le-Duc, peut être citée comme modèle
du genre, son diamètre égale 10 mètres, mais c'est surtout en Champagne, où les architectes avaient
à leur disposition de belles pierres que les roses atteignent une ténuité inimitable (Reims). — Au quatorzième siècle, on peut citer la rose du transept de la cathédrale de Rouen.

Pinacles

Les pinacles qui surmontaient les pignons et certains portails sont décorés de
fleurons et de crochets (fig. 439 à 444).

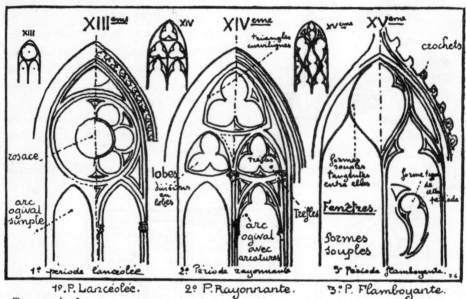

Figures 432 à 438.

Portails

Les portails ont généralement des tympans sculptés — trumeaux. Ils présentent
une disposition analogue aux portails romans : voussoirs successifs garnis de sculptures, les parois sont ornées de colonnettes et de statues.

Triforium

Galerie composée d'une suite d'arcades supportées par des colonnes (intérieur
de l'église).

MONUMENTS

La Cathédrale

La cathédrale est un édifice très intéressant à étudier, car elle résume tous les
caractères du style gothique.

Description d'une cathédrale type :

(a) **Plan** : Forme d'une croix latine — Vaste superficie (8 000 mc.) — Trois
ou cinq nefs. — Le transept tend à se confondre dans l'alignement des nefs latérales
(fig. 448, 449).

Les chapelles rayonnantes autour du chœur prennent une extension considérable — déambulatoire.

En avant des cathédrales s'étendait une place ou *Parvis* (c'est sur cette place que se jouaient les mystères).

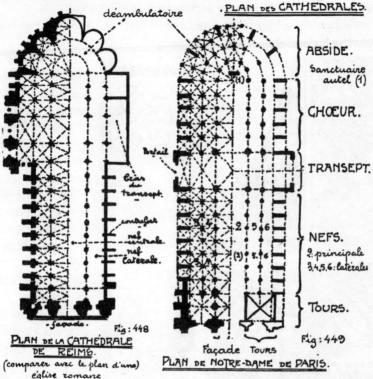

déambulatoire · PLAN ᴅᴇꜱ CATHEDRALES·

ABSIDE.
Sanctuaire autel (1)

CHOEUR.

TRANSEPT.

NEFS.
2: principale
3.4.5.6: latérales

TOURS.

Façade TOURS

PLAN ᴅᴇ ʟᴀ CATHÉDRALE ᴅᴇ REIMS.
(comparer avec le plan d'une) église romane

Fig: 448

Fig: 449

PLAN ᴅᴇ NOTRE-DAME ᴅᴇ PARIS.

(*b*) **Extérieur** : Façade se divise nettement en trois zones verticales et trois zones horizontales. (Figure 450.)

Ces zones définissent exactement la distribution intérieure.

Zones horizontales
{
1° Portails (au nombre de 3).
2° Galerie et rose. (Galerie : niches avec statues de saints).
3° Les Tours.
}

Zones verticales
{
1° Tour (nef latérale).
2° Rose (nef centrale).
3° Tour (nef latérale).
}

Entrées latérales aux extrémités du transept.

Clocheton au carré du transept et de la nef.

Sur les côtés : Contreforts — arcs-boutants — pinacles — clochetons — gargouilles.

Couronnement avec corniches — (crochets) — balustrades — combles aigus recouverts de lames de plomb.

(*c*) **Intérieur** : Hauteur de la voûte. (Parfois cette hauteur constitue une véritable audace de construction, elle varie de 38 à 56 mètres, aspect impressionnant).

Disposition intérieure clairement indiquée. — De chaque côté de la nef centrale et au-dessus des nefs latérales se trouve une galerie qui fait le tour de l'église (Triforium).

Au-dessus de cette galerie s'élèvent de hautes fenêtres (vitraux) — à l'extrémité de la nef se place le *chœur,* vaste enceinte clôturée dont la plus belle expression est le *jubé.*

(*d*) **Vitraux** : Véritable peinture architecturale. (Fig. 445 à 447.)

Les scènes peintes sur les vitraux sont disposées d'une façon réfléchie et ordonnée :

La verrière du chevet du chœur était consacrée à Notre-Seigneur.

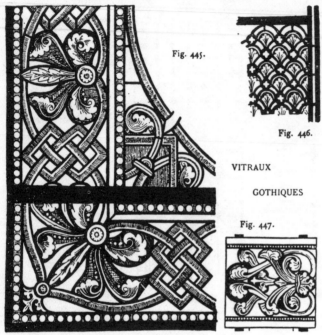

Fig. 445.

Fig. 446.

VITRAUX

GOTHIQUES

Fig. 447.

Les verrières des bas-côtés représentaient les légendes pieuses des saints et les paraboles.

Les verrières des chapelles absidiales représentaient la vie de la Vierge.

Les verrières des fenêtres supérieures du chœur : apôtres et saints.

Les verrières des fenêtres hautes de la nef centrale : patriarches, rois et prophètes.

Primitivement tons vigoureux et profonds — sujets mis en plomb au moyen d'une grande quantité de comparti-ments — au quatorzième siècle les vitraux perdent de leur éclat — grisailles — figures grandeur nature.

Verrières de la Sainte-Chapelle (Paris), *Vitraux de Bourges, Chartres, Rouen, Tours, etc.*

Le jubé est la clôture du chœur où les prêtres se retiraient pour éviter la foule bruyante qui remplissait les églises. Les stalles qui servaient aux chanoines étaient magnifiquement sculptées *(Jubé de Sainte-Cécile d'Albi.)*

Les premières cloches remontent au septième siècle, on les multiplie et on forma les carillons. Les fêtes religieuses étaient nombreuses : Noël, Épiphanie et la célèbre fête des fous. La Confrérie de la Passion jouait sur les parvis des mystères, moralités et farces.

Les orgues furent importées d'Orient et les premières notes de musique datent du dixième siècle.

Décoration architecturale

Les sculptures des cathédrales peuvent se comparer à un vaste musée iconographique.

1° Sculpture.

a — Statues — au trumeau de l'entrée principale statue de saint, en ronde-bosse. Galerie des rois du premier étage.

b — Petites statues et bas-reliefs.

Tympan de l'entrée principale (généralement ce bas-relief représente le Jugement dernier).

Tympans des portes secondaires représentant l'histoire de la Vie de la Vierge, les Vertus et les Vices, etc., etc.

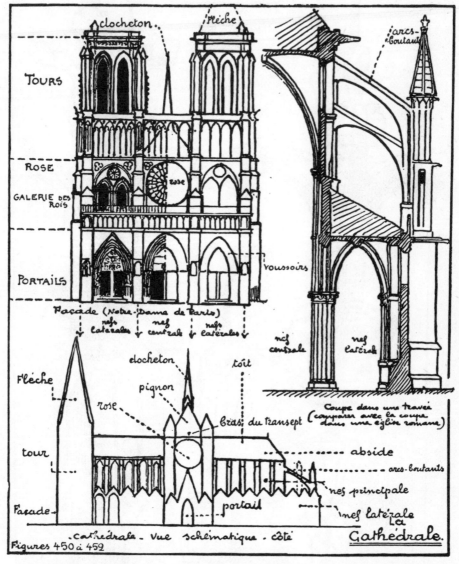

Figures 450 à 452.

Sur les jambages des portails : les signes du Zodiaque (représentés par les travaux propres à chaque mois).

Sur les voussures des portails : la Hiérarchie céleste.

Sur le pourtour du chœur : Vie du Christ.

Aux extrémités des balustrades et au sommet des tours : animaux grotesques.

2° — *c* — Peinture. Les voussoirs des façades étaient quelquefois peints.

3º Ameublement somptueux — pavage de marqueterie de marbre — tapisseries, tentures, *trésors*.

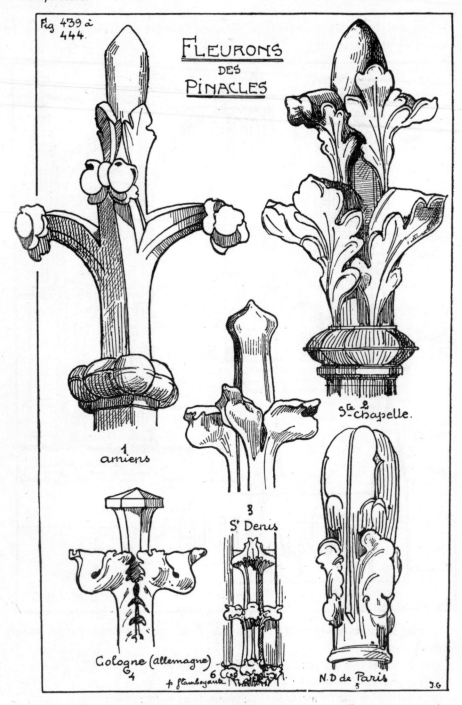

Fig 439 à 444.

FLEURONS
DES
PINACLES

1
amiens

Ste Chapelle.

3
St Denis

Cologne (allemagne)
4
+ flamboyante

N.D de Paris
5

J.G

Grandes Cathédrales. — *Noyon* (transept arrondi), *Soissons, Laon* (chevet rectangulaire), *Notre-Dame de Paris* (belle ordonnance de la façade), *Chartres* (clocher, beaux portails), *Amiens* (nef remarquable), *Reims* (belles sculptures), *Trinité de Fécamp, Rouen, le Mans, Limoges* (jubé), *Beauvais* (chœur), *Sainte-Chapelle de Paris* (véritable verrière), *Saint-Nazaire* (Carcassonne, quinzième siècle), *Tours, Brou* (quinzième siècle), Église fortifiée : *Sainte-Cécile d'Albi* (beau jubé).

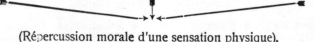

Développement exclusif des lignes verticales.	Grande hauteur de la nef élancement vers le ciel.	Beauté des tons éclatants des vitraux.

(Répercussion morale d'une sensation physique).
Élancement de l'âme vers le ciel,
profonde impression religieuse.

Recherche du beau. Perfection des détails.	Caractère éducatif des sculptures.	Édifices correspondant bien à leur destination (édifices pour le peuple).

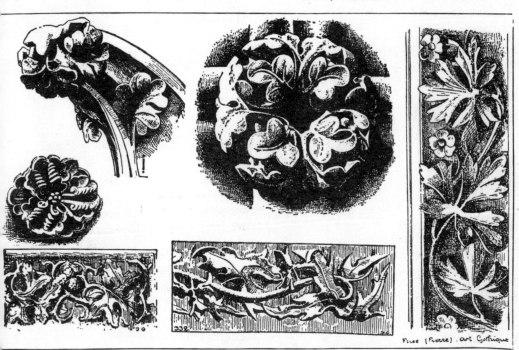

Fig. 457 à 462.   (Interprétation ornementale de la flore, frises, clefs de voûte, crochets.)

Esthétique de l'art gothique.

« C'est la formule la plus solennelle qu'ait encore revêtu la pensée religieuse depuis l'origine des cultes. » (Henri MARTIN.)

« Le plus pauvre monument français du moyen âge fait rêver même un ignorant. » (VIOLLET-LE-DUC.)

L'étude de l'art gothique permet de justifier le grand principe décoratif qui admet deux moyens d'expression :

1° L'analogie ;

2° Le contraste.

1° *Analogie*. — Art antique. *Égypte*, pays plat — ses lignes architecturales sont en harmonie avec le paysage — horizontalité.

2° *Contraste*. — Art *gothique*, né aussi dans une grande plaine — adoption d'un parti complètement opposé — lignes verticales.

Les grandes Époques
Naissance dans l'Ile-de-France

1° Transition (fin du XII° siècle)	2° Primaire (XIII° siècle)	3° Secondaire (XIV° siècle)	4° Tertiaire (XV° siècle)
L'arc brisé se mélange avec l'arc en plein cintre.	*Style à lancette*	*Style rayonnant*	*Style flamboyant*
(Pontigny, Saint-Germain-des-Prés.) Emploi systématique des arcs diagonaux de la voûte.	Emploi de l'ogive aiguë.	Emploi de l'ogive équilatérale.	Emploi de l'ogive obtuse.
	Baies accolées deux à deux sous une arche commune.	— Baies de plus en plus grandes.	— Arcs en anse de panier.
	— Meneaux simples.	— Meneaux très nombreux.	— Meneaux courbes et tourmentés.
	— Agrandissement du chœur.	— Chapelle latérale le long des murs des nefs.	— Moulures anguleuses et prismatiques.
	— Gros piliers.	— Colonnes se groupent et deviennent maigres.	— Voûtes se compliquent.
	— Emploi de l'arc-boutant.	—	Clefs pendantes.
Périodes : Primaire, a commencé sous Philippe-Auguste et prend fin à la mort de saint Louis.	La nef devient plus haute.	Les arcs-boutants se terminent dans les culées avec clochetons.	— Presque plus de chapiteaux.
Secondaire, de Philippe le Hardi à Charles VI.	— Prolongement des collatéraux autour du sanctuaire.	— Le Triforium est éclairé par des fenêtres.	— Bases très moulurées, souvent les nervures tournent en spirale, autour du pilier.
Tertiaire, sous Charles VI.	Vitraux tons vifs.	Sculpture moins naïve mais plus sèche.	— Ornementation particulière : feuilles déchiquetées.
	Ornementation prise dans la flore indigène.	— Vitraux moins brillants de tons. Substitution du dessin à la couleur.	— Alourdissement du décor.

ÉCOLES

École de l'Ile-de-France

Occupe la première place — beauté des proportions — audace plus grande que partout ailleurs — arcs-boutants extrêmement dégagés et légers.

École de Bourgogne

Chapelle des transepts souvent rectangulaires — portails en plein cintre.

École du Sud-Ouest

Pas de déambulatoire.

École du Midi

Fidèle aux traditions romanes, ainsi, du reste, que l'Ecole *Auvergnate*.

École de Normandie

Formes sèches — statuaire rare.

Influences à l'Étranger

Beaucoup de cathédrales étrangères ont été construites par des architectes français ou sous leur influence.

École anglaise

Influence Normande — pas de roses — abside carrée. — *Cathédrales de Cantorbéry, de Lincoln* (double transept), *Salisbury, York, abbaye de Westminster.*

École Belge

Cathédrale d'Ypres, — Sainte-Gudule de Bruxelles.

École Allemande

Adaptation parfaite. — *Cathédrale de Cologne, Cathédrale de Strasbourg* (1227), monument considérable.

École Italienne

Les éléments essentiels de la construction sont délaissés, la décoration seule subsiste. — *Sainte-Marie-des-Fleurs de Florence, Cathédrales d'Orvieto et de Sienne.*

École Espagnole

Mélange avec les éléments arabes. — *Cathédrales de Burgos et de Tolède.*

Scandinavie

Cathédrale d'Upsal.

Principaux architectes

Pierre de Montereau (la Sainte-Chapelle), *Robert de Coucy* et *Jean d'Orbais* (Reims), *Mathieu de Loudun* (Angers), *Robert de Luzarches* (Amiens), *Jean de Chelles* (Notre-Dame de Paris), *Guillaume de Sens* (Cantorbéry), *Pierre de Bonneuil* (Upsal).

B. ARCHITECTURE MONASTIQUE

Les monastères sont toujours importants et ils deviennent même de véritables forteresses *(Mont Saint-Michel).*

Monastère des Jacobins (Toulouse), *Monastère de Tréguier* (Côtes-du-Nord), *Monastères de Brou, de Brantôme* (Dordogne), *Chartreuse de Villefranche* (Dordogne)

C. ARCHITECTURE MILITAIRE

La préoccupation générale du moyen âge est la défense.

Si la cathédrale est l'affirmation du pouvoir religieux, le château fort est l'affirmation du pouvoir féodal.

Le château féodal se dresse derrière un large fossé rempli d'eau qu'on traverse au moyen d'un *pont-levis*. — Son enceinte est formée de murs très épais couronnés de *créneaux* et de *hourds* (construction en encorbellement dont le plancher est percé d'ouvertures par lesquelles on jetait des projectiles sur les assaillants).

Machicoulis
Fig. 453

Pont-levis
Fig. 454.

Cette enceinte est flanquée de *tours*.

L'intérieur du château pouvait comprendre plusieurs enceintes concentriques et des cours. — Dans la cour principale se dressait généralement une énorme tour : *le donjon,* qui était l'habitation du seigneur et qui pouvait à lui seul soutenir, en cas de siège et d'envahissement partiel du château, un dernier assaut.

Il y a deux types de château :

1° Donjon indépendant — type *Coucy.*

2° Donjon faisant corps — type *Najac.* (Aveyron).

Principaux châteaux :

Coucy, Gaillard, Pierrefonds (entièrement restauré par Viollet-le-Duc), *Castelnau-Bretenoux* (Lot).

Le château de Coucy était une des forteresses les plus fortes de France. (Plan fig. 455.) — la première enceinte, de forme

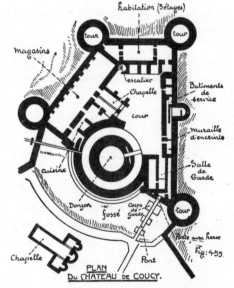

PLAN DU CHÂTEAU DE COUCY.
Fig. 455.

polygonale, avait des murs flanqués de tours cylindriques — on pénétrait dans cette enceinte après avoir franchi un fossé, puis une porte voûtée munie d'une herse et défendue par deux tours demi-cylindriques.

Un fossé profond séparait la première enceinte de la seconde, la plus importante munie de quatre tours, le donjon n'avait qu'une entrée à laquelle on accédait par un pont étroit; ce donjon était une grosse tour aux ouvertures rares, mais l'intérieur était très luxueux (grandes salles voûtées).

Dans les cours s'élevaient des bâtiments qui servaient d'appartements au seigneur.

Villes fortifiées

Le château englobait parfois dans ses enceintes toute une ville : *Provins, Carcassonne* (la cité), *Aigues-Mortes, Avignon, Guérande, le Mont Saint-Michel,* etc.

Ponts fortifiés

Le Pont Valentré à Cahors.

D. ARCHITECTURE CIVILE

Architecture privée

La maison est l'extension de la maison romane — grande salle commune.
Palais de Jacques Cœur à Bourges. — *Hôtel de Cluny* à Paris.

Dans le Midi { Petites fenêtres sous les combles.
{ Toits en saillie supportés par des consoles de pierre.

Dans le Nord { Pignons très découpés et décorés de moulures décrivant de grands arcs en tiers-points.

Maisons de bois avec étages supérieurs en encorbellement — (souvent le hourdis situé entre les pans de bois est incrusté de briques colorées) — parfois les bois sont sculptés (Lisieux, Albi, etc.) — importance de la cheminée dans la salle commune.

Les maisons nobles ont des tours — les maisons des commerçants avaient des enseignes peintes ou sculptées — pas de cours intérieures (différence avec la maison antique).

Vieilles maisons à Gaillac, Toulouse, Saint-Antonin (Tarn-et-Garonne), Reims, Beauvais, Nantes, Albi, Figeac, Cordes (Tarn) : maison du grand veneur — maison des musiciens.

Hôtels de Ville

Affirmation de la vie municipale.

Ils sont caractérisés par le *beffroi* (tour). Exemples : *La Réole* (Gironde), *Luxeuil* (Haute-Saône) : les plus beaux hôtels de ville sont dans les Flandres : *Calais, Arras, Ypres, Bruges, Douai,* etc.

Palais de Justice : *Rouen.* — **Halles** : *La Réole, Figeac, Bruges.*

2° *Sculpture*

Essor prodigieux — véritable poème de pierre qui se déroule le long des grandes lignes des cathédrales.

(a) **Statues en ronde-bosse**

Corps allongés (effet voulu — obéissance à une loi : les statues, placées à une grande hauteur, sont vues en raccourci; de là, la nécessité de les tenir sensiblement plus hautes). Parfaite harmonie avec l'architecture, néanmoins souplesse et vie. Au quatorzième siècle : goût du réalisme.

Belles œuvres : Les apôtres de la Sainte-Chapelle de Paris, le beau Christ d'Amiens (merveilleuse simplicité du modelé — aspect noble, exécution remarquable).

« C'est le treizième siècle français qui a créé cette reine gracieuse, fine, enjouée qui sourit à son enfant dont « la Vierge dorée » d'Amiens est le type monumental accompli et qui se multipliera durant des siècles par l'ivoire et le bois. » — Joues bien rondes, front bombé, cou dodu, nez futé, les lèvres et les yeux sont pincés d'un petit rire pointu.

(b) Bas-reliefs (statues)

Statue d'apôtre
Ste chapelle . Paris
Fig : 456

Vaste encyclopédie imagée qui étale aux yeux des fidèles toute l'histoire religieuse.

Grandes compositions du *portail de Chartres, portail de Reims.* — Le Jugement dernier d'Amiens et de Bourges.

Magnifique *Porte de la Vierge* à Notre-Dame de Paris.

(c) Sculpture ornementale

Les combinaisons géométriques sont délaissées pour l'étude de la nature (retour à la vérité) — l'ornementation est entièrement prise dans la flore indigène (plantes des champs) : le cresson, le trèfle, le hêtre, la luzerne, le pied-de-vache, le marronnier, la vigne, le houx, l'acanthe indigène, l'érable..., etc.

La variété du décor fourni par ces plantes est considérable (les chapiteaux ont une ornementation différente dans un même édifice).

Dans la période flamboyante, les feuillages se découpent, les plantes choisies sont plus compliquées : le persil, le chou frisé, le chardon, la chicorée... etc.

(d) Sculpture animale et grotesque

Dans l'ornementation végétale grouillent très souvent des animaux grotesques, hideux ou risibles, anciens restes de la sculpture romane. Gargouilles.

(e) Sculpture funéraire

La sculpture gothique a encore servi pour les images funéraires, qui devinrent par la suite des portails — création du type des *gisants* et des *gisantes* (défunts couchés sur le sarcophage), type qui fut remplacé au seizième siècle par le type du donateur (défunt en prière). — *Tombeau de Philippe Pot* (Louvre).

Draperies conventionnelles : les gisants ont les plis de leurs vêtements traités comme si les statues étaient debout.

Sculpture en ivoire et en bois.

Belles statuettes — bas-reliefs en bois et en ivoire souvent peints et dorés (belle collection au musée du Louvre).

3° *Peinture*

L'ornementation picturale suit de près l'évolution sculpturale.

Les motifs sont généralement de grands rinceaux composés de feuillages indigènes. — Le rosier, le marronnier, la vigne s'étendent en élégantes frises. — Emploi de la fleur de lis (emblème de la royauté).

Les artistes ont même souvent représenté des scènes avec personnages. (Le Jugement dernier, cathédrale d'Albi.)

fleurons utilisés en peinture décorative.

Figures : 463 à 466.

J.G.

4° *Art décoratif*

Les arts industriels ont pris un grand développement et ont contribué à la décoration des monuments.

Vitraux : harmonie des tons, richesse des couleurs, véritable peinture monumentale, du reste indispensable pour couvrir les immenses fenêtres des cathédrales.

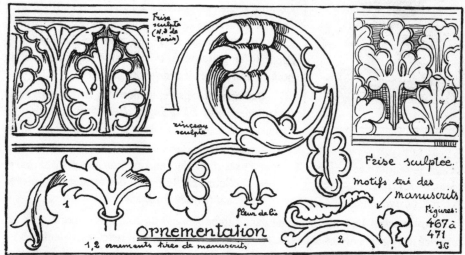

Frise sculptée (N.D de Paris)

rinceau sculpté

fleur de lis

Frise sculptée.

motifs tiré des manuscrits

Figures : 467 à 471

J.G.

ORNEMENTATION

1.2 ornements tirés de manuscrits

Vitraux du douzième siècle à la cathédrale du *Mans* et à la crypte de *Bourges*.
Du treizième siècle : Verrière de Suger à Saint-Denis — cathédrales de *Sens, Reims* et
Chartres. — Les vitraux légendaires offrent une série d'histoires comprises en compartiments ou médaillons. Ceux du treizième siècle sont ornés d'une bordure courante
qui sert de cadre à toute la verrière. — *La Sainte-Chapelle* est l'ensemble le plus parfait
que l'on puisse considérer; il faut encore citer la grande rose de Notre-Dame de Paris.

Au quatorzième siècle : *Saint-Ouen de Rouen* et *Saint-Nazaire de Carcassonne*
présentent des tons plus fins — le relief tend à être obtenu au moyen d'artifices du
pinceau; du reste, au quinzième siècle, les verrières deviennent de véritables
tableaux sur verre (chapelles de la cathédrale de Bourges).

Miniature et Enluminure

Dans l'église gothique, la véritable peinture est le vitrail, qui remplace la fresque. La peinture ornementale subsiste néanmoins dans la coloration des chapiteaux, piliers et voûtes (dessins géométriques, imitation de draperies à plis réguliers). *Album de dessins de Villard de Honnecourt, treizième siècle* (Bibliothèque nationale).

Tandis que la peinture murale tend de plus en plus à se perdre, on voit apparaître au cours du quatorzième siècle la peinture sur panneau, le retable ou tableau : forme originale de la peinture septentrionale préparée par la miniature.

L'enluminure des manuscrits du treizième siècle reproduit l'éclat des verrières. *Psautier de saint Louis* (vers 1260, Bibliothèque nationale). — Au quatorzième siècle l'enluminure se libère de la discipline monastique. — Nombreuses miniatures, véritables tableautins — lettres ornées. *Manuscrit de la Vie et Miracles de saint Denis* (Bibliothèque nationale).

Dans la deuxième moitié du quatorzième siècle, le centre principal est Paris (noms d'enlumineurs : *André Beauneveu, lcs trois frères Limbourg, Jacques Cône de Bruges*). La miniature est devenue une véritable peinture réaliste — paysages. — *Les Très Riches Heures du duc de Berry* (1415 — Chantilly, Musée de Condé), scènes empruntées à la vie seigneuriale avec vues de châteaux : Louvre, Vincennes, etc..., etc...

Au quinzième siècle, en plus de l'enluminure, apparaît la peinture à la détrempe sur panneau de bois : *le Parement de Narbonne* (Louvre).

Orfèvrerie : La réputation des orfèvres français fut grande *(Saint Éloi, Suger, Bonnard)*. Imitation de formes architecturales, châsses et reliquaires.

Figures 472-473.

Émaillerie : Paris s'est acquis, au quatorzième siècle, une renommée universelle pour l'exécution des émaux translucides sur or et argent. — Au treizième siècle, Limoges est célèbre par le travail des émaux champlevés et peints. *Grand émail de Geoffroy Plantagenet* (Musée du Mans).

Tapisserie : La tapisserie joue dans l'ameublement un rôle très important — les murailles des églises et des salles de réception des châteaux sont revêtues de tentures — sujets fréquents : légendes chrétiennes et exploits de chevaliers, *la Dame à la licorne* (Musée de Cluny).

Meubles : Le bahut est le meuble le plus usité — formes architecturales, pentures de fer — ornements sculptés empruntés à la flore — lits grands, élevés et d'un luxe extraordinaire — chaises à hauts dossiers — coffres — stalles — bancs.

Les meubles antérieurs au treizième siècle sont très rares — on peut citer : *l'armoire d'Obazine* (douzième siècle), *l'armoire de Noyon* (treizième siècle), nombreux coffres du quatorzième et du quinzième siècle au Musée de Cluny.

Fer : Riches pentures en fer forgé (portes des cathédrales, fig. 473) — anneaux — heurtoirs (fig. 472) — chenets, etc..., etc...

Notes sur les principales cathédrales

Première période : *Primitif (de 1100 environ à 1190 environ).*

Saint-Denis (1144), recouvre une crypte. — Chœur de *Notre-Dame de Paris* (1163). — Chœur de Saint-Germain-des-Prés (Paris). — *Cathédrale de Laon* — *Cathédrales de Lisieux et de Sens.*

Deuxième période : *Lancéolé (de 1190 à 1240 environ).*

Cathédrale de Chartres (1190-1240) est une des rares églises qui possède en entier ses clochers (la merveilleuse flèche ne fut exécutée qu'en 1506). Sculptures remarquables dans les porches latéraux.

La Cathédrale de Bourges fut commencée en 1199 par l'évêque Henri de Sully — repose sur une église basse formant crypte — développement des nefs — pas de transept.

Cathédrale de Reims — commencée en 1211 en remplacement de l'église incendiée — les chapelles absidales datent du début du règne de saint Louis — la façade ne fut commencée qu'au milieu du quatorzième siècle d'après des plans du treizième siècle — tours terminées en 1428. Reims était surtout remarquable par les sculptures qui décoraient ses façades.

Cathédrale d'Amiens (1221), nef importante — *Cathédrale de Beauvais* (1225), le chœur seul fut exécuté au treizième siècle, achevé en 1272 — le transept fut ajouté au seizième siècle (1500 à 1537) — *Troyes* (1208) — Soissons (1212) — *Auxerre* (1216) — Chœur du Mans (1217).

Dicton populaire résumant les mérites des cathédrales : Chœur de Beauvais, portail de Reims, clocher de Chartres, nef d'Amiens.

Troisième période : *Rayonnant (de 1240 à 1370 environ).*

Notre-Dame de Paris commencée en 1660 sous la période du gothique primitif — le chœur est dû à l'évêque de Paris, Maurice Sully — le reste de la nef et la façade principale appartiennent au lancéolé, ils datent de l'épiscopat d'Eudes de Sully et de Pierre de Nemours. A la mort de Philippe-Auguste (1223), le portail s'élevait jusqu'à la grande galerie qui réunit les deux tours. — Les chapelles échelonnées le long des nefs appartiennent au rayonnant et remontent à l'an 1245 — le portail du Midi fut construit en 1257 par Jean de Chelles — le portail Nord est de 1312.

Carte du domaine géographique de l'art gothique.

La partie hachurée représente la région où s'est développé l'art roman ; on remarquera que l'art gothique s'est propagé dans une région toute différente.

Notre-Dame a 127 mètres de long, 48 mètres de large et 35 mètres de hauteur sous voûte. Les tours ont 68 mètres de haut.

Cette cathédrale est surtout remarquable par la franchise de ses divisions et l'harmonie de ses proportions. — Nudité robuste.

Quatrième période : *Flamboyant (après 1370).*

Église Saint-Gervais (Paris). — Portail de la cathédrale d'Albi (le gros de l'œuvre est du quatorzième siècle) — *Cathédrale de Moulins — Portail du transept de Beauvais — Porche Saint-Maclou (Rouen).*

Ameublement

Antiquité et Moyen Age

Dans l'histoire de l'ameublement, les pieds subissent dans leur forme des modifications très nombreuses et très variées ; c'est, avec les ornements qui décorent le meuble, un des éléments d'étude qui permet de dégager très rapidement les caractéristiques.

Art Égyptien

Sièges reposent sur 4 pieds qui imitent les pieds d'animaux (fig. I) — ornementation avec fleur de lotus, incrustations de matières précieuses, vannerie de papyrus et de jonc.

Art Oriental

Grand luxe — pieds formés de disques superposés — extrémités en griffes d'animaux, incrustations. Lit, table et siège assyriens (fig. II, III, IV).

Art Grec

Pieds des chaises droits ou courbés avec concavité vers l'extérieur — les pieds en pattes d'animaux ne sont pas rares. — Sièges en forme d'X — simplicité des profils. — Ameublement se compose de lits, sièges et tables (fig. V).

Art Romain

Formes plus compliquées : pieds formés de disques et de moulures superposées — autour de la table à manger se trouvaient trois lits luxueux et bas sur lesquels on prenait les repas (fig. VI).

Art du Moyen Age

Influence de l'architecture sur l'ameublement — pieds droits avec moulures verticales ou colonnettes — le principal meuble est le bahut (ferrures, serrures, ornementation avec des cuirs gaufrés et dorés) — sièges en forme d'X — bancs. — A la fin de la période gothique, le meuble est toujours architectural, les sculptures se multiplient, les lits deviennent immenses et constituent le meuble principal.

Meubles remarquables :

Meubles égyptiens au Musée du Louvre.
Armoire de l'église d'Obazine, douzième siècle (fig. IX).
Armoire du treizième siècle décorée de peintures — Cathédrale de Noyon.
Coffret avec peinture en fer treizième siècle — Musée Carnavalet. (fig. X.)
Collection de bahuts — chaises et coffrets du moyen âge au musée de Cluny.

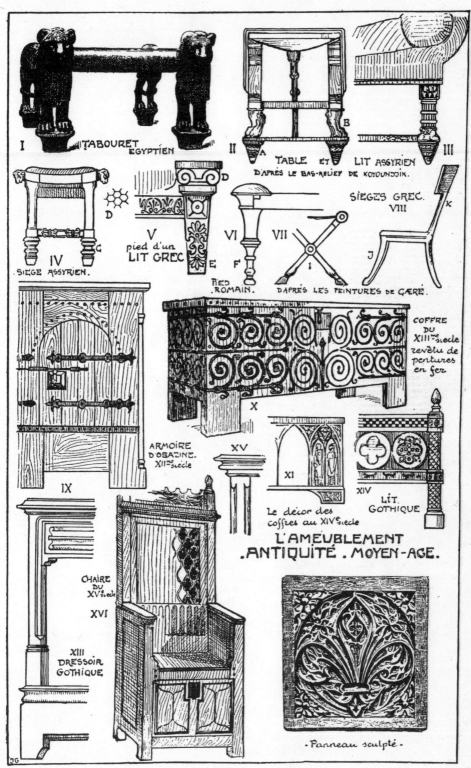

I TABOURET EGYPTIEN

II A TABLE ET LIT ASSYRIEN III
D'APRÈS LE BAS-RELIEF DE KOYOUNDJIK.

B

IV SIÈGE ASSYRIEN.
G
D

V pied d'un LIT GREC
D
E

VI
VII
F
PIED ROMAIN.
D'APRÈS LES PEINTURES DE GÆRE.

SIÈGES GREC. VIII
K
J

X COFFRE DU XIIIᵐᵉ siècle revêtu de pentures en fer

IX ARMOIRE D'OSAZINE. XIIᵐᵉ siècle.

XV

XI

Le décor des coffres au XIVᵉ siècle

XIV LIT GOTHIQUE

L'AMEUBLEMENT
. ANTIQUITÉ . MOYEN-AGE .

CHAIRE DU XVᵉ siècle
XVI

XIII DRESSOIR GOTHIQUE

. Panneau sculpté .

TROISIÈME PARTIE

La Renaissance

et les

Temps Modernes

Chapitre XX

LA RENAISSANCE ITALIENNE

« Si la Grèce a tout créé, l'Italie a fait tout revivre. » (RENAN.)

On appelle Renaissance la période qui va du milieu du quatorzième siècle à la fin du seizième.

Le moyen âge avait un art original, la Renaissance au contraire s'applique à reproduire les formes antiques en s'efforçant d'oublier tout ce qu'a fait le moyen âge. Néanmoins, une transition eut lieu pendant laquelle les éléments gothiques furent mélangés aux éléments classiques.

Causes du développement de la Renaissance Italienne

1° Les traditions de l'art antique n'étaient pas perdues en Italie.

2° Etude des monuments romains.

3° Mouvement créé par l'histoire et la littérature.

4° Mœurs nouvelles — affinement de l'intelligence par la culture — réaction contre l'esprit féodal qui ne concevait que la force physique — l'élégance remplace la rudesse guerrière — développement du caractère individuel.

5° Protection de l'art par les grandes familles et les souverains — les Gonzague à Mantoue — les Visconti, les Sforza à Vérone, les Médicis à Florence. — Rôle des papes.

6° Richesse du commerce — les princes et les riches marchands font travailler les artistes.

7° Émulation entre villes — concours — l'art est de toutes les fêtes et l'art est chargé de consacrer les grands événements de la cité.

8° Retour aux formes simples — réaction contre les formes légères et ténues de la dernière période du gothique.

9° Les deux ordres : les Prêcheurs et les Mendiants, fondés par saint François d'Assise et par saint Dominique, emploient les arts comme moyen de moralisation et d'enseignement.

Découverte de la peinture à l'huile et de la gravure.

1° *Architecture*

Matériaux { Murs en brique et en moellons revêtus d'un placage de pierre de taille ou de marbre.

Marbre blanc et marbre colorés employés comme revêtement ornemental.

L'architecture gothique n'eut jamais une influence profonde en Italie; cet art ne pouvait du reste s'adapter que très difficilement avec le climat méridional, néanmoins dans la première période architecturale, au quinzième siècle, on trouve le mélange des formes du moyen âge avec les formes antiques.

Caractéristiques générales { Emploi général des *ordres antiques*.

Le caractère est plutôt dans l'ornementation que dans l'ossature de l'édifice.

Voûtes — arcades — galeries — ornementation *colorée* des façades.

Tandis que l'art religieux incarne l'esprit du moyen âge et que la cathédrale est la plus belle expression de cet art, l'esprit de la Renaissance donne la prédominance à l'architecture civile, c'est-à-dire au palais.

Technique architecturale

(a) Appareil

Au quinzième siècle, appareils à parements bruts — bossages — imitation rustique.

Au seizième siècle, l'angle des édifices est très souvent souligné d'un chaînage (fig. 483). Exemple : *Palais Farnèse.*

(b) Voûtes

Voûtes en berceau, voûtes en arc de cloître.

(c) Coupoles

Calottes sphériques sur pendentifs — voûtes en profil d'ogive sur base octogonale sans pendentifs et avec double paroi. *(Dôme de la cathédrale de Florence.)*

(d) Les ordres

L'ordre corinthien est le premier utilisé, il subit seulement quelques modifications de détails, puis à leur tour les ordres dorique et ionique sont aussi employés.

Toutes les fantaisies créées par les Romains sont alors reprises : *superpositions d'ordres,* portiques, etc. — Les piliers sont très fréquemment adoptés dans les ordonnances

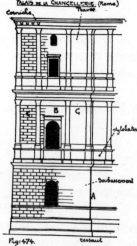

architecturales en remplacement des colonnes. — Leur fût est très souvent décomposé en panneaux moulurés contenant une ornementation sculptée.

La figure 474 *(Palais de la Chancellerie,* architecte *Bramante,* 1495) est un exemple de façade à pilastres, ceux-ci sont disposés d'une certaine façon : une *travée* B (espace compris entre deux pilastres) contenant une fenêtre ou une porte est englobée entre deux autres travées C C pleines (plus étroites que celles du centre).

Ce système architectural est une innovation.

La figure 474 présente encore d'autres particularités :

(a) – Les pilastres sont montés sur des *stylobates*.

(b) – Les murs présentent à certains endroits de la façade des ressauts A qui constituent ainsi des *avant-corps* à certaines parties de l'édifice.

(c) – Le *grand soubassement* du rez-de-chaussée.

(d) – Enfin une *corniche* supérieure souligne l'ensemble.

Fig 475. Ordre colossal

Après *Bramante,* les architectes *Palladio* et *Vignole* fixèrent vers le milieu du seizième siècle un canon architectural réglant les proportions, mais c'est surtout *l'ordre colossal* qui constitue une nouveauté.

On entend par ordre colossal un ordre unique embrassant les divers étages (fig. 475 : *Palais de Valmarana à Vicence* par Palladio), au-dessus de la corniche règne parfois un étage qui porte le nom d'*attique*.

Défaut fréquent des façades : l'ordonnance extérieure ne correspond pas à la distribution intérieure des étages.

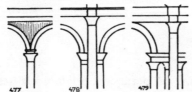

477 478 479

Les figures 474 et 475 sont deux dispositions types très importantes pour établir les influences des styles les uns sur les autres ; elles montrent en effet des dispositions architecturales qui seront très en faveur en France sous Louis XIV et Louis XV (colonnade du Louvre, palais de la place de la Concorde avec leurs grands soubassements et leurs ordres englobant deux étages — toits en terrasse).

chapiteau

faisceaux de colonnettes

Loge des Lanzi
Fig. 476.

(e) Arcades

Variétés

1° Imitation gothique – arcade retombant sur faisceau de colonnettes (très rare) – exemple : *Loge des Lanzi* (fig. 476).

2° Imitation byzantine – arcade retombant sur la colonne. (fig. 477) (très fréquent) – exemple : *Palais Riccardi.*

3° Imitation romaine – arcade retombant sur un imposte (fig. 478), (fréquent) – exemple : *Saint-François de Rimini.*

4° Arcade retombant sur colonne comme dans la figure 479, exemple : *Basilique de Vicence.*

L'arcade habituelle est le plein cintre.

(f) Couronnement des façades

Grandes corniches, dont le larmier est généralement porté par des *consoles* (fig. 483). – Motifs sculptés dans la frise. Parfois une balustrade se trouve au-dessus de la corniche.

Frontons réservés pour les monuments religieux.

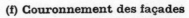

motifs

483

chaînage d'angle   Corniche

(g) Baies

La baie florentine présente l'aspect des figures 480 et 481.

Au sixième siècle l'usage se généralise de l'encadrement avec colonnes supportant un fronton (fig. 482) triangulaire ou arrondi.

Méconnaissance absolue du rôle du fronton dans l'art grec où il soulignait exclusivement les pentes du toit. Ici il ne devient plus qu'un motif décoratif.

(h) Toitures

Terrasses.

(i) Plafonds

Plafonds à caissons.

(j) Cheminées

Manteaux supportés par les consoles.

Les tuyaux sur les toitures sont dissimulés. — Différence avec la Renaissance française où les tuyaux deviennent sur les toits des motifs ornementaux

(k) Sculpture ornementale

Rinceaux et ornements antiques — Finesse des détails — Relief peu accusé.

(l) Coloration

Marqueterie de marbre — Frises de faïence émaillée *(Hôpital de Faenza) — graffites.*

(m) Décoration intérieure

Stucs colorés.

Décoration des galeries et des portiques : peinture à la fresque.

L'architecture à Venise a un caractère particulier moins sévère que dans le reste de l'Italie — multiplicité des fenêtres — luxe de la décoration intérieure — influence orientale très sensible.

MONUMENTS

A — ARCHITECTURE RELIGIEUSE

Plan basilical avec trois nefs, mais le transept est le point de départ d'une série de transformations rendues nécessaires pour la construction d'une coupole au centre de la croisée — le plan en croix grecque se prêtant à cette disposition est aussi très fréquemment adopté.

La coupole est donc une des caractéristiques de l'architecture religieuse, et elle devient le motif principal de l'édifice.

Les coupoles sont construites parfois doubles et emboîtées l'une dans l'autre, ce qui permet de donner à celle qui se trouve à l'extérieur une élévation beaucoup plus considérable qu'à celle de l'intérieur (Saint-Pierre de Rome) — Les coupoles sont percées d'ouvertures circulaires ou œils et sont surmontées d'une lanterne.

Les nefs sont composées au moyen d'arcades sur colonnes et couvertes avec des voûtes en berceau ; elles sont généralement éclairées par de petites fenêtres s'ouvrant dans la voûte au moyen d'une pénétration.

Parallèle entre la cathédrale gothique et l'église de la Renaissance

Cathédrale gothique	Église de la Renaissance
Lignes verticales accusant l'ossature. Le chœur est le point capital. Deux tours accolent la façade. Arcs-boutants. Dans la façade les côtés A et B (clochers) dominent sur la partie centrale C. M Le décor est l'expression de la structure — il est complètement dégagé d'éléments étrangers.	Lignes horizontales dominent accusées par des assises de matières colorées alternativement — la coupole est l'endroit le plus important de l'édifice — tour unique — campanile isolé. Pas d'arcs-boutants. Dans la façade les côtés A et B sont dominés par la partie centrale C. N Le décor est un placage — il est ajouté à l'édifice, aussi il manque d'unité — mélange de toute sorte d'éléments : gothiques, antiques, etc.

Aspect extérieur des édifices

La figure 484 (cathédrale de Florence) représente la disposition schématique

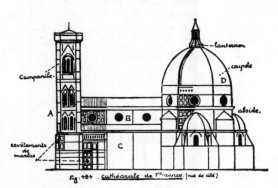

Fig. 484. Cathédrale de Florence (vue de côté)

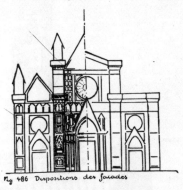

Fig. 486 Dispositions des façades

d'une église vue de côté. — En A, se dresse le campanile isolé du reste de la façade par une petite rue.

En B, la nef centrale.

En C, les nefs latérales.

En D, la coupole ou dôme surmonté du lanternon et flanquée des chapelles et absides.

Les façades

Les nefs sont accusées sur la façade au moyen de frontons (fig. 486) — celui de la nef centrale plus important que les deux autres — ces frontons sont décorés de pein-

tures et de mosaïques; quant aux murs, ils sont revêtus de plaques de marbre de différentes couleurs.

Au seizième siècle les façades sont décorées au moyen des ordres superposés et
enfin à la fin de ce siècle apparaît le style dit « *Jésuite* » dont une des principales caractéristiques se trouve dans d'immenses consoles renversées qui soutiennent le fronton
central et s'étendent sur les ailes latérales.

Les **clochers** sont pour la plupart isolés *(célèbre clocher du Dôme de Florence)*.

Les **sacristies** donnent lieu à de petits monuments remarquables *(sacristie Saint-
Laurent à Florence)*. Quant aux *cloîtres,* ils conservent le plan traditionnel que nous
avons vu au moyen âge *(cloître de la Chartreuse de Pavie)*.

B. ARCHITECTURE CIVILE

Palais

Deux sortes

1° Palais municipal	2° Palais d'habitation
Aspect d'une forteresse (souvenir du moyen âge) — les pleins l'emportent au point de vue extérieur sur les vides — murs couronnés de créneaux — tour ou beffroi (fig. 485).	Bâtiment rectangulaire au milieu duquel se trouve une cour B (fig. 487).

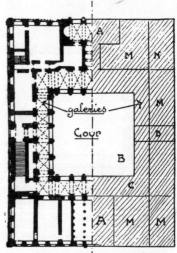

F. 487.   PLAN DU PALAIS FARNÉSE

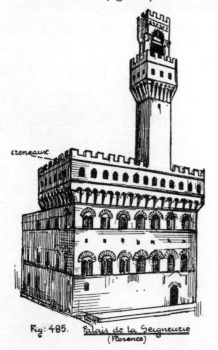

Fig. 485.   Palais de la Seigneurie
(Florence)

Autour s'étendent des portiques et des
galeries C qui se retrouvent aussi aux
étages supérieurs *(innovation)*.

Ces galeries sont voûtées et une décoration peinte
ou sculptée s'y étale, du reste la cour est toujours traitée d'une façon remarquable au point de
vue décoratif et architectural.

Intérieur : décor antique de beau style —
au centre une cour.

Façade : le rez-de-chaussée est généralement sévère, surtout au quinzième

siècle, il est constitué par une muraille à bossages, percée de rares ouvertures (fig. 489). Au premier étage s'ouvrent des fenêtres régulièrement distribuées et symétriquement placées par rapport à la porte.

Pas de bâtiments en saillie, ni de tourelles (différence avec les habitations françaises).

Dans le haut, grande corniche.

Plus tard les façades revêtent une ordonnance architecturale composée avec les ordres — principalement avec des pilastres superposés par étages (fig. 474, Palais de la chancellerie).

Principaux Palais

Palais Strozzi, Palais de Pienza, Palais

F. 489
Palais Strozzi (Florence)

Ruccellai (Florence), *Palais de la Chancellerie, Palais Farnèse,* etc.

Villas

Maisons de campagne largement ouvertes avec terrasses et magnifiques jardins.

Villa Rotonda (Vicence) *villa de Jules III, villa de Caprarole, villa d'Este à Tivoli.*

Hôtel de ville de Sienne (XIVe siècle).
Hôtel de ville de Florence.

Le complément du palais municipal se trouve souvent dans les grands portiques ouverts (souvenir de l'antiquité), exemple : *Loge des Lanzi* à Florence.

3° Hôpitaux

Décoration faite de terres cuites émaillées façade de l'*Hôpital des Innocents* à Florence — *Hôpital du Ceppo à Pistoja.*

4° Ponts

Pont de la Trinité (Florence), *Passerelle du Rialto* (Venise).

5° Théâtres, cirques, etc.

(la tradition romaine s'est perdue)

6° Fontaines

Fontaines de Pérouse, Rome, Florence.

**Principaux architectes et principales œuvres
du XIIIe au XVIIe siècle :**

| XIIIe et XIVe siècles. | *Giotto* (1276-1337) : Dôme de Florence. — Le Campanile.
Arnolfo del Cambio : Cathédrale de Florence. — Palais de la Seigneurie à Florence.
Orcagna : Loge des Lanzi (Florence). |

XVᵉ siècle 1ʳᵉ Renaissance siège à Florence	*Brunellesco* (1377-1466) : coupole de la cathédrale de Florence. Palais Pitti (Florence) — Chapelle des Pazzi. *Michelozzo* (1391-1472) : Palais Riccardi. *Ben Majano* et *Cronaca* : Palais Strozzi. Tous ces édifices ont un caractère commun : simplicité et sévérité. *Marco di Campione :* Chartreuse de Pavie (décoration riche et variée avec une influence gothique très marquée).
Fin du XVᵉ siècle XVIᵉ siècle 2ᵉ Renaissance siège à Rome	Application des ordres antiques. *Bramante* (1444-1516) : Plan de Saint-Pierre de Rome, Palais de la Chancellerie. *Sansovino* (1477-1570) : Bibliothèque Saint-Marc de Venise. *Antonio San Gallo* : Le Palais Farnèse. *Andréa Palladio* (1518-1580) : Église Saint-Georges-Majeur à Venise. *Vignole* (1507-1573) : Traité des Cinq ordres — Château de Caprarola. *Michel-Ange* (1475-1564) : Coupole de Saint-Pierre de Rome — Création de l'ordre colossal.
XVIIᵉ siècle décadence	*Le Bernin* (1598-1680) : Colonnade circulaire de la place Saint-Pierre. Style baroque ou dégénérescence de l'art de la Renaissance (à rapprocher par ses défauts de l'efflo-raison flamboyante de l'art gothique). *Borromini* (1593-1667) : Façade de l'église Saint-Charles (Rome).

Les grands monuments de la Renaissance italienne

Quatre villes surtout se partagent les grands monuments de la Renaissance : Pise, Florence, Rome et Venise.

1º Monuments de Pise (antérieurs à la Renaissance proprement dite)

Pise 4 monuments à côté.	1º Le Dôme. 2º Le Baptistère. 3º La Tour penchée. 4º Le Campo Santo.

1º **Le Dôme.** — Architecte, *Buschetto* (1063) : forme d'une croix latine, cinq nefs, coupole sur le transept. Façade divisée en cinq étages.

A l'intérieur du Dôme, grande richesse des matériaux — alternance de marbres noirs et blancs — ampleur des proportions.

2° Le Baptistère. — Architecte *Diotisalvi* (1153) : rotonde à trois étages couverte par une coupole.

La chaire du baptistère est un chef-d'œuvre de Nicolas de Pise — c'est un hexagone de marbre supporté par neuf colonnes, six bas-reliefs s'y trouvent encastrés.

3° La Tour penchée (1174) : n'est en sorte que le campanile ou clocher du Dôme, elle comprend huit étages d'arcades.

Cette tour est surtout célèbre par son inclinaison — cette bizarrerie de construction s'explique facilement : la base de l'édifice s'étant tassée pendant la construction du rez-de-chaussée et du premier étage, on a continué les travaux en maintenant l'inclinaison.

4° Le Campo-Santo (1283) : architecte *Jean de Pise.*

Rectangle entouré de portiques à la façon d'un cloître — extérieur très simple, sans ouvertures sauf la porte d'entrée ; au contraire l'intérieur est très étudié, de grandes arcades gothiques font le tour de la cour centrale et sous cette galerie circulaire, appuyés contre les murs, se trouvent les sarcophages, les tombeaux, les statues, les monuments commémoratifs, tout le Panthéon des célébrités italiennes.

Ce cimetière est un véritable musée, il contient entre autres : une collection de sarcophages et de bas-reliefs antiques, le Mausolée de l'empereur Henri VII de Luxembourg, etc., mais ce sont surtout les fresques qui décorent les murs qui méritent l'attention : célèbre composition du *Triomphe de la Mort*, tableau saisissant, de même l'*Enfer* et le *Jugement dernier*. — Il y a encore l'*Histoire de Job* (attribuée à Andréa de Firenze) et les vingt et une compositions tirées de l'Ancien Testament, exécutées par Gozzoh.

2° Monuments de Florence

Florence s'enorgueillit d'une série de monuments remarquables qui indiquent bien que cette ville était le centre d'une civilisation complète.

Principaux monuments de Florence	1° Église Santa Croce.
	2° Le Dôme ou cathédrale avec son campanile.
	3° Le Baptistère.
	4° La Loge du Bigallo.
	5° La Loge des Lanzi.
	6° Le Palais Pitti.
	7° Le Palais des Offices.
	8° Le Palais Vieux.

1° L'Église Santa Croce. — Architecte *Arnolfo di Cambio* — façade décorée de trois frontons — mélange avec des éléments gothiques.

2° La Cathédrale, « Sainte-Marie-des-Fleurs » — architectes : *Arnolfo di Cambio, Giotto* et *Brunellescho* (Coupole) — impressionne non pas par la majesté de son architecture, mais par le luxe de sa décoration — revêtement extérieur de plaques de marbre blanc, vert et rouge. La façade, véritable postiche, ne date que de 1887 (architecte : Émilio de Fabris). A l'intérieur, on est loin de ressentir la même impression qu'en pénétrant dans une cathédrale gothique. — La nef est vaste et claire, pas de clair-obscur ni de petites chapelles éveillant l'idée de recueillement et de mystère, ce qui est le charme des églises du moyen âge français.

De nombreux chefs-d'œuvre de sculpture et de peinture se trouvent dans la cathédrale : La *Châsse des cendres de Zenobi* (Ghiberti) — le *Saint Jean assis* de Donatello — la *Résurrection* et l'*Ascension du*

Christ par Lucca della Robbia — les bas-reliefs de la tribune des orgues — la *Pieta* de Michel-Ange. Statue de saint Jacques par Sansovino, etc.

Le **Campanile** est l'œuvre de *Giotto,* il peut être considéré comme un véritable Musée de sculpture; en effet, ses six étages se partagent les œuvres des plus célèbres artistes italiens comme Niccolo d'Arezzo, Donatello, Lucca della Robbia.

3° Le Baptistère.

Plan octogonal — couvert par une coupole décorative extérieure formée par une combinaison géométrique de marbres colorés.

Cet édifice est surtout célèbre par ses trois portes :

(a) Celle d'André de Pise représentant en vingt compartiments l'histoire de la vie de saint Jean-Baptiste.

(b) Celle de Ghiberti représentant en vingt-huit compartiments l'histoire du Christ (cette porte fut donnée en concours entre tous les artistes florentins).

(c) Également de Ghiberti (1425), représente des scènes de l'Ancien Testament. (Remarquables par l'arrangement des personnages.)

Les encadrements des portes de Ghiberti sont célèbres par leur style, leur grâce, leur magnifique harmonie, ce sont des œuvres décoratives de premier ordre.

4° La loge du Bigallo, élevée en face le baptistère — ornementation gothique.

5° La loge des Lanzi (1374), portique ouvert attribué à Orcagna et situé à côté du Palais Vieux.

La loge des Lanzi abrite le *Persée* de Benvenuto Cellini, l'*Enlèvement des Sabines,* le *Judith et Holopherne* de Donatello, l'*Hercule et le Centaure* de Jean Bologne.

6° Le Palais Pitti (1440), architecte : *Brunellesco.*

Simplicité extérienre — richesse intérieure — (magnifique collection de tableaux de Raphaël, Véronèse, le Pérugin, etc.).

7° Le Palais des offices (1560), architecte : *Vasari.*

(Abrite de nos jours un Musée.)

3° *Monuments de Rome*

Deux monuments importants :

Rome
{ 1° La basilique Saint-Pierre.
{ 2° Le palais du Vatican.

1° Basilique Saint-Pierre.

Le monument actuel (fig. 488) ne rappelle en rien l'ancienne basilique Constantinienne.

La première basilique fut fondée en 324 par Constantin — dégradations multiples jusqu'à la fin du quinzième siècle, point de départ de sa démolition — (cette première basilique avait le plan d'une basilique païenne).

Le pape Nicolas V fit commencer par Rosselini et Alberti un premier projet, — sous Jules II, Bramante fait un nouveau projet et entreprend la construction des piliers de la Coupole. — Léon X choisit comme architectes pour continuer les travaux : Raphaël et San Gallo. — A la mort de Raphaël, les travaux furent suspendus. — Sous le pape Paul III, reprise avec San Gallo et Michel-Ange qui refait un plan d'ensemble — construction du dôme. — Vignole succède à Michel-Ange — coupole commencée en 1588, terminée en 1590 — décoration fut faite par Jacques de la Porte — Maderno, sous Paul V, entreprend la façade, il modifie le plan primitif en croix grecque pour adopter la croix latine. — Sous

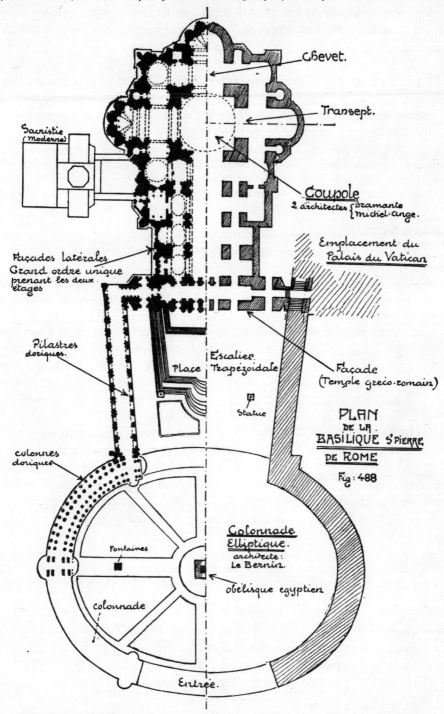

Chevet.

Transept.

Coupole
2 architectes { Bramante
{ Michel-ange.

Emplacement du
Palais du Vatican

Façades latérales
Grand ordre unique
prenant les deux
étages

Pilastres
doriques.

Escalier.
Place Trapézoidale

Façade
(Temple gréco-romain)

Statue

PLAN
DE LA
BASILIQUE S.ᵗ PIERRE
DE ROME
Fig: 488

colonnes
doriques

Colonnade
Elliptique.
architecte:
Le Bernin.

Sacristie
(moderne)

Fontaines

obélisque egyptien

colonnade

Entrée.

Urbain VIII et sous Alexandre VII, le Bernin continue les travaux et fait les portiques et la colonnade.
Hauteur de l'édifice : 133 mètres, longueur de la basilique : 225 mètres.

Une des plus vastes églises du monde — la colonnade extérieure est d'un très heureux effet, la façade est lourde et théâtrale, les façades latérales adoptent l'ordre colossal — la distribution extérieure de l'ordonnance ne confirme pas la distribution intérieure.

En pénétrant dans l'intérieur, deux impressions $\begin{cases} \text{Vide immense.} \\ \text{Richesse et surchage des} \\ \quad \text{détails ornementaux.} \end{cases}$

Masse énorme mais froide qui étonne par ses dimensions et sa richesse mais où il manque le caractère religieux du style gothique.

L'intérieur est divisé en trois nefs — une voûte en berceau court tout le long de la nef centrale décorée de caissons, arabesques, cartouches, etc. — Piliers de la coupole décorés par Bernin — mosaïques (datent du dix-septième siècle) sur les parois de la coupole — travaux de sculpture de mauvais goût.

Le mobilier comprend le ciborium, vaste édifice en bronze orné de quatre colonnes torses supportant des figures, la chaire de saint Pierre, des bénitiers colossaux qui ne sont pas à l'échelle humaine, etc.

2' Palais du Vatican

Demeure officielle du pape, vaste palais qui se trouve à côté de la basilique Saint-Pierre (fig. 488bis).

L'ancien Vatican avait été élevé par Nicolas V et Sixte IV (partie marquée A du plan) et Innocent VIII avait fait construire dans les jardins la villa du Belvédère (C); entre ces deux édifices il n'existait rien, Jules II chargea Bramante de les réunir au moyen de deux bâtiments (R et S).

Le *Palais primitif* comprend les appartements situés autour de la *Cour Saint-Damase ;* de cette cour part un escalier monu-

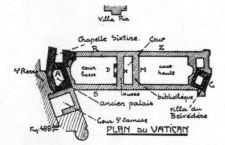

Fig. 488bis — PLAN DU VATICAN

mental construit par Bernin (escalier royal) conduisant à la chapelle *Sixtine* (chapelle privée des papes, décorée des magnifiques fresques de Michel-Ange).

Dans le palais primitif se trouvent les célèbres loges décorées par Raphaël.

Le *Palais moderne* comprend une partie transversale M rompant l'effet du plan de Bramante et renfermant une bibliothèque (qui se continue, du reste, à la galerie R du 1er étage de l'aile latérale) et un autre bâtiment N formant le musée qui se continue aussi dans la galerie Z.

La bibliothèque Vaticane remonte aux temps primitifs de l'Église, elle comprend plus de 250 000 livres et 26 000 manuscrits — le musée comprend une galerie lapidaire, des collections étrusques, égyptiennes, des galeries de sculptures grecques et romaines riches en belles œuvres — collections de tiares.

Jardin du Vatican : *Villa Pia.* Ateliers de mosaïque.

Monuments de Venise.

Les monuments ont une physionomie particulière.

Venise $\begin{cases} \text{Palais des Doges.} \\ \text{Bibliothèque Saint-Marc (1479), architecte : Sansovino. — Édifice} \\ \quad \text{élégant, portiques ouverts.} \\ \text{Palais Vendramin (1480), architecte : Lombardo.} \\ \text{La } \textit{Casa d'Oro ou Maison d'or.} \end{cases}$

2° *Sculpture*

A. — LES PRÉCURSEURS (XIIIe et XIVe siècles).

La sculpture de la Renaissance commence par le bas-relief — Continuation des traditions de l'antiquité : recherche de la beauté plus que de l'expression.

Nicolas de Pise : bas-reliefs de la chaire du baptistère de Pise (imitation des sarcophages romains).

André de Pise (1270-1350), portes du baptistère de Florence.

Jean de Pise : chaire de la cathédrale de Pise.

B. — LE QUINZIÈME SIÈCLE

Ghiberti (1381-1455) : portes du baptistère de Florence (nord et est), bas-reliefs avec personnages placés à différents plans — véritable œuvre d'orfèvrerie.

Donatello (1386-1466), réaliste, se rattacherait à l'école gothique par son souci de faire revivre dans les statues les différents types florentins : le Zuccone, le buste de Niccolo da Uzzano (musée de Florence). Parmi ses belles œuvres on peut citer : le Saint Jean enfant, le David, la statue équestre de Gattamelata (Padoue) etc.

Verrocchio (1435-1488) : belle statue, équestre du condottiere Colleoni (fig. 490)

Lucca della Robbia (1400-1482) et sa famille. Enfants jouant et dansant (tribune de l'orgue de Sainte-Marie-des-fleurs.)

Fig : 490

Le colleone par Verocchio.

Bas-reliefs émaillés et polychromes. — *Frise de l'hospice du Ceppo à Pistoie.*

Le type florentin est empreint de fierté et de noblesse — chez les femmes le cou est long, le front haut et les mains osseuses, physionomie à caractère — rarement statues nues. — La sculpture florentine a produit deux expressions bien différentes : d'une part des œuvres présentant un réalisme aigu, un individualisme accusé ; d'autre part des œuvres gracieuses d'un fini précieux et délicat, mais dans les deux cas la pureté de la ligne, la sensibilité de la facture sont les qualités dominantes de cette école.

C. — LE SEIZIÈME SIÈCLE

Michel-Ange (1475-1564).

Un des plus grands artistes de la Renaissance — Sculpteur, architecte, peintre et ingénieur.

Naquit près de Florence ; élève de Ghirlandajo, il vécut d'abord à Florence. Il vint ensuite à Rome où il trouva l'appui du pape Jules II et de ses successeurs Léon X, Clément VII, Paul III ; quoique étant avant tout sculpteur, il entreprit en 1546, à soixante-douze ans, l'achèvement de la basilique Saint-Pierre de Rome. Ses travaux de peinture sont très importants : Voûtes de la chapelle Sixtine, etc., etc.

Esprit très individuel, il se créa un type d'homme, sorte de géant aux attitudes brusques et tourmentées.

ŒUVRES DE MICHEL-ANGE (sculpture)

La *Pieta* (Saint-Pierre de Rome), sentiment religieux très profond.

La *Vierge à l'enfant* (Bruges).

Le *David* (1504) (Florence).

Tombeau de Jules II (inachevé) dont fait partie le Moïse (fig. 491) (église San Pietro in Vincoli, Rome), œuvre puissante et farouche, et les deux Captifs (musée du Louvre).

Tombeau des Médicis. Statues de Julien de Médicis assis, cuirassé, tenant un bâton, et de Laurent, méditatif et sombre (il Pensiero) — ces deux statues surmontent des statues allégoriques couchées sur les sarcophages : le Soir et l'Aurore, le Jour et la Nuit (attitudes tourmentées et violentes).

Le Moïse de Michel-Ange.
Fig. 491

Tombeau de Laurent de Médicis   F. 491 bis

« L'immense force créatrice qui domine en Michel-Ange donne une valeur d'éternité aux plus cherchées et aux plus invraisemblables de ses œuvres. Michel-Ange veut être mesuré non pas sur l'antique, ni sur l'art du quinzième siècle mais sur lui-même. Ses procédés de représentation appartiennent au domaine le plus élevé de l'art ; il ne faut chercher en lui ni délicatesse, ni charme de détail, ni élégance tranquille, ni grâce coquette. Les grands contrastes, les mouvements puissants, tels sont ses motifs » (J. BURCKHARDT).

Sansovino (1460-1529). Simplicité et charme. « Vierge de Sant' Agostino » (Rome).

Benvenuto Cellini (1500-1562) voit la sculpture en orfèvre. « Persée vainqueur » (Florence).

Jean Boulogne (sculpteur français établi en Italie). « Mercure prenant son vol. »

D. — LE DIX-SEPTIÈME SIÈCLE. (Décadence.)

Le Bernin. Ravissement de sainte Thérèse (Sainte-Marie-de-la-Victoire).

3° La Peinture

Pendant la période gothique, c'est l'architecture qui domine; pendant la Renaissance, c'est la peinture qui devient l'art prépondérant.

En Italie, les murs des églises restent pleins et n'ont pas les immenses verrières des églises gothiques du Nord; aussi les parois sont entièrement recouvertes par de grandes décorations murales.

Conséquence

Art septentrional	Art italien
Se développe dans l'illustration du livre — la miniature.	Se développe dans la peinture murale — la fresque.

Au moyen âge, la peinture était figée dans les traditions de l'école byzantine, tout était conventionnel : figures se détachant sur des fonds d'or, raideur des attitudes, etc. Vers la fin du treizième siècle, les artistes italiens firent un effort pour donner à leur composition un accent de vérité et recourir le plus possible à la nature; les personnages sont alors placés sur un fond naturel, dans des prés émaillés de fleurs ou sous des colonnades architecturales; dans le fond des paysages on aperçoit le ciel bleu. Les physionomies des personnages cherchent à devenir intéressantes et à exprimer des sentiments. La conception générale est encore religieuse et mystique et les sujets sont presque toujours des scènes chrétiennes.

A. — LES PRIMITIFS

École Siennoise	*École Florentine*
Duccio, Vierge triomphante (Sienne, cathédrale).	**Cimabué,** se dégage avec peine de l'influence byzantine.
Simone Martini dit **Memmi** (1283-1344). L'Annonciation (Offices, Florence).	**Giotto,** le premier peintre italien qui s'affranchit de l'influence byzantine (1266-1334), fut architecte et sculpteur.
Lorenzetti.	Belles fresques : Vie de saint François
Taddeo Gaddi (Giottesque), fresques de Santa Croce à Florence.	d'Assise (Assise), fresques de l'église Santa Maria dell'Arena à Padoue.
Pisanello, merveilleux animalier. Saint Georges et la princesse (Vérone).	Tableau au Louvre : Saint François recevant les stigmates.

L'École de Giotto

« La révolution giottesque a consisté à repenser des thèmes que la routine avait vidés de sens et d'émotion. » (L. HOURTICQ.)

Le développement créé par Giotto fut continué par ses disciples : *Aretino, Nicolo di Pietro, Gentile da Fabriano,* et surtout par **Fra Angelico** (1387-1451), le peintre de la piété et de la foi chrétienne. Caractère mystique et contemplatif, il a imprégné ses œuvres du reflet de sa pensée et de son âme. (Fresques du couvent de Saint-Marc à Florence). — (Le couronnement de la Vierge, Louvre).

B. — LE QUINZIÈME SIÈCLE

Les grandes Écoles

Quatre Écoles

(a) *Ecole Florentine,* intellectuelle, vérité du dessin. Tableaux bien composés.	(b) *Ecole d'Ombrie ou Romaine,* calme, noblesse des compositions, beauté des formes.	(c) *École Vénitienne,* recherche le coloris plus que le dessin. — Utilise l'huile pour les peintures murales.	(d) *École de Padoue,* suavité de la touche — science du clair-obscur.

(a) École Florentine

Perfectionnements matériels — anatomie — clair-obscur — perspective — costumes du temps — accessoires.

Paolo Uccello. Bataille Saint Egidio (Londres, Galerie nationale).

Masaccio (1402-1428).

Célèbres fresques de l'église del Carmine (Florence).

Fra Filippo Lippi (1412-1469). — Introduit dans les tableaux l'architecture et l'archéologie.

Peintures du dôme de Prato. — La Vierge et l'enfant Jésus adorés par les saints (Louvre).

Benozzo Gozzoli (1420-1497).

Fresques bibliques du Campo-Santo. — Décoration du palais Riccardi (Florence).

Le Concert des Anges (Élorence) — Glorification de saint Thomas d'Aquin (Louvre).

Domenico Ghirlandajo (1449-1497). Fresques de Santa Maria Novella à Florence.

La Visitation (Louvre).

Botticelli (1444-1510). Conception particulière de la forme — dessin savant et nerveux, préciosité mystérieuse et raffinée — incarne la distinction florentine — allégories du Printemps et de la Calomnie.

La Naissance de Vénus, l'Adoration des Mages (Offices, Florence).

- Botticelli : la naissance de Vénus -   Fig. 492

(b) École Ombrienne et de l'Italie centrale

Pietro Vannucci dit le Pérugin (1446-1524).

Tableaux religieux — magnifiques têtes de Vierge. Décoration du Cambio (Pérouse). Mise au tombeau (Palais Pitti, Florence).

Pietro della Francesca, décoration de l'église Saint-François d'Arezza.

Luca Signorelli (1450-1523). — Fresques de la cathédrale d'Orvieto.

(c) École Vénitienne

Jacopo Bellini — Gentile Bellini (introduisent des paysages dans les tableaux).

Giovanni Bellini (1428-1516). Belles madones. La Vierge entre sainte Catherine et sainte Madeleine (Venise, Académie) — La Vierge et les saints (Église de Frari, Venise).

Carpaccio (1425-1525). Saint Georges tuant le dragon (San-Giorgio de Schiavoni, Venise).

(d) École de Padoue

Mantegna (1431-1506) se préoccupe d'archéologie — perspectives savantes, fresques des Eremitani (Padoue). Le Parnasse (Louvre). Cartons du Triomphe de César (Hampton-Court).

C. — LE SEIZIÈME SIÈCLE

(a) L'École Milanaise

Léonard de Vinci (1452-1519)

La Joconde
Léonard de Vinci

F: 493

Naquit près de Florence et eut comme maître Verrocchio. Il quitta Florence et alla s'établir à Milan où il resta jusqu'à la conquête de cette ville par Louis XII. — Il parcourut ensuite l'Italie centrale. — En 1515, sous l'inspiration de François Ier, il vint en France où il mourut. — Peintre, sculpteur, musicien, architecte et ingénieur, il a laissé de nombreux manuscrits; comme sculpteur il fit la statue équestre de François Sforza (détruite), mais c'est surtout comme peintre qu'il est célèbre.

Rompant avec la manière sèche des primitifs, Léonard de Vinci rechercha le premier le vaporeux des contours, la souplesse des enveloppes et le fondu des teintes.

« L'expression toujours noble et gracieuse revêt chez ses figures de femmes le charme le plus caressant. Tous ses élèves, tous ses disciples ont reproduit ses types féminins aux grands yeux profonds, au nez long, mince et droit; mais nul n'a retrouvé le secret de ce sourire voilé qui donne aux physionomies du maître un caractère à la fois sensuel et idéal, une expression passionnée et contenue, profondément intelligente et comme impénétrable. » (LUBKE.)

PRINCIPALES ŒUVRES DE LÉONARD DE VINCI

La Cène peinte sur le mur du réfectoire de Sainte-Marie-des-Grâces à Milan (œuvre incomparable malheureusement détériorée).
La Vierge aux rochers (Louvre).
La Joconde (Louvre) (fig. 493).
La Vierge et sainte Anne (Louvre).
L'Adoration des Mages (Florence).

Cartons : Le Carton de la Vierge et sainte Anne (Académie de Londres).
Adoration des Mages (Louvre).

(b) L'École Romaine

Au commencement du seizième siècle, à la suite des malheurs de Florence et par la volonté des papes Jules II et Léon X, les artistes d'Ombrie et de Toscane furent attirés à Rome et retenus au service de la cour pontificale; ce déplacement a eu une conséquence considérable pour l'Histoire de l'Art.

Raphaël (1483-1520). Il eut pour premier maître le Pérugin.

F.-494   Raphael . Triomphe de Galatee.

Vers 1500 il voyagea; pendant son séjour à Urbin, il peint le « petit saint Michel et saint Georges » (Louvre), puis il s'établit à Florence. — En 1508, l'architecte Bramante le fit appeler à Rome par le pape Jules II, qui lui fit décorer les chambres du Vatican. — La vie de Raphaël à Rome ne fut qu'une suite de triomphes. — Les papes Jules II et Léon X l'encouragèrent brillamment et il resta dans cette ville jusqu'à sa mort.

Raphaël s'occupa d'architecture; il fut chargé, après la mort de Bramante, de diriger les travaux de la basilique Saint-Pierre de Rome.

Raphaël a laissé un nombre considérable de chefs-d'œuvre; il semble avoir atteint la perfection dans l'expression des Madones et des Vierges. Nul autre que lui n'a mieux rendu la sérénité et la douceur des visages féminins.

« Jamais la poésie chrétienne n'a rencontré d'expressions plus sublimes que les Vierges de Raphaël. » (F.-A. GRUYER.)

PRINCIPALES **ŒUVRES** **DE RAPHAËL**	Vierges et Madones	La Vierge à la Chaise (palais Pitti). La Belle Jardinière (Louvre). La Vierge au chardonneret (Florence). La Vierge dans la prairie (Vienne). La Vierge dite de Foligno (Vatican), etc., etc...	
	Portraits	Portrait du comte Balthazar Castiglione (Louvre). Portrait de la Fornarina (Louvre).	
	Fresques du Vatican	Les Stanze	La Dispute du Saint-Sacrement (1). L'École d'Athènes (2). Le Parnasse. Héliodore chassé du temple, etc., etc...
		Galerie ouverte entourant la cour Saint-Damase.	
		Les Loggie	Scènes de l'Histoire sainte.
	Œuvres diverses	Décoration de la Farnésine (Histoire de Psyché). La Sainte Cécile (Bologne). La Transfiguration (Vatican).	

1-2) Les grandes compositions de Raphaël comptent parmi les créations les plus élevées de l'art italien. L'habile distribution des groupes, l'aisance majestueuse des personnages, l'équilibre du rythme et la sérénité du style en font des œuvres uniques et universellement admirées.

Michel-Ange cherche à représenter les attitudes les plus variées du corps humain — raccourcis audacieux — c'est la lutte des muscles rendue avec un dessin ample et élastique.

ŒUVRES DE MICHEL-ANGE (peinture)	Peintures de la voûte de la chapelle Sixtine — œuvre colossale qui demanda quatre ans de travail (1508-1512). Scènes de la création au déluge, figures des Prophètes, des Sibylles, David et Goliath, Judith et Holopherne, etc., etc., corps musclés, attitudes tourmentése — grandeur incontestable de cette conception toute particulière. Le Jugement dernier, sur le mur du fond de la chapelle Sixtine (de 1535 à 1541), est l'expression la plus complète du génie de Michel-Ange, celle qui revêt le plus la forme de sa pensée — œuvre extraordinaire de mouvement — influence de l'esprit dantesque. Carton de la guerre de Pise.

Disciples de Michel-Ange et de Raphaël

Élèves de Michel-Ange	Élèves de Raphaël
Sous prétexte de vigueur, aboutissent à l'emphase et aux attitudes fausses et tourmentées. *Sébastien del Piombo.* *Volterra.*	Finissent par arriver au maniérisme et à la convention. Le coloris s'affaiblit et s'affadit. *Jules Romain.*

(c) École de Florence

Fra Bartolomeo (1469-1517), compositions bien équilibrées — sujets religieux : Apparition de la Vierge à saint Bernard (Florence).

Andrea del Sarto (1487-1531), habile coloriste — influencé par Léonard de Vinci : La Cène (couvent de Salvi, Florence).
La Naissance de la Vierge (couvent d'Annunziata, Florence).
La Charité (Louvre).
La Madone dite des Harpyes (palais Pitti).

(d) École de Venise

Science du coloris — habileté des compositions et entente des grandes décorations, recherches des effets pittoresques : jeux de lumière, éclat de riches étoffes.

Giorgione — coloris lumineux. — Concert champêtre, la Sainte Famille (Louvre).
Le Titien (1477-1576).

Résume toutes les qualités de l'école vénitienne — somptuosité du coloris, modelé puissant et souple.

Tableaux religieux	Déposition du Christ (Louvre). Le Martyre de saint Pierre. L'Assomption de la Vierge (Venise). Couronnement d'épines.
Beaux portraits	L'homme au gant. François Ier (Louvre). Charles-Quint assis (Munich). Portrait dit la Belle du Titien (Florence).

Tableaux mythologiques { Bacchus et Ariane.
　　　　　　　　　　　　 Les Bacchanales.
　　　　　　　　　　　　 L'Amour sacré et l'Amour profane (Rome).

Moroni, portraitiste — Portrait d'un tailleur (Londres, Galerie nat.).

Le Tintoret (1512-1594) imite Michel-Ange — contrastes violents d'ombre et de lumière — compositions parfois étranges et désordonnées — artiste fougueux et inégal — c'est un lyrique qui par son goût du violent et du pathétique détonne dans l'école vénitienne.

Le Corrège . Mariage mystique de Ste Catherine
Fig : 495.

F: 496. Véronèse . Venise (la Justice et la Paix)

Miracle de Saint Marc (Venise). — Le Paradis (Palais Ducal, Venise).

Véronèse (1528-1588) — grandes compositions avec de nombreux personnages — possède toutes les qualités d'éclat, de style et de luxe qui sont particulières à l'école Vénitienne. — C'est avant tout un décorateur — paysages remplacés par une magnifique architecture — l'action est nulle mais les poses des personnages sont d'une merveilleuse aisance.

Les Noces de Cana (Louvre). — Le repas chez Simon (Turin).

Décoration du Palais des Doges de Venise.

(e) École de Parme

Le Corrège (1494-1534), le plus voluptueux des peintres de la Renaissance.

Coloris brillant et moelleux — style gracieux et séduisant — teintes laiteuses.

Tableaux mythologiques : « Antiope » (Louvre). — La Léda (Berlin).

Tableaux religieux { Mariage mystique de sainte Catherine (Louvre) (fig. 495). Saint Jérôme (Parme).

Fresques de l'église Saint-Jean et du dôme de Parme (d'une perspective verticale étonnante).

(D) — LE DIX-SEPTIÈME SIÈCLE

En opposition : Deux écoles

Imitation des Écoles précédentes (influence de Michel-Ange, de Raphaël et du Titien).	École naturaliste — éclairage brutal, tons sombres et noirs, effets violents.
	Le Caravage (1569-1609), sujets reli-

L'École de Bologne a pour meilleur représentant *Annibal Carrache* (1560-1609), elle est le centre de l'éclectisme.

Guido Reni (1575-1642), décoration du palais Rospiglioni à Rome.

Le Dominiquin (1581-1641), la Dernière communion de saint Jérôme (Vatican).

L'Albane (1578-1660), sujets religieux et mythologiques : Vénus et Vulcain, Amours désarmés (Louvre).

gieux : Mort de la Vierge (Louvre), mais de préférence scènes triviales, vagabonds, mendiants : Diseuse de bonne aventure (Louvre).

Le Guerchin (1590-1666), utilise les contrastes lumineux, Sainte Pétronille (Vatican). — Hersilie séparant Romulus et Tatius (Louvre). — L'Aurore, plafond de la villa Ludovisi (Rome),

Les Bolonais sont avant tout des peintres religieux—l'esthétique des Jésuites domine tout le dix-septième siècle — l'église jésuite avec ses pilastres, niches et piliers, ne laisse pas de place pour les grandes peintures murales, d'où l'importance de plus en plus grande du tableau isolé, tableau d'autel.

École de Naples

Salvator Rosa (1615-1673).

Le plus grand paysagiste de l'Italie — peint aussi des batailles. Paysage des Abruzzes (Louvre). — Une bataille (Louvre).

Ribera (voir art Espagnol).

Lucca Giordano (1632-1705), célèbre par sa facilité d'exécution. Plafond du palais Riccardi (Florence). — Mort de Sénèque (Louvre).

Décadence

Accentuation vers la mièvrerie et la sensualité — couleurs fades. — Ecce Homo — Mater dolorosa, Madeleines, etc., etc., à la même expression inspirée, comble de la douleur ou de la béatitude.

Carlo Dolci (1616-1686).

L'Italie est encore, au commencement du dix-septième siècle, le foyer artistique par excellence, celui où les artistes étrangers viennent en pèlerinage — la peinture traite le genre historique, l'allégorie et le genre religieux. Mais, pour ce dernier, les conditions ne sont plus les mêmes qu'au siècle précédent.

XVIe siècle.	XVIIe siècle.
Vastes compositions peintes sur les murs des églises.	Tableaux peints dans les ateliers — encadrés — ils sont accrochés dans l'église.
Simplicité de la facture.	Complication dans le rendu — exagération du modelé — maniérisme.
Harmonie avec l'édifice.	Tableaux conçus indépendants de l'édifice, aucun lien.
Figures religieuses expriment d'abord la piété naïve et charmante, plus tard la piété simple et forte.	Figures religieuses fades et sans caractère — mélange de sensualité et de dévotion — tendance à l'*imagerie* qui porte de nos jours le nom de *chromo*.

En même temps que la décadence artistique, il règne en Italie la décadence générale du pays : morcellement des États — ravages causés par les guerres, etc.

4° La Décoration

A — La Peinture décorative

Le premier peintre décorateur en date est Giotto (décoration de la chapelle dell'Arena à Padoue.

Deux grandes entreprises où tous les talents ont collaboré

1° Chapelle des Espagnols à Santa Maria Novella de Florence. { Taddeo Gaddi. / Simone di Martino.

2° Campo Santo de Pise. { Histoire complète de la peinture décorative au quatorzième siècle avec Lorenzetti, Orcagna, Veneziano, Spinelli — au quinzième siècle : Gozzolli.

Au quinzième siècle : *Fra Angelico* (Couvent de Fiesole — San Marco à Florence).

Au seizième siècle : *Léonard de Vinci* (la Cène).

Michel-Ange : Plafond de la chapelle Sixtine (scènes de l'Ancien Testament) — naissance des voûtes (Prophètes et sibylles, véritables figures décoratives) — grande fresque du fond (le Jugement dernier).

Raphaël : Décor du Vatican (les Chambres et les Loges — murs, pilastres, encadrements des baies couverts d'ornements, de fleurs, d'animaux, de personnages — imitation du décor antique).

Décor de la Farnésine (Assemblée des Dieux, Noces de l'Amour et de Psyché. — Triomphe de Galathée).

Le Corrège : Coupole de la cathédrale de Parme.

Véronèse : Vastes compositions où l'architecture joue un grand rôle — accumulation de vêtements, colonnes de marbre, de vases précieux, etc.

Décoration du palais des Doges (Venise sur le globe terrestre, Triomphe de Venise, Prise de Smyrne, etc.).

Décoration du château de Masère (Trévise).

Au dix-septième siècle : *Le Carrache :* Décoration du palais Farnèse.

Tiepolo : Décoration de monuments à Venise et à Madrid. — *Pietro de Cortone :* Plafond de la galerie Barberini. — *Gaulli :* Voûte du Gesu à Rome.

B. L'Ornementation

La découverte d'antiques peintures murales remit en usage *les rinceaux.* Généralement, ceux-ci sont fluets et servent à réunir les divers motifs décoratifs : corbeilles de fruits, mascarons grotesques et oiseaux dont se composent les arabesques.

C. Les Arts industriels — Les arts du métal

Luxe des armes — ornementation très riche sur les boucliers — belles œuvres de ferronnerie, entre autres les lanternes en fer forgé qui ornaient le palais Strozzi — belles médailles par *Cellini, Pisanello, Laurana,* etc.

En orfèvrerie : autel du baptistère Saint-Jean de Florence, décoré de douze bas-reliefs.

La Céramique

(a) Céramique monumentale

Lucca della Robbia (tympan de la porte de la sacristie du dôme de Florence).

(b) Vases peints, assiettes et dalles émaillées
Principaux centres.

Faenza	Urbino	Castel Durante	Gubbio et Pesaro
Fabrication remontant au quatrième siècle et finissant au dix-huitième. Motif caractéristique : masque dont la barbe se termine en rinceaux — sujets mythologiques.	1er genre : Grands sujets mythologiques s'étendant sur toute la surface du plat. 2e genre : Grotesques et arabesques, fond très souvent blanc.	Arabesques — trophées — camaïeux et grisailles. — Objets en forme d'animaux.	Reflets métalliques fonds blancs et bleus. — Têtes de femmes et banderoles avec devises.

Fig. 497.

Fig. 498.

Verre de Venise.

La Verrerie et la Mosaïque

Pendant le seizième siècle la *Verrerie de Venise* a une renommée universelle — objets divers et formes variées — les pièces les plus caractéristiques sont les verres à ailerons (fig. 498).

Les *Millefiori* sont des vases composés de baguettes de verre diversement colorées enfermées dans un bloc incolore — les ornements en torsade sont très fréquents.

La mosaïque a ses deux principaux centres de fabrication à Rome et en Sicile (mosaïque de Sainte-Marie-des-Fleurs par Ghirlandajo).

La Tapisserie

Au seizième siècle, reproductions des cartons de Raphaël, Jules Romain, le Titien, etc. — Ateliers à Ferrare et à Florence.

Le Meuble

Utilisation des procédés les plus divers : ciselure, niellure, incrustation, mosaïque, etc., etc., et par conséquent emploi des matières les plus diverses — *cabinets* ornés de marqueteries — *coffres* décorés de peintures (Musée de Florence).

Chapitre XXI

LA RENAISSANCE FRANÇAISE

La Renaissance marque, pour la civilisation, le point de départ d'une transformation complète de la société — la vie voit ses conditions entièrement changées; les découvertes maritimes (en 1492, découverte de l'Amérique par Christophe Colomb) ouvrent au commerce des débouchés nouveaux — progrès de l'imprimerie, de la musique et des sciences. Les mœurs brillantes de la royauté (conséquence des expéditions d'Italie), l'affaiblissement progressif de la féodalité et le rôle prépondérant de François Iᵉʳ contribuent pour beaucoup à la transformation — l'introduction du luxe dans les hautes classes suscite l'activité des industries d'art. — Les rois et les seigneurs se font construire des palais somptueux.

Influences

En même temps que le grand développement de l'art italien aux quatorzième et quinzième siècles, un autre mouvement se dessinait dans la région qui allait du Rhin à la Seine (Bourgogne et Flandre) — (c'est ce qu'on pourrait appeler la Renaissance franco-flamande). La Renaissance française se compose de trois éléments :

Originalité nationale (qui se manifeste dans presque toutes les œuvres).	Éléments flamands (artistes flamands attirés en France par les ducs de Bourgogne).	Éléments italiens (guerres d'Italie — artistes italiens attirés en France par François Iᵉʳ).

1° Architecture

Les architectes français ne copiaient pas les architectes italiens — la conception générale reste bien française, le décor au contraire subit l'influence de l'art italien. — « Tout en étant, d'une manière directe ou par voie d'interprétation, des émanations de l'antiquité, les monuments élevés à la fin du quinzième siècle ou durant le cours du seizième conservent une originalité qui leur est propre et on ne saurait les confondre avec ce que l'Italie nous offre dans le même temps. Non seulement les qualités qui distinguent la race française y dominent, au grand avantage de l'agencement général, mais on y trouve encore comme un reflet de l'état momentané des esprits, aussi bien que des institutions alors en honneur. » (L. PALUSTRE, *Arch. de la Renaissance.*)

A. — LES CARACTÉRISTIQUES DES GRANDES PÉRIODES

Renaissance franco-flamande
- Ordonnance gothique — grande richesse d'ornementation.
- Les hôtels de ville sont les principales constructions.
- *Hôtel de ville de Louvain* (1463) par *Mathieu de Layens.*
- *Hôtel de ville de Bruxelles* (1405).

Renaissance française

Trois grandes périodes.

1er période (de 1498 à 1515) correspond au règne de Louis XII.	2e période (de 1515 à 1540) correspond au règne de François Ier.	3e période (de 1540 à 1559) correspond au règne de Henri II.

1re période *(Style Louis XII).*

Caractéristiques de la 1re période
- Persistance des formes gothiques (surtout dans les édifices religieux : *Saint-Maclou de Rouen — porche de la cathédrale d'Albi et jubé).*
- Le chapiteau, abandonné pendant la période flamboyante, reparaît; l'arc aigu est rarement employé, on préfère l'arc en anse de panier.
- Dans le décor architectural se manifestent les premières importations italiennes : médaillons, losanges, moulures décorées d'oves, feuillages d'acanthe, etc.
- Le fût des colonnes se simplifie — plus de colonnettes ni de divisions verticales.
- Persistance des grandes toitures avec lucarnes flanquées de clochetons et de pinacles.
- Les édifices civils commencent à adopter les formes rectangulaires.

Exemple : *Château de Gaillon* (1509), débris dans la cour de l'École des Beaux-Arts.

2e période *(Style François Ier).*

Caractéristiques de la 2e période
- Le style François Ier est celui qui donne le mieux l'idée de l'art de la Renaissance.
- Fenêtres rectangulaires avec meneaux en forme de croix.
- Ouvertures couronnées de frontons.
- Utilisation des ordres antiques.
- Décor architectural dans le goût italien.
- Prédominance de l'architecture civile.

Exemples : *Saint-Germain, Chambord, Azay-le-Rideau.*

3ᵉ période *(Style Henri II).*

**Caractéristiques
de
la 3ᵉ période** {
Les ordres sont systématiquement employés.
La proportion et la symétrie sont les qualités principales recherchées dans l'ordonnance architecturale.
Création d'une colonne particulière dite *colonne
française.*

Exemples : *Écouen, le Louvre, les Tuileries.*

B. — TECHNIQUE ARCHITECTURALE

Matériaux : Association de la pierre et de la brique.

Le pilastre. Le pilastre est très fréquemment employé, le parement est orné de moulures et de losanges et les pilastres sont superposés absolument comme les colonnes.

La colonne. Une modification bien française est la colonne imaginée par Philibert Delorme, *fût coupé par des anneaux saillants* (fig. 499).

Les chapiteaux. Les détails de l'ornementation varient dans un même édifice (continuation des traditions du moyen âge).

Le principe constructif du chapiteau corinthien leur sert généralement de base.

La figure 500 représente le chapiteau d'un pilastre du château de Chambord.

On remarquera que les volutes sont enroulées en sens inverse de l'ionique.

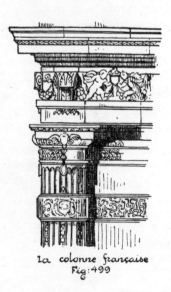

La colonne française
Fig : 499

Fig 500
Chapiteau de Chambord

Les ordres. Ordre dorique : *Ancy-le-Franc. Fontainebleau.*
Ordre ionique : *Les Tuileries.*

Chaînes. Les chaînes de pierre sont très souvent employées, elles se découpent en escalier sur le remplissage des murs.

Fenêtres. Ouverture rectangulaire subdivisée à l'aide de meneaux en pierre ayant la forme d'une croix (fig. 501).

Généralement les fenêtres sont situées les unes au-dessus des autres et les enca-drements (pilastres, entablements) relient la fe-nêtre du dessous à celle du dessus; on a ainsi une ordonnance qui va du sol aux combles, de la baie inférieure à la lucarne (cette disposition est nettement affirmée dans la figure 508).

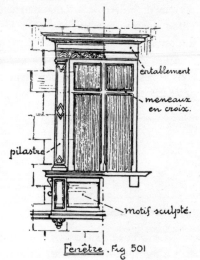

Fenêtre. Fig 501

Combles, Lucarnes. Continuation des tra-ditions gothiques — toits à grandes pentes — belles lucarnes (voir encore figure 508).

Cheminées. Très importantes — grands manteaux droits avec panneaux sculptés — les souches deviennent sur les toitures des motifs d'ornement.

Belles cheminées de Blois, de Fontainebleau, d'Écouen.

Escaliers. Au moyen âge très réduits, — à la Renaissance ils prennent au contraire une ampleur majestueuse — ils sont souvent logés dans un pavillon en avant-corps (Blois).

Plafonds. A poutres et à solives apparentes.

C. — MONUMENTS

Deux sortes

Civils : Châteaux	Religieux : Églises
Le château de la Renaissance dérive du château fort du moyen âge, mais sous l'impulsion des mœurs nouvelles il revêt une physionomie différente.	Persistance des traditions gothiques. — L'église Saint-Étienne-du-Mont, bâtie sur plan ogival, a des détails Renaissance.
Le château du moyen âge était massif et sombre, il était combiné uniquement pour la défense ; le châ-teau Renaissance a ses murs percés de larges fe-nêtres, sa façade est décorée de pilastres, colonnes, motifs sculptés, ses tours perdent leurs créneaux et finissent par adopter la forme carrée ; le châ-teau devient uniquement une habitation de plai-sance.	*Église Saint-Michel de Dijon — Église Saint-Eustache* (Paris) — *Portail de Sainte-Clotilde aux Andelys*.
	Jubés
Le plan type comprend un vaste rec-tangle où sont groupées les pièces de réception, aux quatre angles se trou-vent quatre pavillons contenant les ap-partements.	L'art religieux de la Renaissance se mani-feste surtout dans les détails : autels, chaires, jubés, etc.
	Clôture du chœur de Rodez — Jubé de Saint-Germain-l'Auxerrois à Paris (dé-truit), Jubé de Limoges.

Le plan du château de Chambord (fig. 502) présente le modèle type transitoire entre la période gothique et la période définitive de la Renaissance. Le pavillon central rappelle en effet le donjon gothique.

A l'extérieur, en façade, les tours sont conservées mais elles perdent leur aspect défensif.

Tombeaux

Les tombeaux deviennent de véritables monuments architecturaux, ils utilisent les ordres antiques et sont ornés de statues et bas-reliefs sculptés.

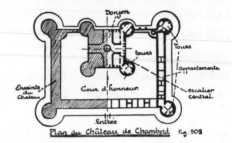

Plan du Château de Chambord Fig. 502

(a) — Principaux châteaux

Le château de Gaillon construit pour Georges d'Amboise, archevêque de Rouen, est un mélange des deux styles gothique et Renaissance.

Le château de Blois commencé par Louis XII et continué par François Ier.

Le château de Chambord commencé en 1513 par *Pierre Neveu* dit Trinqueau.

Ce château, un des plus célèbres de la Renaissance, se compose d'une vaste cour rectangulaire entourée de bâtiments avec des appartements à chaque angle logés dans les tours. Le grand escalier, qui comprend deux vis indépendantes l'une de l'autre, est une curiosité architecturale — la physionomie extérieure est très caractéristique (fig. 503) avec ses grands toits, ses lucarnes, ses cheminées et ses clochetons.

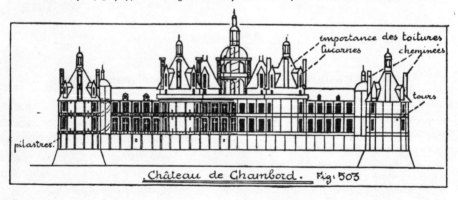

Château de Chambord. Fig. 503

Le château de Chenonceaux, bâti dans une île du Cher; la grande galerie est l'œuvre de *Philibert Delorme*.

Le château d'Azay-le-Rideau, celui de *Saint-Germain*, ceux de *Villers-Cotterets*, *Châteaudun*, *Bury*, *Montal* (Lot), *Écouen*, *Bournazel* (Aveyron), *Ancy-le-Franc*, *Assier*, etc.

C'est surtout la région de la Loire, la Touraine qui est riche en beaux châteaux du seizième siècle.

Le Palais de Fontainebleau, célèbre pour sa décoration intérieure.

Gilles le Breton édifia, de 1528 à 1534, une grande partie des bâtiments de la Cour ovale (fig. 506) et

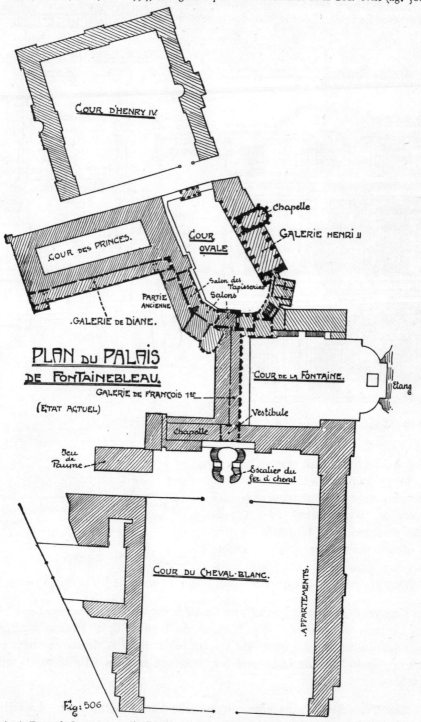

COUR D'HENRY IV.

COUR DES PRINCES.

COUR OVALE

Chapelle

GALERIE HENRI II

Salon des Tapisseries
Salons

PARTIE ANCIENNE

.GALERIE DE DIANE.

PLAN DU PALAIS
DE FONTAINEBLEAU.

(ÉTAT ACTUEL)

GALERIE DE FRANÇOIS 1ᵉ

COUR DE LA FONTAINE.

Étang

Vestibule

chapelle

Jeu de Paume

Escalier du fer à cheval

COUR DU CHEVAL-BLANC.

.APPARTEMENTS.

Fig. 506

la galerie de François Iᵉʳ; en 1545 il édifia la chapelle et la galerie Henri II. — De 1527 à 1531, *Pierre Chambiges* construisit les bâtiments qui entouraient la Cour du Cheval-Blanc.

Le Palais du Louvre – chef-d'œuvre de la Renaissance française. Tout le luxe de l'ornemen-

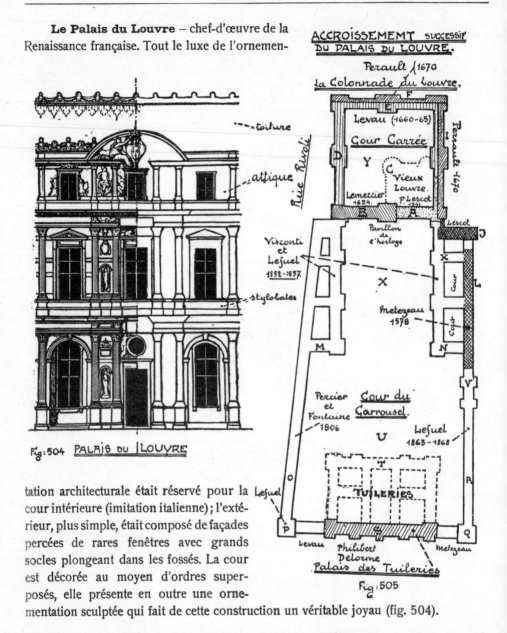

Fig. 504   PALAIS DU LOUVRE

Fig. 505

tation architecturale était réservé pour la cour intérieure (imitation italienne); l'extérieur, plus simple, était composé de façades percées de rares fenêtres avec grands socles plongeant dans les fossés. La cour est décorée au moyen d'ordres superposés, elle présente en outre une ornementation sculptée qui fait de cette construction un véritable joyau (fig. 504).

François Ier chargea en 1546 *Pierre Lescot* de construire un nouveau Louvre sur la place de celui de Charles V (fig. 505). – Sous Henri II les travaux continuèrent. Ces constructions sont marquées sur le plan par la lettre A (façade occidentale – la partie la plus ancienne du Louvre est donc celle qui contient actuellement la salle des Cariatides.

Les Tuileries. Palais construit par Philibert Delorme pour Catherine de Médicis (1564) (inachevé et détruit, fermait à l'ouest la cour du Carrousel (voir plan, fig. 505).

(b) — Principaux tombeaux

Quatre variétés

1° Tombeaux formés par un socle avec statue couchée du défunt.

Tombeau de François II, duc de Bretagne, à la cathédrale de Nantes (1503), œuvre de *Michel Colombe* (fig. 510).

En plus des deux gisants, aux quatre angles du socle il y a quatre statues debout, représentant les vertus cardinales.

Tombeau de Philippe de Gueldres, femme de René II, à Nancy, par *Ligier Richier.*

2° Tombeaux placés sous une arcade le long des nefs.

Tombeau de Louis de Brézé (cathédrale de Rouen. 1540).

Tombeau de Georges d'Amboise, Rouen.

3° Vases destinés à recevoir le cœur du défunt et placés sur une colonne.

Colonne torse portant l'urne du connétable de Montmorency.

— *Les Trois Grâces* (ou plutôt les *trois* vertus théologales) soutenant l'urne pour le cœur d'Henri II (Louvre).

4° Grands monuments de Saint-Denis :

(a) *Tombeau de Louis XII* (1516-1532), forme d'arc de triomphe par *les Juste.*
(b) *Tombeau de François I*ᵉʳ (1549-1559), architecture de Philibert Delorme — bas-reliefs de *Pierre Bontemps,* statues de *Germain Pilon* et *Jacquiau.*

(c) *Tombeau d'Henri II* (1560-1568), architecture de Pierre Lescot, statues allégoriques en bronze de Germain Pilon.

(c) — Hôtels de ville
Hôtel de ville de Paris, *Hôtel de ville de Niort.*

(d) — Habitations privées

Dans la première moitié du seizième siècle on voit encore de nombreuses maisons avec façade de bois (fig. 507); plus tard, construites en pierre, elles revêtent entièrement le carac-

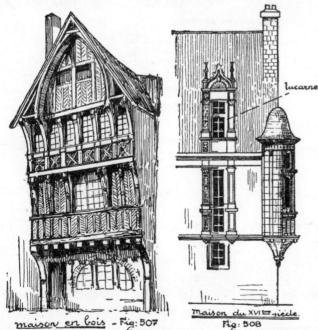

maison en bois - Fig. 507

maison du XVIᵉ siècle. Fig. 508

tère des autres édifices (utilisation des ordres antiques — baies rectangulaires, etc. (fig. 508). *Hôtel Carnavalet* (Paris), *Hôtel Bourgtheroulde* (Rouen), *Hôtel d'Assézat* (Toulouse) et vieilles maisons de Rouen, Lisieux, Caen, Loches, Orléans, Cahors, etc.

(e) — Principaux architectes.

Trois grands noms.

Philibert Delorme	Pierre Lescot	Jean Bullant
(1515-1570)	(1510-1578)	(1510-1575)
ŒUVRES : CHATEAU D'ANET	LE LOUVRE	CHATEAU D'ÉCOUEN
TUILERIES		TUILERIES

Jacques Androuet Du Cerceau : Recueils sur l'architecture du seizième siècle.

(D). — ÉCOLES RÉGIONALES

(*a*) **École de la Loire** — un des plus brillants foyers de la Renaissance — élégance, nombreux édifices.

Blois, Chambord, Azay-le-Rideau, etc.

(*b*) **École de Normandie** — grande richesse d'ornementation.

(*c*) **École Bretonne** — originale — utilise comme matériaux le granit — *ossuaires, fontaines, calvaires*.

(*d*) **École Bourguignonne** — ornementation riche et abondante.

Château de Taulay.

(*e*) **École de Fontainebleau** — simplicité.

Saint-Germain.

(*f*) **École du Midi** — ampleur des formes (influence espagnole).

Hôtel d'Assézat à Toulouse.

E. — DIFFÉRENCES ENTRE L'ARCHITECTURE ITALIENNE ET L'ARCHITECTURE FRANÇAISE

Construtions civiles.

(En plan) France	(En plan) Italie
— Services distincts et groupés dans des corps de bâtiment.	— Pièces en enfilade autour d'une cour.
— Escaliers disposés sans souci de la symétrie.	— Symétrie des différentes pièces de chaque côté de l'axe principal.
	— Escaliers placés à endroits bien définis.
(Extérieur)	**(Extérieur)**
— Façades avec des décochements, saillies d'avant-corps, etc.	— Façades droites uniformes et sans saillies.
— L'escalier est logé dans une tourelle qui se dessine à l'extérieur.	— La disposition de l'escalier ne se lit jamais à l'extérieur.
— Grande pente des toits.	— Toits plats.
— Lucarnes.	— Pas de lucarnes — attique.
— Grandes cheminées apparentes sur la toiture.	— Point de souches de cheminées visibles sur la toiture.
— Fenêtres inégales et plus souvent disposées pour le bon arrangement intérieur que pour l'aspect de la façade.	— L'ordonnance de la façade ne correspond pas à la distribution intérieure.
	— Fenêtres égales et symétriquement disposées.

2° *Sculpture*

A. — Renaissance franco-flamande. — École de Dijon

Artistes flamands attirés à Dijon par les ducs de Bourgogne.

Claus Sluter, œuvres
> *Portail de la Chartreuse de Champmol.*
> *Puits de Moïse* hexagonal orné de statues de prophètes.
> *Tombeau de Philippe le Hardi* (Musée de Dijon).

B. — Renaissance française
(a) École de Tours (quinzième siècle). Transition

Michel Colombe (1431-1512)
> *Saint Georges terrassant le dragon.*
> *Tombeau de François II à Nantes.*

C'est dans le milieu tourangeau que s'est accomplie la transformation définitive de notre école de la Renaissance arrivée à la période classique — c'est là que se groupaient tous les artistes locaux et étrangers.

(b) École italienne

Famille des Justi
> Sculptures de *Gaillon.*
> *Tombeau de Louis XII à Saint-Denis.*

(c) École française du seizième siècle

Jean Goujon (1510-1572). Œuvres élégantes et fines s'adaptant supérieurement à l'architecture qu'elles doivent décorer : ainsi les célèbres *Nymphes de la fontaine des Innocents* (fig. 509) et la décoration de la cour du Louvre.

Michel Colombe : Tombeau de François II
(Nantes - cathédrale)

Nymphe par Jean Goujon . Fig 509

Autres œuvres
> *Diane à la biche* (Louvre — provenant d'Anet).
> *Les Cariatides* de la Salle des Gardes au Louvre.

Germain Pilon (1515-1590).

Œuvres
> *Tombeau de François Ier* (bas-reliefs des voûtes et statues).
> *Tombeau d'Henri II* (Saint-Denis).
> *Le groupe des trois Grâces* (Louvre).
> *Le Tombeau du chancelier de Birague* (Louvre).

Le tombeau du chancelier de Biragne, composé de la statue de bronze de René de Biragne et de la statue de sa femme Valentine Balbiani, est une des œuvres les plus expressives de l'école française.

(d) **Écoles provinciales.** — *Ligier Richier* (Lorraine) — talent dramatique et puissant. Œuvre : *Mise au Tombeau* (à Saint-Mihiel). — *JeanTrupin :* stalles de la cathédrale d'Amiens. — *Bachelier* (Languedoc) : portail de la Dalbade à Toulouse.

Caractères de la sculpture de la Renaissance française

Elle est avant tout décorative, c'est-à-dire contribue à l'ornementation des monuments — à l'extérieur, sur les façades, les bas-reliefs sont substitués aux statues en ronde-bosse — la décoration sculptée s'allie d'une façon parfaite aux lignes architecturales — étroite collaboration entre le sculpteur et l'architecte.

Formes particulières aux statues en ronde-bosse : têtes petites, fines et élégantes — coiffure à la mode du temps — cou long et renflé — structure féminine supérieurement rendue.

3° *Peinture*

Influences. Le style flamand en route vers le Sud suit deux grandes routes : *(a)* — A travers la France en se propageant par Dijon, Lyon, Avignon; *(b)* — A travers l'Allemagne par la vallée du Rhin et le Tyrol.

Les étapes de ce passage en France peuvent se marquer par l'École de Bourgogne et l'École Provençale.

Ecole Provençale. Elle est particulièrement intéressante car elle est aussi influencée par l'art italien — les papes, installés à Avignon au quatorzième siècle, avaient importé avec eux la peinture Siennoise.

Comme œuvres on peut citer : le Couronnement de la Vierge d'*Enguerrand Charonton* (Villeneuve-les-Avignon, vers 1453). — Le Buisson ardent de *Nicolas Froment* (cathédrale d'Aix), et enfin la merveilleuse *Pieta* sur fond d'or provenant de Villeneuve-les-Avignon, vers 1485 (Musée du Louvre).

École de Tours. En dehors de ce grand mouvement de l'art flamand vers la Méditerranée, ı art français se développe à l'écart dans la vallée de la Loire, surtout dans la deuxième moitié du quinzième siècle. Cette peinture française a son point de départ dans la miniature et le vitrail, elle conservera de la miniature les qualités de précision et de netteté et même aussi de naïveté.

Jean Fouquet (1415-1485) est avant tout miniaturiste : le Livre d'Heures d'Étienne Chevalier (Musée Condé, Chantilly), portrait de Charles VII, de Juvénal des Ursins, d'Étienne Chevalier. — *Jean Bourdichon :* le Livre d'Heures d'Anne de Bretagne (Bibliothèque nationale). — *Jean Perréal* et le peintre anonyme dit le *Maître de Moulins :* La Nativité (Autun).

Seizième siècle

École de portraitistes : *Les Clouet,* Jean (François Iᵉʳ, Louvre) et François (1516-1572) (Élisabeth d'Autriche, Louvre, et nombreux dessins à la Bibliothèque nationale) — portraits dessinés d'une manière légère et délicate.

École de Fontainebleau (colonie italienne). — Sous Charles VIII et sous Louis XII des artistes italiens : jardiniers, orfèvres, peintres, ingénieurs, étaient attirés en France (Fra Giocondo, Mazzoni, Ghirlandajo, etc...). François Iᵉʳ suit ce mouvement et Fontainebleau devient un véritable centre actif d'italianisme (Léonard de Vinci, Andrea del Sarto, etc.).

Le Rosso, le Primatice et Niccolo dell'Abbate décorent de fresques et de peintures mythologiques les murs du château. (Influence sur l'art français, surtout au point de vue ornementation).

Jean Cousin, verrier et théoricien. Le Jugement dernier (Louvre), verrières de Sens.

4° *Art décoratif*

L'Ornementation

L'ornementation est extrêmement complexe — les éléments sont à la fois puisés dans la flore et dans la faune — les conséquences de l'influence italienne sont l'introduction dans le décor des *arabesques* et des *grotesques*.

Répartition des motifs. — La façon dont les motifs sont disposés permet d'établir une des principales caractéristiques du style Renaissance ; ceux-ci

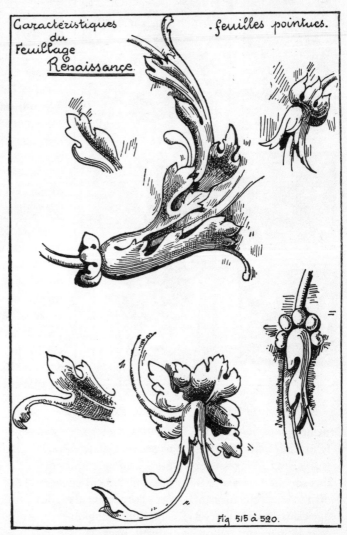

Caractéristiques du Feuillage Renaissance. — *feuilles pointues.*

Fig 515 à 520.

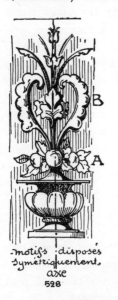

motifs disposés symétriquement. axe 528

sont, en effet, *placés symétriquement par rapport à un axe* fictif ou non qui passe par le centre de la composition.

La figure 528

Fig : 526 - Rinceau Renaissance

Panneaux et motifs Renaissance.   Figures 521 à 525.

montre ce système décoratif qui est utilisé pour toute la décoration des pilastres, panneaux, etc.; l'impression produite est la rectitude, l'équilibre parfait, et la différence avec l'art gothique est très sensible).

La flore employée est entièrement conventionnelle et fantaisiste, la belle tradition du moyen âge qui confiait à la nature le soin d'orner les corniches, pinacles, etc., est complètement abandonnée, l'acanthe classique fait son apparition, mais elle se transforme et la feuille revêt une forme particulière (fig. 515 à 520).

Les tiges s'enroulent en rinceaux et dans les mouvements courbes se met tout un monde de personnages étranges et grotesques ou d'animaux grimaçants et fantastiques (fig. 526) — des personnages sortent des gaines et des feuillages, leurs bras se terminent en rinceaux et ils sont coiffés de palmettes.

Style Louis XII	Style François Ier	Style Henri II
Ornementation végétale, les fonds ne sont pas très garnis, les feuillages assez fins sortent d'un axe médian très marqué formant tige centrale, cette tige est coupée par des culots, fleurons, et prend naissance dans un vase. Symétrie des motifs. Le porc-épic est l'emblème de Louis XII.	Les animaux et les personnages se mélangent à la flore, les fonds sont presque entièrement couverts par l'ornementation, les sujets mythologiques dominent dans la décoration murale des salles de fêtes. La salamandre et l'F couronné sont les emblèmes de François Ier.	Plus de retenue, réaction contre le style François Ier. Les fruits sont souvent employés dans le décor, du reste celui-ci se fait plus géométrique. L'H au double C et le triple croissant sont les emblèmes de Henri II.

Art industriel

Ameublement. — La sculpture sur bois prend un essor considérable — les armoires et les cabinets revêtent les formes les plus variées; généralement à deux corps,

leur façade rappelle l'ordonnance architecturale, colonnes, frontons, arcades, niches, etc. : l'ornementation, extrêmement abondante surtout sous François Iᵉʳ, se compose de panneaux sculptés;

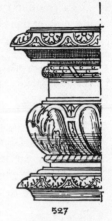

527

Figures 510 à 512

dans les niches se placent des
personnages allégoriques et mythologiques; enfin les colonnes
sont souvent remplacées par des
cariatides. Les lits sont de dimen-
sion considérable, les montants
qui supportent le baldaquin forment d'élégantes colonnes dites
quenouilles (fig. 529). — Les
tables ont des pieds en forme
d'animaux, chimères, etc., leur tablette supérieure est
composée d'une série de moulures sculptées (fig. 527).

Les moulures, ont du reste, des profils bien
caractéristiques; quant aux ornements qui les recou-

Figures 529 à 533.

RENAISSANCE

Vase — Aiguière — Bijou
Bois tourné — Pied de table

Aiguière Renaissance

Faïence dite de Henri II

Bijou Renaissance

Renaissance

vrent, les figures 527, 510, 511 et 512 en donnent une idée.

La colonne française (fig. 513) et la colonne torse (fig. 514) se rencontrent très fréquemment dans l'ornementation des meubles.

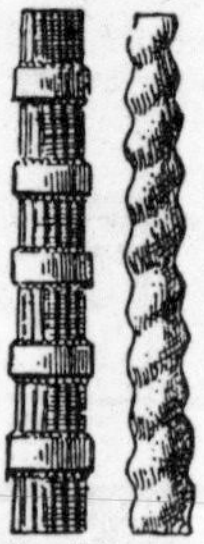

La physionomie particulière du meuble, à la période François Ier, réside dans la profusion de l'ornementation, l'exubérance des saillies et des cavités; à la période Henri II, le meuble devient plus géométrique, plus régulier, les courbes sont plus rares, les cariatides font place à de petites colonnes souvent accouplées ou à des pilastres.

La Céramique

Rustiques figulines de Bernard Palissy.

Célèbres faïences d'*Oiron* (ou d'Henri II, ou de Saint-Porchaire) caractérisées par leurs formes architecturales : piliers, consoles, vasques, cartouches avec attributs de François Ier ou d'Henri II, mascarons — ornementation avec des arabesques, entrelacs en imitation des fers de reliure (fig. 530).

RENAISSANCE

Fig. 513-514.

L'Orfèvrerie

Abandon complet des traditions gothiques — la figure humaine y fait son apparition — influence de Benvenuto Cellini.

Orfèvrerie d'étain illustrée par *Briot.*

Émaillerie

Émaux peints substitués aux émaux cloisonnés — *Léonard Limousin, Pierre Revmond Courtois,* etc. (Musées du Louvre et de Cluny).

Tapisserie

Importance donnée aux bordures — ateliers de Fontainebleau (Histoire de Diane).

L'art français du dix-septième et du dix-huitième siècle est étudié plus loin, après les Renaissances Flamande, Hollandaise, Allemande et Espagnole.

Chapitre XXII

RENAISSANCE FLAMANDE

DU XIVᵉ AU XVIIᵉ SIÈCLE

Dans la Flandre, dès le quatorzième siècle, il commença à se créer un mouvement artistique (peinture, sculpture et art industriel) — ce mouvement eut du reste sa répercussion sur l'art français — la Flandre fut alors un pays très riche — Bruges était le principal centre de l'art aux Pays-Bas.

. Jan Van Eyck - la Vierge au donateur.   .534.

1° La Peinture
au XVᵉ siècle

Les premiers maîtres à citer sont *Hubert* et *Jan Van Eyck*.

Leurs peintures, quoique se rattachant encore aux traditions gothiques, sont une réalisation plus nette et plus vraie de la vie — les tendances réalistes commencent à s'affirmer, les figures des personnages sont des portraits — perfectionnement de la peinture à l'huile.

ŒUVRES DE VAN EYCK
{
L'Agneau mystique. Grand retable en plusieurs panneaux partagés entre Gand, Berlin et Bruxelles.
Beaux portraits de Jan Van Eyck : Nicolas Rolin en prière devant la Vierge et l'Enfant (Louvre) — Portrait d'Arnolfini et de sa femme (Londres).
L'Homme à l'œillet (Berlin).
}

Les tableaux les plus fréquents sont les retables d'autel à volets-ex-voto offerts par de riches marchands aux églises (portraits du donateur à côté de la Vierge).

Le type de Vierge est entièrement différent de celui de l'école italienne : petite figure ronde — corps à taille courte allongé par une longue robe — front bombé et ingénu — chevelure blonde et lisse — paupières à fleur de tête.

Roger Van der Weyden (1399-1464). Dramatique et pathétique. Œuvres : *Descente de croix* (Madrid) — *Le Jugement dernier* (Hospice de Beaune) — *L'Adoration des Mages* (Munich).

Memling (1440-1494). Fidélité du rendu — s'affranchit de la dureté du style gothique — élégance des costumes — finesse des Vierges.

   La Châsse de Sainte-Ursule (Bruges). Portrait de Martin Van Newenhoven (Hospice de Bruges).

   La Vierge et la famille Floreins (Louvre).

Thierry Bouts (1410-1475). Réaliste — sujets dramatiques et violents.

   La Sentence inique de l'empereur Othon (Bruxelles) — *La Cène* (Louvain).

Hugo Van Goës : l'Adoration des Bergers (Florence).

2° L'Art décoratif

   La **Tapisserie** flamande est renommée (centres : Arras, Bruges, Tournai, Ypres). Sujets empruntés à l'histoire nationale : bataille de Liége, de Rosebeck; à l'histoire religieuse, aux romans de chevalerie et aux scènes de chasse.

3° La Peinture au XVI° siècle

   Les esprits sont affranchis, aussi les sujets laïques et humains commencent à dominer — le goût italien pénètre petit à petit en Flandre.

   Gérard David (1460-1523), coloriste puissant. *Baptême du Christ* (Bruges).

   Quentin Matsys (1466-1530). *L'Ensevelissement du Christ* (Anvers) — *Le Banquier et sa femme* (Louvre).

   Pierre Breughel (1526-1560), scènes paysannes. *Parabole des aveugles* (Louvre).

4° L'Architecture, la Sculpture et l'Art décoratif au XVI° siècle

   (A) — Architecture. — Style dominant : gothique flamboyant : *Hôtel de ville de Gand.*

   Style renaissance : *Hôtel de ville d'Anvers.*

   (B) — Sculpture. — *Tombeau de Marie de Bourgogne* — *Cheminée du Palais de Justice de Bruges.*

   (C) — Art décoratif. — La tapisserie est toujours en honneur : *Chasses de Maximilien* par *Van Orley.* — *Histoire de Vulcain,* etc. — Grandes verrières de l'église de *Gouda.*

5° L'Art flamand au XVII° siècle

Durant le cours du seizième siècle il se produisit une division entre les provinces du Nord et du Sud; celles du Nord s'affranchirent de la domination espagnole et constituèrent la Hollande (religion protestante), celles du Sud formèrent la Flandre (religion catholique).

La Peinture

   La peinture affirme le caractère national — types locaux — formes robustes et plan-tureuses — ampleur et richesse des compositions — peinture gaie, un peu lourde mais vivante et humaine. — Conception plus brillante de la vie dont Rubens est le traducteur.

Un grand nom domine l'art flamand, c'est **Rubens** (1577-1640).

Il étudia d'abord à Anvers, puis partit pour l'Italie (1600), où il passa huit années à copier les grands maîtres — revenu à Anvers, il vécut dans l'intimité des princes — chargé de missions diplomatiques, riche et très admiré, il devint le chef d'une école importante.

Fécondité prodigieuse — Rubens aborda tous les genres : portraits, paysages, scènes historiques et religieuses, allégories, gravures, dessins, décorations.

Le style de Rubens :

« Son style fut dès l'origine et resta celui d'un narrateur éloquent, s'amusant lui-même de sa façon, jouant avec les difficultés, jamais ému ni troublé, même lorsqu'il émeut et trouble les spectateurs ; ne se tourmentant d'aucune recherche subtile, aimant les belles formes et les couleurs savoureuses, épris de clarté et de force plutôt que de distinction et de profondeur. Les emprunts nombreux qu'il a faits à l'antique, aux maîtres vénitiens, à Michel-Ange, à Caravage, laissent intacte son originalité un peu vulgaire, reflet d'une nature foncièrement flamande dont la sensualité est toujours en éveil, alors même qu'il traite des sujets sacrés. » (S. REINACH, *Apollo*).

Rubens : Le Serpent d'airain. (Madrid) fig. 535.

« Les dons qui constituent un peintre de premier ordre, il les a tous : l'invention, l'ordonnance, la clarté du langage pittoresque, la chaleur, le mouvement, l'éclat. Son style, lors même qu'il manque de pureté, ne manque jamais de grandeur. Son dessin, toujours bien construit, toujours pris de haut, contient, non pas la lettre mais l'esprit des choses ; il exprime, sinon la suprême distinction du geste dans les formes choisies, du moins la justesse de la pantomime dans les formes vivantes. Son exécution reste légère, à fleur de peau, parce qu'elle est si savante, si luxueuse qu'il n'y a point à y revenir ». (Charles BLANC, Discours prononcé à Anvers pour le troisième centenaire du Rubens.)

PRINCIPALES ŒUVRES DE RUBENS

Tableaux religieux
Saint-Ildefonse (Vienne).
Le Coup de lance (Anvers).
Descente de croix (Anvers), 1612.
Adoration des Mages (Louvre).

Sujets mythologiques
Jardin d'amour (Madrid).
Vénus à Cythère.
Persée et Andromède.

Sujets historiques
Histoire de Décius (1618).
Histoire de Marie de Médicis.
(Louvre, 21 tableaux, destinés primitivement à décorer les galeries du Luxembourg). (1621-1625).

Portraits
Portraits d'Anne-Marie, archiduchesse d'Autriche (Amsterdam).
Hélène Fourment, etc.

Paysages et animaux
L'arc-en-ciel (l'Hermitage).
Chasse au sanglier (Dresde).

Tableaux de genre
La Kermesse (Louvre).
Le Tournoi (Louvre).
La Ronde (Prado).

L'action de Rubens sur l'art fut considérable — il est indirectement par Van Dyck le vrai fondateur de la peinture anglaise. — En France ses tableaux de la galerie du Luxembourg eurent une très grosse influence dans l'orientation de la peinture d'histoire.

Philippe le Roy, seigneur de Ravel.
Van Dyck .536.

Contemporains de Rubens

Jacques Jordaens (1593-1678), sujets mythologiques et scènes triviales — sens sculptural des formes et puissance plastique.

Le Satyre et le paysan (Munich), *le Concert, le Roi de la fève* (Louvre).

« Scandée par le cliquetis des mâchoires et des fourchettes, cette œuvre gargantuesque est la grande chanson à boire de la peinture. » (L. GILLET.)

Antoine Van Dyck (1599-1641), portraitiste merveilleux — portraits aristocratiques — finesse de touche — élégance et distinction.

Portraits du Marquis de Moncade (Louvre) *de Charles Ier, de la Comtesse de Richemond, de Charles-Quint, de l'Infante d'Espagne,* etc.

Corneille de Vos (1585-1651), beaux portraits — dessin savant — facture probe et sobre. *Portraits de l'artiste et de sa famille* (Bruxelles), *d'Abraham Grapheus* (Anvers).

David Téniers (1610-1694), scènes fantaisistes et familières d'une exécution technique parfaite. Kermesses, rixes, cabarets, tabagies, corps de garde, etc., etc...

L'Enfant prodigue (Louvre), *le Médecin du village, la Tentation de saint Antoine.*

Les Paysagistes. — **Paul Brill** (1556-1626). **Brueghel de Velours** (1568-1625).

Animaliers. — **Frans Synders** (1579-1657). Cerf poursuivi par la meute (Louvre). Chasse au tigre (Rennes). **Jan Fyt** (1611-1661). Repas de l'Aigle (Anvers).

Différence entre la Peinture du Nord et la Peinture méridionale

Flandre	Italie
Art d'imitation	**Art de composition**
La peinture à l'huile se prête aux exigences du modèle et de la réalité. — C'est une image expliquée des aspects de l'existence néerlandaise.	La fresque large et expéditive donne une interprétation bien plus qu'une copie, aussi dans l'art italien tout est création et idéal.
Minutie du travail	Largeur de la technique.
Lorsqu'il y a de représentés une grande quantité de personnages, ils se présentent mélangés en désordre.	Les personnages sont assemblés suivant certaines lois harmoniques.
Fautes nombreuses de perspective linéaire.	Perspectives très soigneusement établies.
L'architecture et le mobilier sont à une toute petite échelle derrière les personnages du premier plan — arbres nains. (Habitude des miniatures où on accumule dans un tout petit espace une quantité considérable de sujets et d'ornements).	Architectures bien établies à l'échelle des personnages.
Pas d'aisance en général dans les portraits.	Largeur emphatique des portraits italiens.

Chapitre XXIII

L'ART HOLLANDAIS AU XVIIe SIECLE

La Hollande, au dix-septième siècle, est riche et laborieuse — milieu favorable au développement de l'art — rôle de l'architecture et de la sculpture insignifiant.

La vie hollandaise, les mœurs et les goûts ont une influence profonde sur la peinture. — Deux manifestations :

1° Amour des Hollandais pour la maison familiale, le foyer — amour de la nature.

Conséquences : tableaux représentant des scènes de la vie bourgeoise et familière — paysages.

2° Vie civile très importante — hôtels de ville — riches corporations, sociétés, — confréries.

Conséquences : portraits de groupes.

Pas de peinture historique.

Religion protestante : pas de tableaux d'églises.

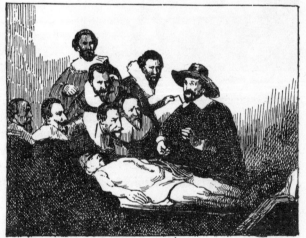

Rembrandt : la leçon d'Anatomie.   Fig. 537.

Profonde différence avec l'art italien où les tableaux représentent surtout des scènes religieuses, des allégories ou des scènes mythologiques.

Le plus grand peintre de l'école hollandaise est **Rembrandt** (1606-1669), c'est par excellence le maître du clair-obscur.

« Ce parti pris (d'éclairage) est le caractère essentiel de la manière de Rembrandt. Ce n'est pas, comme chez Caravage, l'opposition brutale des blancs livides aux noirs opaques, mais pour ainsi dire la réconciliation de la lumière la plus intense avec l'ombre la plus profonde, par des dégradations insensibles au milieu d'une atmosphère toujours lumineuse. » (S. REINACH, *Apollo.*)

« Rembrandt cherche dans le clair-obscur ce que les Florentins demandent à l'arabesque et les Vénitiens à la couleur. Et il arrive alors à dessiner sans bords et à peindre presque sans couleur, à construire et à modeler sans moyens apparents et à créer d'un souffle ces choses qui sont dans l'art, ce qui tient le plus clairement de la nature morale. » (L. GILLET.)

« Tout immerger dans un bain d'ombre, y plonger la lumière elle-même, sauf à l'en extraire après pour la faire paraître plus lointaine, plus rayonnante, faire tourner des ondes obscures autour des centres éclairés, les nuancer, les creuser, les épaissir, rendre néanmoins l'obscurité transparente, la demi-obscurité facile à percer, donner enfin même aux couleurs les plus fortes une sorte de perméabilité qui les empêche d'être noires. » (FROMENTIN.)

Principales Œuvres de Rembrandt

La Ronde de nuit (Amsterdam), sorte d'épopée populaire. — *Les Syndics des dra-piers* (Amsterdam), la page classique de Rembrandt). — *La Leçon d'anatomie* (La Haye). — *Les Pèlerins d'Emmaüs* (Louvre). — *Le Bon Samaritain* — *La Bethsabée* (Louvre). — *Beaux portraits d'Élisabeth Bas* (Amsterdam), *d'Hendrikfe Stoffels* (Louvre). — *Portrait de Rembrandt et de Saokia sa femme* (Dresde). — Gravures : *La Résurrection de Lazare, la Pièce aux cent florins*, etc.

Influence de Rembrandt — ses principaux élèves furent : *Vermeer, Carel Fabritius* et *Nicolas Maes* (La Lecture, Bruxelles). On peut dire que la formule de l'intimité du tableau hollandais et son pittoresque datent de Rembrandt.

Paul Potter - Le Jeune Taureau F. 538.

Autres Peintres : *Frans Hals* (1580-1666), portraits : Officiers des archers de Saint-Georges (Harlem). L'Enfant et la Nourrice (Berlin) — puissance de caractérisation : La Bohémienne (Louvre) — L'Ivrogne (Cassel). — *Adrien Brauwer*, scènes de cabarets.

Les petits maîtres : *Gérard Terburg*, scènes familières. — *Gérard Dou*, méticulosité et préciosité du travail (cette exécution minutieuse caractérise du reste toute une série de peintres de cette époque) : La Femme hydropique (Louvre). — *Jean Steen*, satirique : En mauvaise compagnie (Louvre). — *Adrien Van Ostade*, scènes villageoises et portraits populaires : Le Boulanger (l'Ermitage, Petrograd). — *Gabriel Metsu*, nuance plus sentimentale : Militaire recevant une dame (Louvre). — École de Delft : *Pierre de Hoock*, intérieurs de maisons.

Les Paysagistes. — Puissance du sentiment de la Nature. — *Jacques Ruysdaël* (1625-1682). A laissé de la Hollande une traduction intime et expressément physionomique — beauté du ciel : Le Moulin (Amsterdam) — Vue de Haarlem (La Haye) — Le Buisson (Louvre) — *Hobbema* (1638-1709), fermes pittoresques et moulins — L'Allée de Middelharnis (Nat. Gallery).

Marinistes : *Van de Velde* peint la mer calme — *Ludolf Backuysen* peint la mer en furie.

Animaliers : *Albert Cuyp* : Pâturage en Hollande (Palais Buckingham, Londres). — *Paul Potter* (1625-1654). Animaux rendus dans tous leurs détails avec une scrupuleuse exactitude — ils ne remplissent pas le rôle accessoire dans la prairie où il les situe, mais bien ceux de personnages principaux. *Le Jeune Taureau* (La Haye), un chef-d'œuvre (fig. 538). — *Philippe Wouwerman* peint des chevaux.

Pays-Bas — Caractère général de l'ornementation

Redondance, exubérance, lourdeur. — Meubles aux bossages ventrus, balustres, sculptures compliquées.

Cartouches à assemblages multiples et à contours découpés (fig. 539).

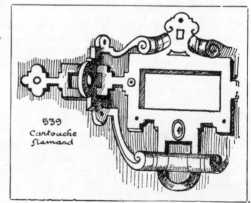

539
Cartouche
flamand

Chapitre XXIV

RENAISSANCE ALLEMANDE

XVᵉ ET XVIᵉ SIÈCLES

Influence de l'art flamand — entre les deux pays s'établiren en effet de fréquentes relations commerciales et artistiques.

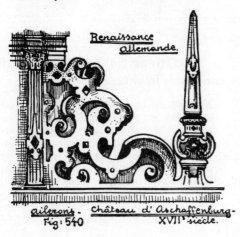

Renaissance allemande.

ailerons. Château d'Aschaffenburg.
Fig. 540   XVIIᵉ siècle.

1° *Architecture*

Continuation des traditions gothiques pour la construction des édifices religieux. — Beaucoup d'édifices civils d'ornementation Renaissance sont l'œuvre d'artistes italiens (*Belvédère de Prague*, etc.).

Le monument le plus caractéristique est le château d'*Heidelberg* (1545-1601). L'ornementation architecturale est compliquée et rappelle les lanières et cuirs enroulés flamands (fig. 540).

2° *Sculpture*

Sculpture sur bois — statues traitées avec beaucoup d'habileté et de sens plastique — draperies aux plis profonds et multiples — interprétation des costumes de l'époque (épais et luxueux) — stalles des chœurs, volets d'autel, etc...

Principales œuvres
{ *La Vie de la Vierge* (à Nuremberg), par *Veit Stoss* de Cracovie.

La Passion, par *Adam Krafft* de l'école de Franconie.

Tombeau de l'Empereur Frédéric III, par *Nicolas Lerch de Leyde* (1461).

La sculpture en bronze brille surtout à Nuremberg avec *Pierre Vischer*, dont le chef-d'œuvre est la *Châsse de Saint Sébald* (avec figures d'un grand caractère monumental et d'un réalisme très caractéristique).

3° *La Peinture*

La peinture allemande au quinzième siècle s'inspira de Van Eyck et de son école ; toutefois, les maîtres allemands avaient des habitudes particulières qui modifièrent peu à peu le style flamand ; en effet, le peintre allemand est avant tout graveur, d'où inclinaison à la manière dure et les œuvres présentent plus de force que de nuances.

De plus, les Allemands s'attardent dans les manières de sentir du moyen âge, les formes gothiques sont puissamment installées chez eux ; aussi, à la fin du quinzième siècle, on ne trouve pas dans leurs œuvres cette modification de la sensibilité européenne qui se met en concordance avec la manière de penser de l'Italie. En présence de l'art méridional, il ne se mélangera pas, résistera et disparaîtra. Cologne fut le foyer le plus important de l'école primitive.

Stephan Lochner : L'Adoration des rois mages (Cologne).

Martin Schongauer (1452-1488). La Vierge au buisson de roses (Colmar) : gravures sur bois et sur cuivre.

Burgkmair.

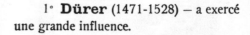

Au seizième siècle, trois grands noms ⎱ 1° Dürer.
⎰ 2° Holbein.
⎱ 3° Cranach.

Erasme par Holbein. Fig 541

1° **Dürer** (1471-1528) — a exercé une grande influence.

« Allemand par la pensée et par la forme, son imagination est puissante mais sombre et fantasque, il se plaît aux sujets douloureux, aux conceptions étranges. — D'autre part, l'expression est chez lui d'un réalisme que rien n'arrête ; il introduit dans ses compositions les types les moins nobles, les détails les plus familiers et même les plus vulgaires, mais pour en tirer des effets imprévus de grandeur et de pittoresque. » (BAYET, *Précis d'histoire de l'art.*)

Technique particulière : ligne incisive, possède l'âpreté métallique du graveur, utilise les hachures et emploie peu de couleur. Ses œuvres gravées sont remarquables par le pathétique, elles dégagent une impression romantique très forte (Le Repos en Égypte, la Mélancolie, le Chevalier de la mort).

PRINCIPALES ŒUVRES DE DURER ⎱ Le Crucifiement (Dresde).
⎰ Scènes de la vie de la Vierge.
⎱ Les Quatre Apôtres (Munich).
⎰ L'Adoration des Mages (Florence).

2° **Hans Holbein** (1497-1543).

Holbein voyagea beaucoup; à partir de 1532, il vit en Angleterre et en particulier à la cour de Henri VIII, où il exécute de nombreux portraits de fonctionnaires et hauts personnages anglais.

Il possède la qualité supérieure d'un dessinateur raffiné, car il suggère du relief avec de simples contours. — Ses portraits sont des chefs-d'œuvre de simplicité et de ressemblance.

Portrait d'Érasme (Louvre) — Portraits d'Henri VIII (Windsor), d'Anne de Clèves (Louvre), d'Henri Wyat (Louvre), d'Hubert Morett (Dresde), portrait de la femme et des enfants d'Holbein (Bâle).

AUTRES ŒUVRES { La Vierge de Darmstadt.
{ Le Christ mort (Bâle), œuvre réaliste.

Gravures sur bois : l'Alphabet de la Mort, l'Éloge de la Folie, les Simulacres de la Mort.

3° **Lucas Cranach** (1472-1553).

Talent différent des deux peintres précédents — sujets mythologiques — nus — portraits.

La Vénus (Louvre). Portrait de vieillard (Bruxelles).

4° *L'Art décoratif*

Ornementation caractérisée par l'emploi d'une multitude de petits rinceaux formant entrelacs — feuillages lourds découpés à l'excès — lanières (influence flamande) — nielles.

La poterie est utilisée pour des cruches, vidrecomes, etc., poêles en faïence décorée — pots en grès — *célèbres verres de Bohême*. — *Meubles* d'ébène avec incrustations d'ivoire, formes lourdes.

Chapitre XXV

RENAISSANCE ESPAGNOLE

XVIIᵉ ET XVIIIᵉ SIÈCLES

Le dix-septième siècle fut l'âge d'or de la peinture espagnole — c'est l'époque de Cervantès, de Lope de Vega, de Calderon et tant d'autres poètes, conteurs et dramaturges.

1° *Architecture*

Au seizième siècle — influence italienne.

Lignes contournées — ordonnance confuse — style baroque.

Église San Domingo à Salamanque — *Cloître de Belem* — L'*Escurial* (résidence royale) — Façade de la cathédrale de Valladolid (aspect froid).

Au dix-septième siècle, mauvais goût général : *Église Santa Maria del Pilar à Saragosse.*

2° *Sculpture*

Statues de bois — sujets religieux.

Martinez Montanes (Crucifix de Séville) ; — *Alonso Cano* (1601-1667) (Saint Bruno à Grenade, Saint Antoine à Murcie) ; — *Pedro de Mena* (Saint François d'Assise de la cathédrale de Tolède).

3° *Peinture*

Jusqu'au dix-septième siècle l'Espagne n'a pas eu de peintres originaux. L'École espagnole sera créée par le catholicisme, mais elle sera à la fois un art religieux et un art réaliste, car l'Espagnol est catholique par ses mœurs, mais réaliste par son sang.

Navarette — *Dominico Théotocopuli* (El Greco) (1548-1614), compositions audacieuses, crée des personnages aux statues élancées et grêles — tons étranges : Le Songe de Philippe II (Escurial).

Herrera le Vieux (1576-1656) — Saint Basile (Louvre).

José de Ribera (1588-1656) passa une partie de sa vie en Italie où il devint imitateur du Caravage — tons sombres — facture large et puissante — dramatique -- il fait le nu, chose rare chez les Espagnols. — Sujets préférés : scènes de la vie des saints, leurs martyres et leurs extases : Saint Laurent sur le gril (Vatican) — Le Martyre de saint Barthélemy (Prado). — L'Adoration des bergers (Louvre) — il fait également des gueux, des mendiants et des estropiés (Le Pied bot, Louvre).

Zurbaran (1598-1662) peint les moines et les scènes religieuses : Le Dominicain agenouillé (Louvre).

Vélasquez (1599-1660), admirable coloriste — imitation parfaite de la vie.

« Il semble, dans les chefs-d'œuvre de Vélasquez, qu'il n'y ait pas d'intermédiaire entre l'objet du tableau et le tableau lui-même ; la vie est rendue avec une puissance si souveraine que toute trace d'effort a disparu. » (Roger PEYRE, *Histoire des Beaux-Arts*.)

« Nul n'a le modelé plus large, plus débarrassé des choses inutiles, qui nuisent à l'effet sans ajouter au mérite du travail. Mais telle est sa science, son adresse, que tout ce qu'on ne distingue pas semble exister réellement comme s'il l'y avait mis. » (Charles BLANC.)

ŒUVRES
DE VÉLASQUEZ
$\Big\{$
Sujets historiques — La Reddition de Bréda (Madrid).

Sujets religieux — Le Christ du Prado (Madrid).

Scènes de genre — Les Buveurs (Prado) — Les Fileuses.

Portraits : L'infant don Baltazar Carlos (Madrid) — Le Duc Olivarès (Madrid) — Le Pape Innocent X (Palais Doria, Rome), un chef-d'œuvre) — La famille de Philippe IV (Los Méninas) (Madrid).

Murillo (1618-1682)

Si Vélasquez fut le peintre par excellence du réalisme et de la vérité sincèrement rendue, Murillo fut surtout le peintre de l'idéalisme religieux mais sans aucun rapport avec la foi robuste du moyen âge — sa manière vaporeuse se traduit parfois par une exécution floconneuse.

« Les qualités de Murillo sont la fécondité, la souplesse, une incomparable facilité de tout peindre, une merveilleuse flexibilité de coloriste. »   (Charles BLANC.)

Deux genres

Religieux	*Réaliste*
L'Immaculée Conception (Louvre).	Le Jeune Mendiant (Louvre).
La Cuisine des Anges.	Les Joueurs de dés (Munich).

Il n'y a pas en Espagne d'école de paysage.

La peinture au XVIII° siècle

Goya (1746-1828), artiste exceptionnel qui a abordé tous les genres — réalisme poussé jusqu'à la vulgarité — bizarreries.

Il est peintre des Manolas : La Maja habillée — La Maja nue (Prado), mais il fait aussi des portraits : Famille de Charles IV (Prado) — eaux-fortes qui sont des rêves étranges : Les Caprices — Les Proverbes.

4° L'Art décoratif

Ornementation : persistance des éléments arabes — à la fin du dix-septième siècle, style lourd, compliqué, appelé baroque ou churrigueresque du nom de l'architecte Churriguera).

Damasquinerie — orfèvrerie — broderie espagnole (dentelle d'or ou d'argent — le point d'Espagne).

Porcelaines d'Alcora et de Buen-Retiro.

Au dix-huitième siècle les idées françaises pénètrent en Espagne avec l'avènement des Bourbons.

Chapitre XXVI

L'ART FRANÇAIS AU XVIIe SIÈCLE

A la mort d'Henri II, ses trois fils lui succédèrent l'un après l'autre — c'est l'époque des guerres de religion. — En 1594, Henri IV abjurait le protestantisme et se faisait sacrer dans la cathédrale de Chartres; durant son règne il contribua a rétablir l'ordre et la prospérité en France; il fut assassiné en 1610. — Le fils d'Henri IV, Louis XIII (1610-1643), ne régna pas de suite, sa mère Marie de Médicis fut chargée de la régence. — En 1624, Louis XIII prit pour premier ministre Richelieu; à sa mort, Anne d'Autriche fut régente, elle prit pour ministre Mazarin. (Paix de Westphalie qui donna l'Alsace à la France — guerres civiles de la Fronde.) — Louis XIV, à la mort de Mazarin (1661), organisa la monarchie française qui se perpétua jusqu'à la Révolution de 1789. — La France devient, pendant les premières années de son règne, l'État le plus puissant de l'Europe; la dernière période fut au contraire marquée par des désastres (guerres de la Succession d'Espagne). — Louis XIV mourut en 1715.

Le grand caractère de ce siècle réside dans l'**unité** succédant à la **division** du siècle précédent.

<table>
<tr><td rowspan="6">Causes
de
transformation
et
d'évolution</td><td>1° Les arts se développent sous la protection des rois — caractère officiel.</td></tr>
<tr><td>2° Le culte du roi — tout ce qui touche à lui est sacré — personnage qui devient de plus en plus important — grande force morale.</td></tr>
<tr><td>3° Les nobles entourent le roi — séjour à la cour — vie élégante, luxueuse — fêtes royales. — Formation des grandes familles nobles.</td></tr>
<tr><td>4° Le gouvernement — centralisation habile — ministres bien choisis et tout-puissants. (Rôle de Richelieu, de Colbert, etc.)</td></tr>
<tr><td>5° Raffinement de la société — l'art de la conversation et de la politesse arrivent à la perfection.</td></tr>
<tr><td>6° Esprit public religieux (Réforme du Concile de Trente) et traditionnel.</td></tr>
</table>

En littérature, effort considérable : Racine, Molière, Boileau, La Fontaine, etc., etc., forte culture classique. — Étude de l'antiquité héroïque et de la mythologie — goût pour la tragédie et le théâtre.

<table>
<tr><td rowspan="6">Caractères
généraux
de
l'art</td><td>Unité — l'art est avant tout d'inspiration monarchique.</td></tr>
<tr><td>Goût pour la clarté, la régularité, la symétrie.</td></tr>
<tr><td>Solennité, souci du décorum — magnificence.</td></tr>
<tr><td>Mélange d'idées antiques et modernes, d'idées profanes et chrétiennes.</td></tr>
<tr><td>Réalités exprimées sous un aspect allégorique (Louis XIV représenté sous les traits d'Apollon, etc., etc.).</td></tr>
<tr><td>Esprit classique — exprimé par un style grave, noble, majestueux, épris d'ordre et de correction.</td></tr>
</table>

La personne du roi joue un rôle si considérable sur l'art (style Louis XIV) qu'il est indispensable d'étudier ses goûts et son caractère. — Louis XIV jeune reçoit deux influences : (a) La redondance espagnole (fierté et majesté) — (b) Le goût pour le théâtre (qui appelle naturellement la magnificence). — Le roi infatué de sa personne, les arts contribuent à sa louange et tout rayonne autour de lui ; de là, unité des arts, unité encore accentuée par Le Brun, peintre officiel du roi et grand organisateur — tout est fait pour le roi et pour une élite, les œuvres produites ont le même caractère, obéissent aux mêmes lois, elles sont réglées, aussi création d'institutions académiques (Académie d'architecture (1761), Académie de peinture et de sculpture (1648), Académie de France à Rome (1668), Académie royale de musique (1668).

DIVISIONS

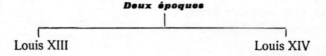

Deux époques

Louis XIII   Louis XIV

A — LOUIS XIII (style)

1° *Architecture*

Matériaux   { Brique et pierre (emploi alterné produisant un contraste de couleur).

Caractéristiques générales {

Chaînes de pierre autour des baies — remplissage en brique (fig. 542).

Croisées se superposant d'étage en étage.

Les meneaux de pierre de la Renaissance sont supprimés.

Grands combles d'ardoises surmontés d'épis de plomb.

Peu de moulures et pas beaucoup de détails sculpturaux.

Aspect froid.

(a) Utilisation des ordres

Deux systèmes

| 1° Chaque étage est décoré par un ordre.
 (Pavillon central du Louvre.)
 (Palais du Luxembourg.) | 2° Un même ordre embrasse plusieurs étages.
 (Surtout sous Louis XIV avec la colonnade du Louvre.) |

(b) Principaux monuments

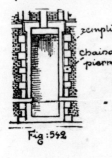

remplissage.

chainage pierre.

Fig : 542

Bâtiments de la *place Dauphine* et de la *place des Vosges* (Henri IV). — Noyau du *palais de Versailles* (Louis XIII). — *Palais du Luxembourg*, 1615 (construit par *Salomon de Brosse* pour Marie de Médicis — style toscan — colonnes à tambours). — Continuation du palais du Louvre par *Lemercier* (pavillon de l'Horloge).

(c) Architecture religieuse

Elle revêt un caractère particulier — ordonnance imitant l'architecture religieuse italienne du quinzième siècle : la nef centrale est seule surélevée en façade au moyen d'un second ordre établi sur le portail, les deux niveaux sont rachetés par des consoles renversées en forme d'S ou ailerons (fig. 543) — « style Jésuite ».

Les tours sont terminées en dômes — à l'intérieur suppression du *triforium.*

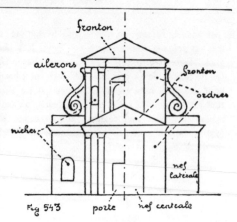

Fig 543

2° *La Peinture*

Imitation italienne — colonie française de Rome.

Simon Vouet (1590-1649) — Figurines allégoriques (Louvre).

Nicolas Poussin (1594-1665), représente l'art classique — sujets empruntés à l'antiquité et à la Bible — tableau bien composés, œuvres d'un penseur; couleurs ternes.

Fig. 554. — Les Bergers d'Arcadie — Poussin.

PRINCIPALES ŒUVRES DE POUSSIN
- Les bergers d'Arcadie (Louvre) (fig. 544).
- Eliézer et Rebecca.
- Moïse sauvé des eaux.
- Diogène (Louvre), paysage historique.

Le Sueur (1617-1655), peintre de sentiments.

ŒUVRES DE LE SUEUR
- Vingt-deux tableaux retraçant la vie de saint Bruno (Louvre).
- Décoration de l'hôtel Lambert : Histoire de l'amour.

Portraits de *Philippe de Champaigne.*

Paysages historiques et mythologiques de *Claude Lorrain.* Ports de mer (Nat. Gallery).

Sujets familiers, scènes paysannes des frères *Le Nain :* Repas de paysans (Louvre)

3° *L'Art décoratif*

Le style Louis XIII est un mélange d'art flamand et d'art italien, les ornements

Fig 545   Ornementation Louis XIII.

LOUIS XIII   10

Fig. 546.

sont semblables à ceux de la Renaissance mais sensiblement plus lourds, les cuirs donnent les formes générales des cartouches qui sont très employés et dont les bords se retournent en bourrelets — tendance aux rotondités pansues (balustres et supports des meubles) — guirlandes composées de feuilles et de fruits — entrelacs formés par des lanières de cuir (fig. 545), les grotesques, faunes et mascarons sont mélangés à ces entrelacs.

B — LOUIS XIV (style)

1° *Architecture*

L'art devient classique — (création de l'Académie d'architecture en 1671) — influence italienne : façades uniformes et symétriques, véritables placages sans expression — plus de hautes toitures, mais des terrasses.

L'architecture sacrifie tout à l'extérieur, à la magnificence du coup d'œil, elle ne tient aucun compte des besoins qu'elle doit satisfaire; elle ne veut rien affirmer dans les formes extérieures de ce qui peut rappeler les exigences matérielles de la vie.

Les façades sont pour ainsi dire conçues à l'avance, en dehors de la destination de l'édifice et en désaccord le plus souvent avec la distribution intérieure.

(a) Technique architecturale

Fenêtres. — Les fenêtres à meneaux de la Renaissances sont remplacées par des fenêtres à châssis de menuiserie.

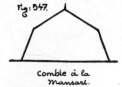

Comble à la mansard.

Les vitrages à panneaux montés sur plombs sont remplacés par des vitrages à petits carreaux sur montants de bois.

Portes. — Les portes en menuiserie à petit cadre font place à des panneaux à grand cadre.

Combles. — Toitures à pans brisés dites à *la Mansart* (fig. 547).

Escaliers. — Ne sont plus à vis mais à volées droites avec paliers, balustrades ou rampes en fer forgé.

Créations { Parquets substitués aux carrelages. { *Balcons* et appuis de fenêtres en ferronnerie.

(b) Décoration architecturale

(a) Les balcons sont toutenus par des consoles qui reçoivent une décoration sculptée (fig. 548), de même les clefs de voûte donnent lieu à des motifs décoratifs (fig. 549).

(b) Les ouvertures de formes circulaires, souvent employées, sont presque toujours accolées de consoles renversées (fig. 550).

Fig: 550

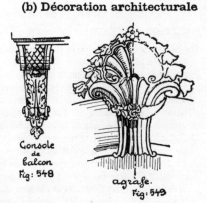

Console de balcon
Fig: 548

agrafe.
Fig: 549

(c) Dans les ordres, les détails antiques sont remplacés par les emblèmes de Louis XIV : fleur de lis, soleil, etc.

(b) Parfois, dans une ordonnance, les pilastres et les colonnes sont supprimés, l'entablement seul existe reposant sur des murs nus.

(Exemples : cour des Invalides, porte Saint-Denis.)

(e) Plafonds

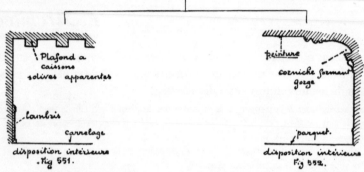

Différences entre le quinzième et le dix-septième siècle

Plafond a caissons solives apparentes

lambris

carrelage

disposition intérieure
.fig 551.

peinture

corniche formant gorge

parquet.

disposition intérieure
Fig 552.

Les compartiments des plafonds sont généralement hors d'échelle (plafond de la galerie des Glaces à Versailles).

ÉDIFICES RELIGIEUX

Arcs-boutants remplacés par des *éperons* (fig. 553).

Imitation italienne : *la coupole* (Sorbonne, Val-de-Grâce, Institut, etc.)

Eperon.

Fig: 553

PRINCIPAUX MONUMENTS

Palais et châteaux

Imitation italienne — pièces se suivant en enfilade — succession d'antichambres et de galeries avant d'arriver à la pièce d'apparat ou cabinet d'audience — chambres d'habitations reléguées dans les ailes secondaires — les palais sont généralement situés entre une cour d'honneur et des jardins.

Le type par excellence de l'architecture officielle est le palais de *Versailles*.

Versailles

Pavillon de chasse et modeste château sous Louis XIII — premières constructions par *Levau* sous Louis XIV — en 1670, la direction des travaux est confié à *Mansart*.

On pénètre au château par la cour de marbre précédée de la cour des ministres et de la place d'armes — ensemble plein de grandeur (ailes des ministres construites sous Napoléon et Louis-Philippe dans le style néo-grec par Dufour et Gabriel) — de la cour des ministres on aperçoit la chapelle commencée par Mansart, finie dix ans après par Robert de Cotte, elle se montre de chevet. (Fig. 554, Plan de Versailles). La façade sur les jardins présente une longueur excessive ; elle se compose d'un rez-de-chaussée formant soubassement et d'un premier étage avec colonnes — entre celles-ci : trophées d'armes, groupes sculptés — pas de toiture, une balustrade couronne le tout.

A l'intérieur, pour arriver à la chambre du roi, il faut, partant du salon d'Hercule n° 21 (Plan fig. 555), traverser toute l'enfilade des antichambres et des salons marqués 20, 19, 18, 17, 16, 3, 2, 13 et 14 ; de même, pour arriver à la chambre de la reine, il faut traverser les salles 8, 7, 6, 5, 4.

Le salon de l'Œil-de-Bœuf prend son nom du vitrage ovale percé à la naissance de la voûte ; il communique avec la galérie des Glaces et la chambre du roi ; la chambre du roi contient un lit sur estrade avec baldaquin — belles sculptures de Nicolas Coustou. (A côté du lit, qui n'est pas du reste authentique, bas-

relief en cire représentant Louis XIV d'après Antoine Benoist). — La galerie des Glaces est le
chef-d'œuvre de Mansard et de Le Brun (73 mètres de long sur 6 m. 50 de large, 13 mètres de haut,
17 grandes croisées, en face 17 arcades peintes avec 306 glaces); dans la voûte, 10 grandes composi-

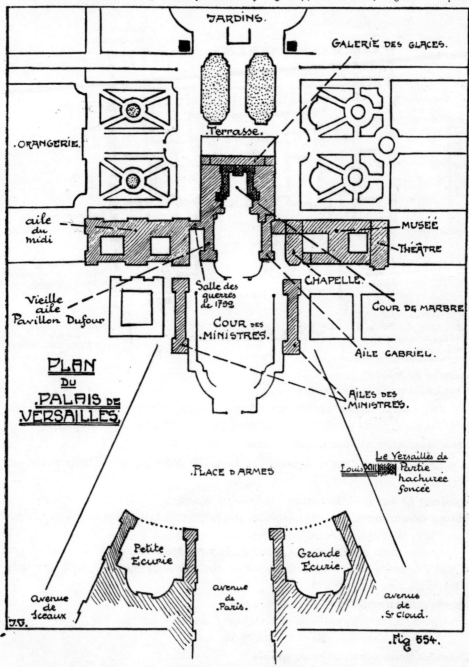

JARDINS.

GALERIE DES GLACES.

Terrasse.

ORANGERIE.

aile
du
midi

MUSÉE

THÉÂTRE

Vieille
aile
Pavillon Dufour

Salle des
guerres
de 1792

CHAPELLE.

COUR DE MARBRE

COUR DES
MINISTRES.

AILE GABRIEL.

PLAN
DU
PALAIS DE
VERSAILLES

AILES DES
MINISTRES.

PLACE D'ARMES

Le Versailles de
Louis XIII ▨▨ Partie
hachurée
foncée

Petite
Ecurie

Grande
Ecurie.

Avenue
de
Sceaux

avenue
de
Paris.

avenue
de
St Cloud.

J.V.

Fig 554.

tions de Le Brun représentant les fastes militaires de Louis XIV. — Les salons de la Guerre et de la
Paix complètent cette galerie. — Salon de la Guerre, décoration des murs par Coysevox.
En avant du château (façade des jardins) s'étend le grand parterre d'eau avec de nombreuses statues de
fleuves et de rivières. — Magnifique parc dessiné par *Le Nôtre* : dispositions architecturales, arbres

taillés, grandes perspectives, bassins (bassin de Latone, d'Apollon, grotte de Thétis). Tout un peuple de statues mythologiques : Nymphes, Flore, Cérès, Bacchus, etc., — les grandes eaux.

L'orangerie, édifiée par Mansart, forte façade à bossage; de chaque côté : les deux escaliers aux cent marches.

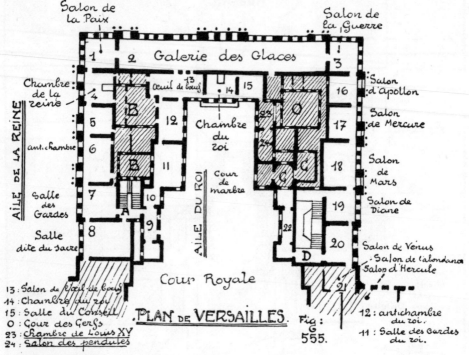

.PLAN DE VERSAILLES. Fig: 555.

13 : Salon de l'Œil de Bœuf
14 : Chambre du roi
15 : Salle du Conseil
O : Cour des Cerfs
23 : Chambre de Louis XV
24 : Salon des pendules

12 : antichambre du roi.
11 : Salle des Gardes du roi.

Château de Marly

Établissements hospitaliers

Hôtel des Invalides (construction commencée par Libéral Bruand et terminée par J.-H. Mansart), grand dôme (abritant aujourd'hui le tombeau de Napoléon Ier).

Établissements scientifiques, Écoles

Le Collège des Quatre Nations par Levau, *la Bibliothèque, l'Observatoire* par Perrault.

Églises : *Le Val-de-Grâce,* œuvre de François Mansart.

Places monumentales ornées de bâtiments symétriques avec statue du roi au centre : Place des Victoires, Place Vendôme.

Continuation des travaux du *palais du Louvre,* façade dite « la Colonnade », par *Claude Perrault* (1665, ordre antique sur un soubassement très élevé, style disparate différent du reste de l'édifice).

Portes monumentales

Arc de la porte Saint-Denis — architecte *Blondel.*

Arc de la porte Saint-Martin — architecte *Bullet.*

Constructions particulières, hôtels

Hôtels Pimodan, Lambert, de Soissons, de Chevreuse, de Beauvais, etc.

Travaux de fortification de *Vauban.*

Phare de Cordouan — ponts monumentaux (pont Royal).

2° Sculpture

Dans la première moitié du dix-septième siècle :

Simon Guillain (statue de Louis XIII). *Jacques Sarrazin* (cariatide du pavillon de l'Horloge — Louvre). *François Anguier* (1604-1669 — tombeau de Thou au Louvre), *Michel Anguier* (bas-relief de la porte Saint-Denis).

(Œuvres réunies dans la salle des Anguier au Louvre.)

Sous Louis XIV : conception de la forme — noblesse — souplesse de l'exécution.

Girardon (1628-1715), travailla à Versailles (Bains d'Apollon); son chef-d'œuvre est le tombeau de Richelieu à la Sorbonne. — Beaux portraits. — (Influence des écoles italiennes.)

Coysevox (1640-1720). Tombeau de Mazarin — sujets antiques : la Nymphe à la Coquille — allégories : les Chevaux ailés, la Seine et la Marne (Tuileries) — bustes de Turenne, Colbert, Bossuet, Fénelon, bustes en bronze de Condé et de Michel le Tellier.

Nicolas Coustou (1656-1719) : La Saône et le Rhône. — *Guillaume Coustou* : les Chevaux de Marly (entrée des Champs-Élysées).

La sculpture joue un grand rôle dans la décoration des jardins de Versailles, de Marly, de Saint-Cloud et des Tuileries — (statues décoratives et allégoriques de Girardon et de Coysevox).

Fig : 556.
Puget - Le Milon de Crotone.

Pierre Puget (1622-1694), Méridional fougueux et solitaire appelé le « petit-fils de Michel-Ange », génie tourmenté et puissant qui passa sa vie hors de la cour.

PRINCIPALES ŒUVRES DE PUGET
{
Persée et Andromède.
Le Milon de Crotone (fig. 556).
Alexandre et Diogène (bas-reliefs — Louvre).
Cariatides de l'hôtel de ville de Toulon — sculptures sur bois pour les proues de navire.
}

3° Peinture

Charles Le Brun (1619-1690). Véritable créateur du " style Louis XIV ", peintre officiel, organisateur de la décoration de Versailles et des palais royaux, il alimente à lui seul la magnificence du siècle et ne laisse place à aucun autre art indépendant.

ŒUVRES
{
Histoire d'Alexandre.
Tapisseries : Histoires du Roi, les Éléments, les Saisons.
Trois grandes décorations
{
Galerie d'Apollon (Louvre).
Le Grand escalier de Versailles.
Galerie des Glaces (Versailles).
}
}

Le sujet central de la Galerie d'Apollon est de Delacroix.

Le style de Le Brun est riche et somptueux, profusion de détails, entassement de personnages, trophées, médaillons et encadrements — effet pictural combiné d'une façon supérieure avec l'architecture — merveilleuse unité de ces grands ensembles décoratifs. Il possède au plus haut point le style d'apothéose qui convient à un grand décorateur.

Il dirige la manufacture des meubles de la Couronne et les Gobelins, fonde l'Académie royale de peinture et de sculpture et crée en 1667 le Salon.

Mignard (1610-1695). Élégance de la composition. — Décoration de la coupole du Val-de-Grâce (le Paradis) — Beaux portraits.

Charles de la Fosse. Plafond de Diane (Versailles).

Jean Jouvenet. Descente de croix (Louvre). — *Antoine Coypel,* style fastueux et brillant; la Gloire (voûte de la chapelle de Versailles).

Portraitistes : Tendance au faste.

Jean-François de Troy.

Nicolas de Largillière (1656-1746). Flamand d'éducation — facture souple et savoureuse. — La Famille du peintre (Louvre).

Hyacinthe Rigaud (1659-1743). Œuvre considérable.

Portraits de Louis XIV, de Bossuet (Louvre), de Frédéric-Auguste III (Dresde), etc.

Genres divers

Santerre n'a peint que des femmes — Suzanne (Louvre). — *Jean-Marc Nattier* (1685-1756) jouit d'une vogue mondaine — Portrait de Mlle de Clermont (Chantilly).

Van der Meulen, batailles.

Animaliers : *Desportes,* chasses — *Jean-Baptiste Oudry,* chiens et chasses.

Fleurs : *Monnoyer* (décoration de la galerie d'Apollon).

Décorateurs : *Jean Lepautre* (1617-1682) — *Jean Bérain.*

Gravure

Jacques Callot (1592-1635). Étude de bohémiens et de gueux — Les misères de a guerre — Autour de la Comédie italienne, etc. (Bibliothèque nationale — Estampes).

Abraham Brosse — Gérard Audran (reproduction des batailles d'Alexandre, de Le Brun).

4° *Art décoratif et industriel*

Ornementation   *Deux périodes*

1° *Style de Le Brun*	2° *Style de Bérain*
Décor riche et puissant — imitation romaine : attributs, trophées, armes, cuirasses, boucliers, victoires ailées — divinités allégoriques et mythologiques — cornes d'abondance, guirlande de chêne et de laurier (emblèmes de la force et de la gloire). — Sur les moulures architecturales (qui se retrouvent même dans les intérieurs) s'étale l'ornementation classique : oves, rais de cœur, postes, denticules, métopes, triglyphes, etc.	(Transition avec le Louis XIV)
	Fantaisie — (fig. 560) — rappelle les panneaux à arabesques de la Renaissance italienne et les peintures architecturales pompéiennes — portiques étagés — dômes en treillage, baldaquins, lambrequins découpés en trois lobes — gaines avec personnages mythologiques ou de la comédie italienne, Chinois, Indiens — animaux : chèvres, singes, etc. — Vasques,
La feuille décorative est l'acanthe large et grasse, se retroussant vivement, refends	fontaines, corbeilles, médaillons, chimères, coquilles, vases, mélange extraordinaire

profonds — armoiries : fleurs de lis — les deux L opposés de Louis XIV — le soleil (emblème).

de toute sorte de motifs les plus originaux et les plus fantaisistes.

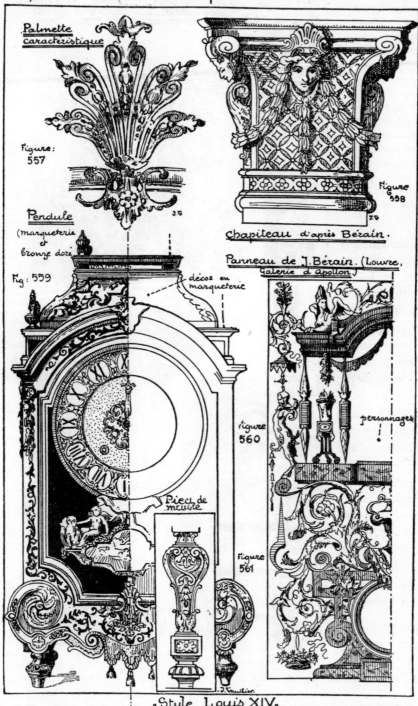

Palmette caractéristique

Figure : 557

Pendule (marqueterie et bronze doré)

Fig : 559

décor en marqueterie

Chapiteau d'après Bérain.

Figure 558

Panneau de J. Bérain. (Louvre, Galerie d'Apollon.)

figure 560

personnages

Pièce de meuble

Figure 561

Style Louis XIV.

La décoration des palais donne lieu à des ensembles remarquables (galerie d'Apollon — galerie des Glaces) — le luxe inouï de la cour entraîne l'art décoratif à créer des œuvres d'une richesse prodigieuse — les arts industriels, pour répondre aux somptuosités architecturales, combinent des meubles, tentures, objets divers d'un luxe et d'une magnificence qui est bien un des caractères de cette période.

Ameublement — Bois doré — appliques en bronze ciselé et doré — meubles puissants et massifs, pieds s'appuyant franchement sur le sol, corps du meuble peu élevé, mode des pieds en toupie — commodes à panses — sièges larges et confortables — lits à alcôve — usage des gaines — glaces entourées de moulures dorées — *Marqueterie de Boulle* (écaille, étain, cuivre). Remarquable finesse des découpures — rinceaux menus.

Tissus. — Grands ramages — fonds criards — soieries de Lyon (fleurs disposées en rinceaux).

Cadre, vase, motifs, pied de meuble.

Fig. 502 à 506.

Orfèvrerie — se combine avec l'ébénisterie, meubles d'argent massif - horloges à

formes architecturales, pieds formés d'un enroulement de rinceaux (Fig. 559). —
Claude Ballin.

Ferronnerie. — Portes en fer forgé du château de Maisons (Louvre, entrée de la
galerie d'Apollon).

Tapisserie : *Manufacture des Gobelins.* Reproduction des œuvres de Le Brun et
de Bérain.

Céramique. — Fabriques de *Rouen* au décor très caractéristique — *Moustiers.*

Médailleur : *Guillaume Dupré,* beaux portraits d'Henri IV, de Louis XIII.

Gravure en médailles : *Warin.*

On peut noter à cette époque le goût pour les collections d'œuvres d'art, bibelots, tableaux, etc.

Influence

L'influence française a été considérable. — L'Europe a imité tout ce qui s'est fait à
la cour de Louis XIV. — Prépondérance de l'art français.

❖

Chapitre XXVII

L'ART FRANÇAIS AU XVIIIᵉ SIÈCLE

Louis XIV eut pour successeur Louis XV (1715-1774). Pendant sa minorité, la régence fut exercée par Philippe d'Orléans. — A Louis XV succéda son petit-fils Louis XVI (1774-1789).

Au dix-huitième siècle les littérateurs et les artistes sont indépendants et ne vivent plus sous la tutelle d'un protecteur couronné — c'est l'époque de Voltaire, Chénier, Montesquieu, J.-J. Rousseau. — Idées nouvelles sur la justice, la politique, l'éducation. — Grandes découvertes scientifiques.

A la mort de Louis XIV, réaction contre le joug de solennité et de discipline, le désordre des mœurs s'étale librement.

Au XVIIᵉ siècle	*Au XVIIᵉ siècle* (1ʳᵉ moitié)
Art théâtral majestueux, correct, épris de tradition et de pompe antique.	Art recherchant la nouveauté, s'affranchissant du classique. — Les artistes deviennent les interprètes d'une société ibertine.

On distingue, dans l'art français au dix-huitième siècle, trois périodes.

1ᵉ Style Régence (rocaille).	2ᵉ Style Louis XV.	Style Louis XVI (classicisme).

1º *Architecture*

Deux écoles

École nouvelle	**École classique**
Élégance — style rocaille — lignes onduleuses et contournées (abandon des lignes droites).	(seconde moitié du XVIIIᵉ siècle). Retour à l'antique, Lignes droites. Ornementation discrète.
Principales œuvres	**Principales œuvres**
Galerie dorée de la Banque de France (par *Robert de Cotte*, 1656-1735). L'*Hôtel de Soubise* (Archives nationales, par *Boffrand*).	Les bâtiments du *Garde-meuble* (place de la Concorde), l'*École militaire* (par *Gabriel*, 1710-1788). L'*Hôtel de la Monnaie* (par *Antoine*).

La *Place Stanislas à Nancy* (par *Heré*).

Dans les hôtels la distribution intérieure est différente du siècle précédent, tout est combiné pour la commodité et le bien-être — beaux hôtels du faubourg Saint-Germain.

Le *Théâtre-Français*, les *Galeries du Palais-Royal*, le *Grand Théâtre de Bordeaux* (par *Louis*, 1735-1800).

Le *Panthéon* (par *Soufflot*, 1714-1780). L'*Hôtel de Salm* (par *Rousseau*).

Les *Jardins* n'ont plus le même aspect que ceux du dix-septième siècle — jardins dits anglais — jardin rustique de *Trianon* (Temple de l'Amour, le Hameau, la Ferme).

Influence de l'architecture française à l'étranger

Extension considérable — des architectes français construisent en Russie, en Allemagne, en Autriche (château de Peterhof par Leblond, etc.)

2° *Sculpture*

« La statuaire s'affranchit du pédantisme classique et, si elle garde quelque chose du maniérisme à l'italienne, c'est pour le transformer, à sa guise, en un goût particulier et bien français où règne le mouvement, où dominent les formes vivantes ; l'Art du portrait reçoit une impulsion merveilleuse ; le dix-huitième siècle est le siècle des bustes par excellence. » (L. GONSE.)

J.-B. Lemoyne (1704-1778) continue les traditions de l'école des Coustou — Buste de Gabriel (Louvre).

Edme Bouchardon (1698-1762), distinction et habileté mais froideur. — L'Amour taillant son arc (Louvre), Fontaine de la rue de Grenelle — Statue équestre de Louis XV (détruite).

Allegrain (sans originalité particulière) — La Baigneuse.

Falconet (1716-1791), expert à traduire les grâces féminines — La Nymphe au bain (Louvre).

Les trois Grâces (pendule Camondo). — Statue de Pierre le Grand à Petrograd.

Dans la seconde moitié du dix-huitième siècle, les deux plus grands noms sont *Pigalle et Houdon*.

J.-B. Pigalle (1714-1785), tempérament ardent et imaginatif — goût des grands ensembles est sens de l'art expressif. — Mercure attachant ses talonnières (Louvre). — Vénus (Berlin) — Voltaire nu (Institut) — Tombeau du maréchal de Saxe (Église Saint-Thomas à Strasbourg) — Monument de Louis XV.

Houdon (1741-1828) — merveilleux traducteur de la figure humaine — son morceau de pensionnaire à Rome est son fameux *Écorché* — Avec son *Diderot* il commence une série de bustes qui sont remarquables (Molière au Théâtre-Français, Franklin au Louvre), Buffon (Louvre), etc... Parmi ses plus belles statues on peut citer : La Diane (Louvre), La Frileuse (Montpellier), mais son morceau capital est le *Voltaire assis* du Théâtre-Français (fig. 567) ; l'esprit, le

Fig 567.
Voltaire de Houdon.

charme de l'exécution, l'invention géniale de la pose font de ce marbre rempli de vie un chef-d'œuvre de la sculpture française.

Autres sculpteurs :

Jean-Jacques Caffieri (1725-1792) — bustes de Rotrou et de Corneille (Théâtre-Français. — *Les Adam,* famille nancéenne. — La Poésie légère (Louvre). — *Pajou* (1730-1809) — le sculpteur de la grâce — Buste de la Du Barry — Psyché.

Il existe une école qui s'efforce de traduire en sculpture le goût gracieux et frivole de l'époque.

Clodion (1738-1814) en est le principal représentant — tempérament de décorateur — délicieuses terres cuites — Faune et Faunesse (Musée de Cluny) — décorations pour les maisons de Paris.

3° *Peinture*

Deux écoles, d'un caractère bien différent

1° (1re moitié du XVIIIe siècle)	2° (2e moitié du XVIIIe siècle)
École affirmant les tendances nouvelles — grâce aimable — influence de la femme — l'art est mondain — tons roses et bleus employés à l'excès – fadeur.	**École continuant la tradition classique** (réaction préparée par de nombreux ouvrages sur l'antiquité — archéologie au goût du jour — découvertes des ruines de Pompéi et d'Herculanum).

Il est bon de faire remarquer que le retour à l'antique ne se fait pas d'une façon absolue et complète ; certaines réminiscences fantaisistes se font jour : *chinoiserie,* *anglomanie,* etc.

A la fin du dix-huitième siècle, le rôle de la peinture devient éducateur et moral.

'Gilles' par Watteau.   568.

PREMIÈRE ÉCOLE

Son plus grand maître est **Antoine Watteau** (1684-1721) — créateur original — sujets empruntés aux fêtes galantes et aux plaisirs de la société — personnages costumés à la façon des comédies italiennes.

ŒUVRES PRINCIPALES {
Conversation dans un parc – Fête d'amour (Dresde) — Gilles (Louvre) (fig. 568) — L'Enseigne de Gersaint (collection de l'ancien empereur d'Allemagne).

ŒUVRES { L'Embarquement pour Cythère (fig. 569) (Berlin) (esquisse au
PRINCIPALES { Louvre), œuvre personnelle d'un grand charme poétique — Antiope.

Influence de Watteau :
Elle fut considérable — tout
le dix-huitième siècle lui est
redevable de cet esprit léger,
galant, bien français qu'on
pourrait appeler l'*école de
Paris.*

L'embarquement pour Cythère (Watteau)   569

« Un plafond de Lemoyne, un trumeau de Natoire, une divinité de
Boucher respirent une sensualité
légère qui lui vient des Antiopes,
des Vénus de Watteau. » — A
Watteau on doit toute la série des
aquarellistes, gouachistes, dessinateurs et petits graveurs tels
que Baudouin, Lawrence Roslin,
Eisen, Cochin, Saint-Aubin, Moreau le jeune, etc., traducteurs raffinés et élégants du monde frivole
et badin dont les œuvres sont actuellement disputées par les musées et les collectionneurs.

En résumé Watteau, par sa personnalité, a introduit dans la peinture quatre choses nouvelles :
(*a*) **Tout** comme Rousseau il a éveillé le sentiment de la nature ; — (*b*) Il a peuplé ses tableaux d'une
nouvelle forme féminine essentiellement gracieuse et frivole ; — (*c*) Il a fait dominer la sensibilité sur
la raison ; — (*d*) Emploi de colorations claires et légères.

« Diane sortant du bain ». (Boucher)   570

**Imitateurs
de Watteau :**

Pater, Lancret, Lemoyne
(Hercule et Omphale, Lou-
vre, — plafond du salon
d'Hercule à Versailles).

Natoire (Histoire de
Psyché à l'hôtel de Sou-
bise).

François Boucher
(1703-1770) — peintre de
la mythologie galante et
des pastorales — composi-
tions bien établies et de
couleurs agréables.

PRINCIPALES ŒUVRES
DE BOUCHER

{ La Naissance de Vénus (Stockholm). — L'Aurore et
Céphale (Nancy). — Jeune femme au manchon
(Louvre). — Diane sortant du bain (fig. 570). — Les
Forges de Vulcain (Louvre).

Sur la fin de sa vie : fades bergeries d'une vilaine couleur acide.
Carle van Loo — Déjeuner de chasse (Louvre).

Fragonard (1732-1806), le peintre par excellence des scènes galantes — tableaux de genre — sujets rustiques. Œuvre toute de grâce et de plaisir.

L'Escarpolette — Les Baigneuses (Louvre) — Le Serment d'amour — La Leçon de musique (Louvre). A signaler dans l'œuvre de Fragonard l'importance du paysage.

Paysagistes

Joseph Vernet — paysages décoratifs — lumière blonde — les Ports de France (Louvre).

Hubert Robert recherche le pittoresque — Ruines.

Portraitistes

Tocqué — Marie Leczinska (Louvre). — *Quentin de la Tour* (1704-1788), le plus grand pastelliste français — on a dit que son œuvre est le miroir d'un siècle. — Portrait en pied de la Pompadour (Louvre) — Magnifique ensemble de plus de 80 pastels du musée de Saint-Quentin (restitués par les Allemands). — *J.-B. Perronneau.*

DEUXIÈME ÉCOLE

Le goût bourgeois ou goût hollandais va dominer dans la bourgeoisie française et l'art aristocratique (décoratif ou historique) va petit à petit disparaître pour faire place à l'art d'imitation (peinture de genre et nature morte).

J.-B.-S. Chardin (1699-1779). Peintre de la bourgeoisie et des scènes de la vie domestique et familiale.

« Des enfants qui jouent, une mère qui montre à broder à sa fillette, il ne lui en faut pas plus pour produire un chef-d'œuvre de vérité et souvent d'émotion intime et saine ». (BAYET, *ouvrage déjà cité*.)

.Chardin : Le Bénédicité. 571

PRINCIPALES ⎰ Le Bénédicité (fig. 571).
ŒUVRES ⎱ La Mère laborieuse.
DE CHARDIN ⎱ L'Écolier.

Greuze (1725-1805) — peintre moraliste et sentimental, réalisant parfaitement dans ses toiles la sensiblerie (toute superficielle d'ailleurs) qu'il était alors de fort bon goût d'afficher. (La Malédiction paternelle, le Père de famille, le Fils puni, l'Accordée du village.)

— Jolies têtes de jeunes filles : la Laitière, la Cruche cassée, etc.

Portraitistes

Le portrait devient sentimental — Élisabeth Vigée-Lebrun (son portrait et celui de sa fille (Louvre).

La peinture académique est surtout représentée par *Vien*, la réaction classique commence alors à nettement se dessiner, le goût se tourne vers l'antiquité ; la littérature (rôle de Diderot, de J.-J. Rousseau) y contribua beaucoup — ouvrages de Caylus et de Winckelmann.

La Gravure

Deux écoles affirmaient les mêmes divisions que pour la peinture — d'un côté interprétations des œuvres de Watteau et de Boucher *(estampes);* de l'autre, beaux portraits historiques (*P. Imbert :* portrait de Bossuet).

Les principaux noms sont : Laurent Cars, Lepicié, Flipart, Ficquet, Gravelot, Eisen — les procédés d'exécution sont très variés.

4° L'Art décoratif et industriel

On peut distinguer au point de vue ornementation quatre périodes au dix-huitième siècle.

1° Le style régence (transition entre le style Louis XIV et le style Louis XV);
2° Le style Louis XV proprement dit;
3° Le style Pompadour (transition entre le Louis XV et le Louis XVI);
4° Le style Louis XVI.

Néanmoins nous grouperons les trois premiers sous la rubrique générale « style Louis XV ».

Parallèle entre l'Ornementation du

Style Louis XV	et du	Style Louis XVI
Symétrie abandonnée.		Symétrie absolue.
Cartouches parfois penchés suivant un axe oblique.		Cartouches ovales bien symétriques, axe vertical.
Profils tourmentés se recourbant en S — contours très compliqués.		Profils rectilignes et légers — simplicité des contours.
Surfaces planes remplacées par des surfaces bombées.		Goût pour les grandes surfaces planes.
Moulures très saillantes.		Accentuation des formes architecturales.
Emploi presque exclusif de la ligne courbe.		Moulures peu saillantes.
La plante ornementale est l'acanthe retroussée et déchiquetée, l'extrémité de la feuille est en forme d'ogive.		Emploi presque exclusif de la ligne droite.
Palmes et roseaux.		La plante ornementale est l'acanthe ramenée à sa forme naturelle.
		Guirlandes de fleurettes — bouquets.

Impression générale		*Impression générale*
Grâce et raffinement. Note capricieuse.		Douceur agréable rejetant toute violence de ligne ou de forme. Note calme.

A. Style ornemental Louis XV

1° Caractéristiques

(a) Ornementation touffue — le motif caractéristique qui sert de base est la rocaille (fig. 574). Toutes les moulures de panneaux, de cadres de glaces, tous les pieds de meubles se contournent en imitation des coquillages troués et recourbés.

L'introduction dans le décor de ce nouvel élément peut s'expliquer par la mode des collections de sciences naturelles : coraux, coquillages, etc.

(b) La feuille d'acanthe se mélange à la rocaille et subit toutes les fluctuations de ses contours.

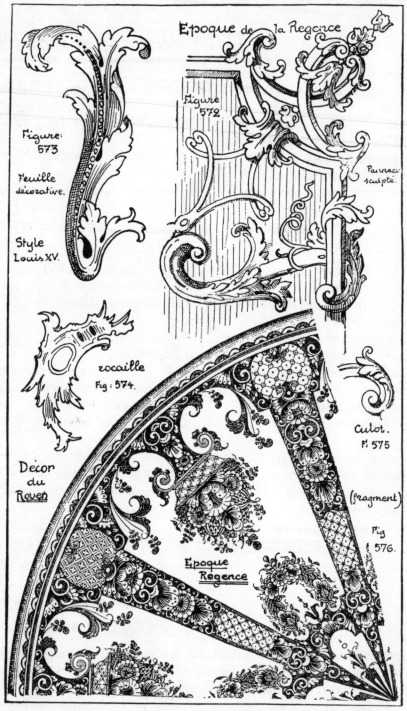

(c) La coquille jouant le rôle de palmette est très fréquemment utilisée.

(d) Dans les panneaux : mode du décor chinois (estampes de Pillement — figures chinoises de Boucher, ornementation de l'hôtel de Rohan, de Chantilly, de Bagnolet, etc.).

(e) Le style régence est caractérisé par son ornementation : rubans plats, de relief uniforme — les courbes sont plus timides que dans le Louis XV proprement dit.

2° Ameublement

Les meubles subissent les mêmes formes contournées de l'ornementation — grande variété de petits meubles gracieux et coquets — l'ameublement est surtout féminin.

Plus de dix sortes nouvelles de sièges *(gondoles, sophas, bergères, cabriolets, vis-à-vis, etc.)*, plus de vingt sortes de lits *(à la turque, à la dauphine, à la sultane, etc.)* — les variétés de formes sont innombrables. *Marqueterie* de thuya, de violette et de bois de rose — *vernis Martin*.

Au début : bois dorés, ensuite bois peints : céladons et gris.

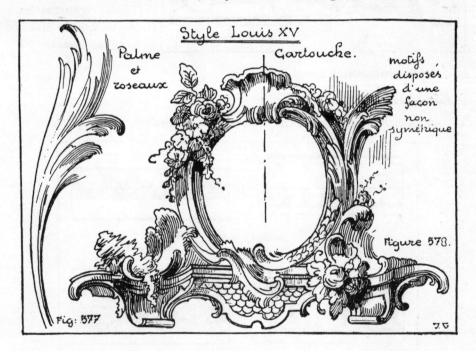

Style Louis XV

Palme et roseaux — Cartouche.

motifs disposés d'une façon non symétrique

Figure 578.

Fig. 577

Les horloges, réduites à des dimensions plus modestes, deviennent les *cartels* avec décoration rocaille.

Les damas de soie sont employés dans les teintures d'ameublement.

Dans l'art du mobilier on peut citer : *Charles Cressent* (époque Régence), *Jacques* et *Philippe Caffieri*.

3° Céramique

La fabrication de la porcelaine prend extension considérable.

Manufacture de Sèvres (influence de la porcelaine de Saxe) — flambeaux, écritoires, vases, pendules, pommeaux de canne, etc.

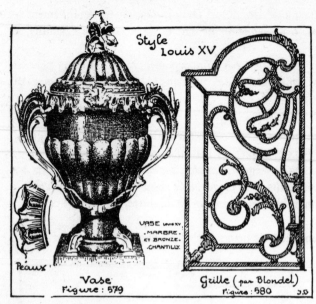

Vase
Figure : 579

Grille (par Blondel)
Figure : 580

4° Tapisseries

Audran, Coypel, Desportes, Oudry, Boucher fournissent des cartons à la manufacture des *Gobelins* (Histoire de Don Quichotte par Coypel, Pastorales par Boucher).

Manufacture de *Beauvais*.

5° Orfèvrerie

Imite avec *P. Germain* et *Meissonnier* le style rocaille.

6° Ferronnerie

Œuvres remarquables : Grilles de la place Stanislas à Nancy par *Lamour*.

B — Style ornemental Louis XVI

1° Caractéristiques

(a) Ensembles géométriques où dominent des lignes droites — simplicité.

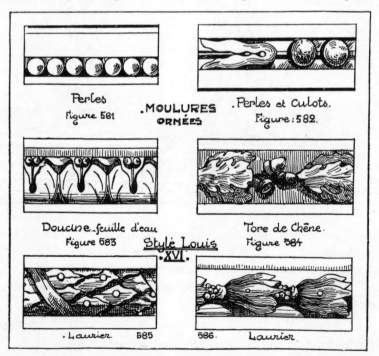

Perles
Figure 581

MOULURES ORNÉES

Perles et Culots.
Figure : 582.

Douche feuille d'eau
Figure 583

Tore de Chêne.
Figure 584

Style Louis XVI.

Laurier 585

586. Laurier

(b) Ornementation des moulures à la façon antique et avec les motifs antiques : rais de cœur, palmettes, oves, etc. (fig. 581 à 586).

Frise Louis XVI (Salembier)   F: 591

(c) Les lignes architecturales jouent un grand rôle dans la composition des décorations et des objets.

(d) L'acanthe est très employée, elle est utilisée dans les rinceaux; ceux-ci affectent du reste des formes très particulières, ils s'enroulent souvent en forme de spirale aplatie (ellipse), les culots sont caractéristiques (fig. 592-593).

(e) La construction de Trianon fait surgir dans le décor tout l'attirail rustique : râteaux, pipeaux, houlettes, faucilles, cages d'oiseaux, bouquets de fleurettes.

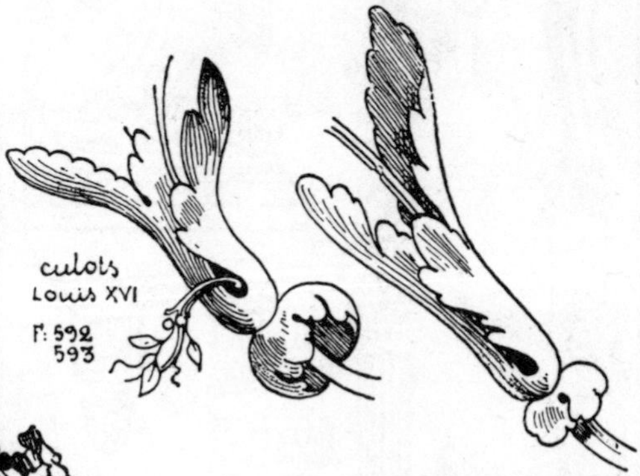

(f) Le nœud de ruban, les perles, les torches, arcs, flèches sont encore des éléments caractéristiques du décor.

culots Louis XVI F: 592 593

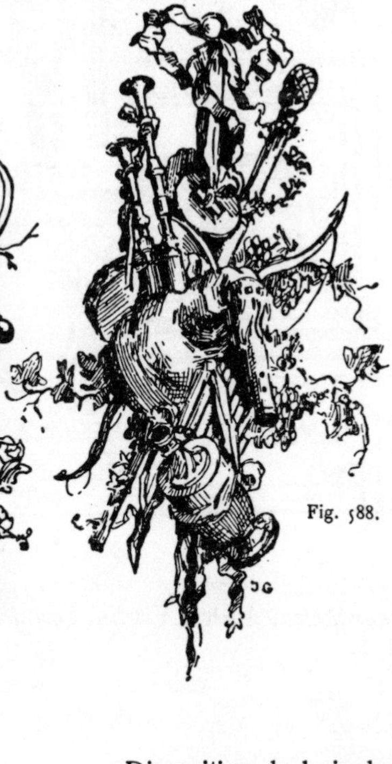

(i) Trophées symbolisant les plaisirs champêtres (fig. 587-588).

2° Ameublement

La silhouette du meuble se fait géométrique, les lignes architecturales dominent, les pieds rectilignes sont décorés de cannelures parallèles parfois s'enroulant en spirales. Les ornements classiques : guirlandes, oves revêtent les moulures, ils sont mélangés aux motifs nouveaux : nœuds de rubans, houlettes, lyres, etc.

Appliques de porcelaine et camées — bronzes ciselés.

Fig. 588.

Fig. 587.

Disparition du bois doré — tous les détails de l'ameublement sont d'une appropriation parfaite et d'une harmonie à signaler : écrans, paravents, chenets, tentures, pendules, tout revêt le caractère du nouveau style.

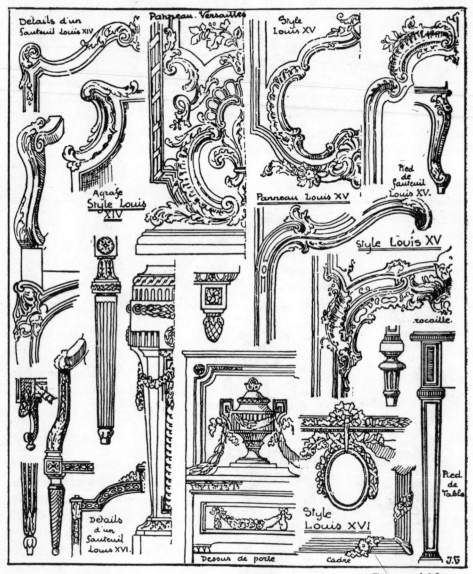

Figures 594 à 608.

Principaux ébénistes : *Riesener, Leleu, Martin Carlin, Saunier, Beneman.*

3° Bronze, Orfèvrerie

Belles œuvres de *Gouthière.*

Orfèvrerie : formes simples et froides.

4° Céramique

S'inspire de l'école anglaise, des vases grecs de Wedgwood et de Flaxman.

Fig. 589 et 590.

Soupière en argent (Louis XVI)

Entrée de Serrure (Style Louis XVI)

5° Tissus

Étoffe de soie moirée, pailletée, brochée — décor formé de bandes longitudinales, de semis de fleurettes et de nœuds de ruban.

Premières étoffes imprimées : cretonnes et indiennes.

Manufacture de porcelaine de Sèvres

Les trois premiers artistes attachés à la manufacture furent Duplessis, Bachelier et Hellot, puis Falconet.

La fabrication a passé par trois phases : dans la première période, qui va de 1756 à 1768, elle est exclusivement consacrée à la porcelaine de pâte tendre. — En 1769, elle commence la porcelaine à pâte dure et à partir de 1800 (direction Brongniart), elle est désormais limitée à la porcelaine pâte dure. — La marque de la porcelaine de Sèvres pendant tout le dix-huitième siècle a été une lettre de l'alphabet placée entre deux L opposées (initiales royales : Louis XV, Louis XVI).

Les produits de la manufacture servaient à faire des cadeaux royaux, mais les souverains étrangers faisaient aussi des commandes — l'impératrice de Russie commande en 1778 un service en pâte tendre fond bleu céleste, orné de camées, au prix de 328 188 livres. — Composé de 744 pièces, ce service est un des ouvrages les plus considérables qui aient été exécutés à Sèvres.

Chapitre XXVIII

L'ART ANGLAIS AU XVIIIe SIÈCLE

1° Peinture

L'École anglaise est la plus jeune des grandes écoles européennes ; elle naît vers 1730. Ses principaux genres, par ordre d'importance, sont :

1° L'extension considérable donnée à l'art du portrait — allure vive et enlevée — beau coloris ;
2° Le paysage traité d'une façon assez sommaire — goût marqué pour l'aquarelle ;
3° Enfin la peinture de mœurs satirique.

William Hogarth (1697-1764), peinture de mœurs, représente la corruption de la société sous toutes ses formes : le jeu, le désordre, l'alcool, etc.; il est moraliste.

La Vie d'un libertin, le Mariage à la mode. — Scènes traitées avec un humour mordant, telles que les Buveurs de punch, le Musicien enragé.

Portraits remarquables : La Fille au panier de crevettes (Nat. Gallery).

Les grands portraitistes

Sir Josua Reynolds (1723-1792), le peintre de l'aristocratie anglaise.

« Le peintre se double d'un psychologue. Il a rendu la nature humaine dans toute sa variété et dans tous ses aspects : l'innocence de l'enfant, la noblesse et l'élégance de la femme, la tendresse et la joie maternelle, la rêverie virginale, la crânerie du guerrier, les raffinements de l'artiste et toutes ces caractéristiques sont rendues en tons fermes et radieux, sans rudesse, sans effort, en retrouvant les caresses et le moelleux de la chair traitée par les maîtres flamands. » (Max ROOSES.)

Portrait du Dr Johnson (Nat. Gallery) — Portraits de Nelly O'Brien (Galerie Walace, Londres), de la Duchesse de Devonshire et sa fille, de Mistress Siddons (Dulwich College), etc., etc.

Thomas Gainsborough (1727-1788) — coloriste harmonieux et sensible — un attrait romanesque se dégage toujours de ses portraits.

L'Enfant bleu (collection du duc de Westminster) — Mistress Graham (Edimbourg — Mistress Robinson (Galerie Walace).

Paysages doux à la manière hollandaise — le Retour du marché (Nat. Gallery).

Autres portraitistes : *Romney, Rœburn, Hoppner* (Comtesse d'Oxford, Nat. Gallery), *Thomas Lawrence* (1769-1830), portraitiste officiel de la cour — aime les élégances — art habile — portrait de John Jules Augerstein (Nat. Gallery).

Paysagistes

John Crome. Le Moulin (Nat. Gallery).

Animaliers

Le cheval a toujours été très populaire en Angleterre.

George Morland et *James Ward.*

L'Illustration

L'estampe et la caricature sont très en vogue ; les deux plus célèbres dessinateurs sont : James Gillray et Thomas Rowlandson. — L'illustrateur *Blake.*

2° Art décoratif

Le style Louis XVI fut introduit en Angleterre par les frères *Adam.* — Style Heppelwhite et *Sheraton* (transition entre le Louis XVI et l'Empire — meubles géométriques. — *Céramique de Wegdwood.* — Orfèvrerie de Pierre Platel et de Paul Lamerie.

Chapitre XXIX

RÉSUMÉ DE L'ART FRANÇAIS AU XIXᵉ SIÈCLE

De 1789 à 1799, les gouvernements français ont été successivement : la Constituante (1789-91), la Législative (1791-92), la Convention (1792-1795), le Directoire (1795-99). — Sous la Législative, Louis XVI est mis en prison et exécuté sous la Convention en 1793. — Napoléon Iᵉʳ est empereur des Français de 1804 à 1814 — grandes guerres avec la Prusse, l'Autriche et la Russie. En 1814, la royauté est rétablie avec Louis XVIII, chassé par Napoléon ; le règne des Bourbons est à nouveau rétabli. — Charles X règne de 1824 à 1830 (Restauration). — Restauration de Juillet. — Révolution de 1848.

A. — ART SOUS LA RÉVOLUTION ET L'EMPIRE

Retour à l'antique sous l'influence de découvertes archéologiques. — Les victoires des armées françaises ont pour expression des monuments commémoratifs dont l'antiquité fournit les modèles.

1º Architecture

Copie plus ou moins réussie des monuments grecs et romains, — sous la Révolution : froideur.

Sous l'Empire, l'art acquit une certaine unité et devint officiel, l'imitation des œuvres antiques est toujours de mode, les maisons particulières prennent l'aspect d'un temple.

L'ordre dorique est très employé ainsi que les frontons, dont le tympan est troué par un œil-de-bœuf.

Les principaux architectes sont **Percier** (1764-1838) et **Fontaine** (1762-1853).

Monuments
La colonne Vendôme, par *Lepère* (un souvenir de la colonne Trajane).
La Bourse, par *Brongniart*.
L'Arc de triomphe du Carrousel et la continuation du palais du Louvre, par *Percier et Fontaine*.
La Madeleine, par *Vignon* (a la forme d'un temple).
L'École de médecine, par *Gondouin*.
L'Arc de triomphe de l'Étoile, par *Chalgrin* (achevé par Blouet).

Après les campagnes d'Égypte : réminiscences de l'art égyptien (surtout dans le mobilier).

2° *Sculpture*

Triomphe des formules classiques et imitation de l'antique — art figé et étriqué.

Canova (Italien), froideur maniérée : L'Amour de Psyché (Louvre); *Chaudet* : L'Amour (Louvre); *Cartellier, Lemot* (fronton de la colonnade du Louvre); *Bosio* : La Nymphe Salmacis.

Sous la Restauration et la monarchie de Juillet, on peut citer : *James Pradier*. Style glacial; il est le continuateur de la théorie classique de Canova et de Bosio — Niobide (Louvre). Il aborda la sculpture monumentale : Fontaine à Nîmes, les douze Victoires qui entourent le sarcophage de Napoléon Ier — *Simart*. — *A. Dumont* : génie de la colonne de Juillet.

3° *Peinture*

École classique — retour à l'étude du nu — étude de l'anatomie — art de la composition — sujets empruntés à l'antiquité héroïque et tragique. Salons de peinture définitivement constitués.

David (1748-1825), qui dominait dès le commencement du dix-neuvième siècle l'art français, ressuscite l'art académique.

PRINCIPALES ŒUVRES DE DAVID	Genre antique	Le Serment des Horaces (Louvre).
		Les Sabines.
		La Mort de Socrate.
	Genre historique	Le Couronnement de l'Empereur (grande composition officielle).
		La Distribution des aigles.
	Beaux portraits	Portrait de Mme Récamier.
		Portrait de Pie VII.
		Portrait de Mme Seriziat (Louvre).
		Le conventionnel Gérard et sa famille (Le Mans).

Gros (1771-1835), élève de David — peintre de batailles.

ŒUVRES	Bataille d'Aboukir.
	Les Pestiférés de Jaffa (composition pathétique et vigoureuse).
	La Bataille des Pyramides.
	Napoléon à Eylau (Louvre).

Regnault, Carle Vernet, Gérard (l'Amour et Psyché). *Girodet* (Atala au tombeau) — prépare l'école romantique.

Prudhon (1758-1823), peintre original — sujets préférés : allégories.

Art délicat — clair-obscur particulier qui oppose les chairs pâles à un fond sombre.

Portraits	Mme Jarre.
	L'impératrice Joséphine (Louvre).
Sujets mythologiques	Vénus et Adonis.
	Psyché enlevée par les Zéphyrs (Louvre).

Allégories : La Justice et la Vengeance poursuivant le crime (Louvre).

Sujets religieux : Le Christ en croix.

Louis-Léopold Boilly : petites scènes de la vie quotidienne – *Granet, Schnetz* et *Léopold Robert :* paysanneries romaines.

4° *L'Art décoratif et industriel*

Ornementation : Imitation antique – attributs guerriers romains – couronnes de laurier – glaives – figures de Renommées, Victoires – palmettes (fig. 614 à 616) – aigles.

Au retour de l'expédition d'Égypte : Sphinx (fig. 617).

La décoration d'un appartement rappelle un temple – impression froide et sévère.

Ameublement

Meubles cubiques et lourds – les courbes sont rares – les chaises imitent le cintre des chaises curules – bras de fauteuil prenant la forme d'un col de cygne – lits en bateau.

Le bois doré disparaît – acajou en faveur avec appliques de cuivre.

Mobiliers dessinés par Percier et Fontaine –
Frères Jacob, ébénistes.

Bronzes de *Thomire,* **orfèvreries** d'*Odiot.*

B — LE ROMANTISME

LA FIN DU XIX° SIÈCLE

Fig 617. Sphinx.

Fig. 609.

1° *Architecture*

Confusion des styles.

1° Sous l'influence de l'école romantique de 1830, retour au moyen âge.

*Viollet-le-Duc (*1814-1879), restauration de Notre-Dame de Paris.

2° Inspiration de la Renaissance : *Duban* (École des Beaux-Arts).

3° Retour au dix-septième et au dix-huitième siècle.

Élément nouveau : *le fer* (premières applications aux Halles centrales et à la grande salle de la Bibliothèque nationale).

Empire

motifs

ornements.

Fig. 614 à 616.

Labrouste : la Bibliothèque nationale – *Baltard :* les Halles de Paris.

Sous le second Empire, l'architecture se signale par une ornementation abondante, la plupart du temps sans liaison avec la construction.

Visconti (ailes du Louvre) – *Th. Ballu :* la Trinité – *Charles Garnier* (1821-1898) : l'Opéra, dont le plan est extrêmement remarquable – souci de perfection et de

14

décoration dans le plus petit détail – *Espérandieu et Bartholdi :* le Palais de Longchamp à Marseille – *Vaudremer :* Église Saint-Pierre de Montrouge à Paris.

L'Architecture contemporaine

Retour aux styles avec le Grand-Palais des Champs-Élysées (Deglane, Louvet et Thomas, architectes) et le Petit-Palais (Girault, architecte).

Dutert : les nouvelles galeries du Muséum à Paris – *Laloux :* Gare d'Orsay – *Moyaux :* la Cour des comptes – *Nénot :* la Sorbonne – *Guadet :* l'Hôtel des postes – *Sédille :* les magasins du Printemps, etc., etc.

Dans les maisons particulières, apparition du bow-window – ulilisation du béton et du ciment armé.

2° *Sculpture*

A. — SOUS LA RESTAURATION ET LA MONARCHIE DE JUILLET

Les Romantiques

Le mouvement d'idées qui a pris le nom dans l'histoire de mouvement romantique se prépare et se manifeste durant le premier tiers du dix-neuvième siècle par une série de productions littéraires et artistiques qui se font de plus en plus caractéristiques et ardentes à mesure qu'on approche de 1830. La sculpture, jusqu'à cette date, paraît avoir été insensible à ces aspirations nouvelles ; du reste cet art, ayant subi plus que tout autre l'empreinte classique et les modèles de l'antiquité grecque et romaine, devait être rebelle à toute fantaisie ; néanmoins, vers 1830, on voit apparaître un certain nombre de sculpteurs (Jehan du Seigneur, Préault) qui vont chercher « à briser le vieux moule ».

David d'Angers (1788-1856), à la fois classique et novateur — recherche l'expression dramatique — Philopœmen (Louvre) — statues commémoratives et ensembles funéraires : tombeau de Gobert (Père-Lachaise) — Racine (La Ferté-Milon) — le fronton du Panthéon à Paris. Nombreux portraits, médaillons ou bustes.

Rude (1784-1855) recherche le mouvement, son art conserve toutefois ce côté matériel précis et savant cher aux classiques.

Le Pêcheur napolitain (Louvre), le Maréchal Ney (Observatoire), Jeanne d'Arc (Louvre). L'œuvre capitale et magistrale de Rude est le haut-relief de l'Arc de triomphe de l'Étoile : *la Marseillaise.*

« Malgré le parti pris issu de l'éducation classique de l'auteur, qui transpose les soldats de l'an II en guerriers antiques, un souffle de moderne épopée et d'histoire vraie anime cette composition grandiose et mouvementée que domine la figure de la Patrie criant désespérément son terrible appel aux armes et que le peuple a baptisée *la Marseillaise.* » (P. VITRY).

Barye (1796-1875), se consacra à l'étude des animaux — connaissance parfaite de l'anatomie zoologique; se rapprochait par ses tendances de l'école réaliste.

Lion et serpent (bronze, jardin des Tuileries), Thésée combattant le Minotaure (Louvre) dans l'esprit grec. Éléphant écrasant un tigre.

B. — LE SECOND EMPIRE

Sculptures académiques de *Jouffroy* (le Secret à Vénus, Louvre – la Poésie lyrique, bas-relief de l'Opéra). – *Perraud* (le Drame lyrique, bas-relief de l'Opéra).

Carpeaux (1827-1875), puissant et naturel, passionné de vie, dramatique et vibrant — ses œuvres, par la profonde recherche psychologique qu'elles traduisent, deviennent le point de départ de la sculpture moderne.

Ugolin (Louvre) — le groupe de Flore (Louvre) — le fameux groupe de la Danse (Opéra) — la Fontaine des quatre parties du monde (place de l'Observatoire).

Il renoue la puissante tradition du portrait réaliste tel que le dix-huitieme siècle l'avait connu (buste de Léon Delaborde, Louvre) et par là exerce une influence considérable sur tous les artistes qui vont lui succéder.

C. — LA TROISIÈME RÉPUBLIQUE

Chapu (1833-1891), grâce et émotion : La Jeunesse (monument de H. Regnault, École des Beaux-Arts de Paris) — Jeanne d'Arc.

Certains artistes s'inspirent de l'Italie de la Renaissance et en particulier de l'École florentine (le Chanteur florentin de Paul Dubois, le Vainqueur au combat des coqs, de Falguière, le David vainqueur, d'Antonin Mercié).

L'œuvre capitale de *Paul Dubois* est le Tombeau du général Lamoricière (cathédrale de Nantes).

L'École méridionale apporte dans les œuvres des originaires de ces pays une verve et un brio bien caractéristiques; ce sont les Dianes, la Danseuse de *Falguière*, le *Gloria victis*, le Génie des arts d'*Antonin Mercié*, Persée et la Gorgone de *Marqueste*, la Fontaine du Titan (Béziers) d'*Injalbert*, la Nymphe de la Seine de *Denis Puech*.

Barrias crée une note personnelle faite de pittoresque avec Mozart enfant et le Tombeau du peintre Gustave Guillaumet.

Les animaliers, comme *Frémiet* (Éléphant du Trocadéro, les Gorilles du Muséum d'Histoire naturelle), *Cain* (Tigre et Crocodile aux Tuileries), *Gardet, Peter,* continuent la tradition de Barye et se montrent de remarquables traducteurs de la vie animale.

Le plus brillant continuateur de l'esprit qui anime les œuvres de Carpeaux et de Rude est sans contredit *Dalou* (1838-1902); il a le sens des grandes œuvres monumentales : le Triomphe de la République (place de la Nation, Paris), le Monument de Delacroix, le Triomphe de Silène; — réalisme dans le Paysan.

Un des ensembles les plus expressifs et les plus émouvants que la sculpture de tous les siècles ait réalisé est sans contredit le Monument aux Morts de *M. Bartholomé*.

Coutan, Alfred Boucher, Alexandre Charpentier, Sicard, H. Lefèvre, Alfred Lenoir, M. de Saint-Marceau, Pierre Roche, etc., sont les interprètes remarquables de toutes les formes de la vie, mais nous n'étendrons pas plus loin cette nomenclature des artistes contemporains, nous réservant de terminer par le nom de celui qui domine, par sa puissante originalité et sa fécondité extraordinaire, toute l'histoire de la sculpture moderne :

Rodin (1840-1917). Les qualités essentielles de son art sont la recherche de l'expression et des caractères.

PRINCIPALES ŒUVRES

DE RODIN

> L'Homme de l'âge d'airain (Luxembourg).
> Saint Jean-Baptiste prêchant (Luxembourg).
> Le Penseur (Panthéon).
> Les Bourgeois de Calais.
> Le Baiser (Luxembourg).
> Buste de femme (Luxembourg).
> La Pensée (marbre, Luxembourg).

Gravures et Médailles : Chaplain — Roty.

3° *Peinture*

La peinture au dix-neuvième siècle comprend quatre périodes :

1° De 1800 à 1830, caractérisée par le Romantisme. Rupture avec la tradition académique; à l'assujettissement aux œuvres antiques, substitue une liberté absolue d'inspiration et de moyens d'expression — amour du pittoresque et de la poésie — l'imagination est préférée à la raison — avant la beauté, recherche du caractère — renaissance de l'esprit religieux (rôle de Chateaubriand et de Lamartine) — mode pour les littératures étrangères (Shakespeare, Gœthe) — engouement pour l'Orient.

2° De 1830 à 1848. Le Naturalisme. Goût du moyen âge — l'excès de romantisme entraîne une réaction, le naturalisme se fait jour — la peinture de paysage devient de plus en plus importante.

3° De 1848 à 1870. Le Réalisme. Traduction des réalités de la vie moderne. En opposition aux réalistes se dresse le groupe des idéalistes.

4° De 1870 à 1900. L'Impressionnisme. Développement intense de l'objectivité dans l'observation — analyse des phénomènes physiques de la nature — importance de plus en plus grande de la coloration.

Les Classiques

Ingres (1780-1857). Recherche la perfection du dessin; il a le culte de la ligne et de la forme, il a le sens de la beauté plastique. — Son coloris est, comme son dessin, d'une extrême fidélité, il rappelle les procédés de Holbein et de Clouet du « modelé dans le clair ».

« Œdipe » par Ingres. F: 610

PRINCIPALES

ŒUVRES

> L'Odalisque (Louvre).
> L'Apothéose d'Homère (Louvre).
> La Source (Louvre).
> Stratonice (Musée Condé et Musée de Montpellier).
> Extrême perfection de ses portraits : Mme de Sénonnes (Nantes), portraits de Mme Rivière (Louvre), de Bertin, (Louvre). Magnifiques portraits au crayon.

Élèves d'Ingres

Hippolyte Flandrin (1809-1864), décorations d'églises — Saint-Germain-des-Prés (Paris) — *Chenavart, L. Mottez, Thomas Couture, Chassériau* (1819-1856), décoration de la Cour des comptes (détruite, quelques morceaux au Louvre), *Octave Tassaert.*

Le radeau de la Méduse   F. 611.

Les Romantiques

Géricault (1791-1824) afficha les tendances nouvelles dans l'œuvre célèbre du Radeau de la Méduse (fig. 611). — Peintre remarquable de chevaux : Officiers de chasseurs à cheval (Louvre), — le Cuirassier blessé (Louvre).

Delacroix (1798-1863) — compositions mouvementées et expressives — exécution vigoureuse, coloris intense.

PRINCIPALES ŒUVRES
- L'entrée des Croisés à Constantinople (Louvre).
- La Barque de Dante (fig. 612) (Louvre).
- La Bataille de Taillebourg.
- La Barricade.
- Le Massacre de Chio.
- Femmes d'Alger (Louvre).

Grandes compositions murales : plafond de la galerie d'Apollon au Louvre (partie centrale) — Bibliothèque de la Chambre des députés.

612.   Delacroix : La barque de Dante.

Ary Scheffer – Deveria – Paul Delaroche : les Enfants d'Édouard (Louvre).

Les Orientalistes

Decamps (1803-1860). Sortie de l'école turque (Louvre).

Dehodencq. Noce juive (Poitiers) — *Marilhat.*

Les Portraitistes

Jean Gigoux. Portrait du général Dwernicki (Louvre).

Les Peintres militaires

Horace Vernet (1789-1863). La prise de Constantine (Versailles) — Mazeppa (Avignon).

Hippolyte Bellangé. — Les illustrateurs *Raffet* et *Charlet*, qui fit surtout les vieux grenadiers de la Garde (la Retraite de Russie, Lyon).

Les Peintres des élégances

Eugène Lami, Eugène Isabey, l'annonciateur des premiers impressionnistes. L'Arrivée au château (Louvre).

Les Paysagistes

L'éveil du sentiment de la nature fut un des facteurs les plus puissants de la Renaissance romantique.

Paul Huet (1803-1869). L'Inondation de Saint-Cloud (Louvre).

Jules Dupré. Le Gros Chêne (Louvre).

Théodore Rousseau (1842-1867), puissant; — possède au plus haut point la vision de l'ensemble — il a surtout représenté la forêt de Fontainebleau. — La lisière de la forêt (Louvre) — La Mare.

Diaz (1807-1876); mythologies galantes — sous-bois — la Fée aux perles (Louvre).

Jean-Baptiste Corot (1796-1875), jolies et fines colorations de l'Ile-de-France. — Voyagea en Italie.

« Doux repos pour la vue, aliments de pensée et d'imagination, ses toiles sont des féeries, où les arbres légers, bouleaux et trembles à la chevelure frissonnante, les lacs aux eaux tranquilles, que frôle une barque, les halliers vivants de mélodies, peuplés de danses de nymphes aux cadences étouffées par l'épais gazon, ou bien d'humbles bergères coiffées d'un bonnet rouge, composent des poèmes de tonalités et de sentiments qui affilient Corot à Claude Lorrain et inspireront Puvis de Chavannes » . (Georges RIAT.)

Une Matinée (Louvre) — le Vallon (Louvre) — la Toilette — le Colisée (Louvre).

La transition entre le romantisme et le réalisme est marquée par les naturalistes.

Daubigny. Fluidité de l'atmosphère — *Constant Troyon* (1810-1865). Fffets du matin — Donne une place prépondérante aux animaux (bœufs se rendant au labour, Louvre) — *Marie Rosa Bonheur* (Labourage nivernais) et *Charles Jacques* (le Troupeau de moutons, Louvre).

Les caricaturistes

Ils créèrent des types caractéristiques qui sont passés dans le domaine populaire : la Lorette de *Gavarni* — le Joseph Prudhomme d'*Henri Monnier* — le Robert Macaire de *Daumier*.

Les Réalistes

Un des effets particuliers de la révolution de 1848 fut d'orienter les artistes vers la peinture des mœurs populaires — l'ouvrier et le paysan deviennent les thèmes favoris.

Deux grands noms dominent : *Millet* et *Courbet.*

Jean-François Millet (1814-1875). Le peintre de la vie des champs — grandeur obtenue par la simplicité des moyens d'expression — le Vanneur — les Glaneuses — (Louvre) (fig. 613) — Paysan appuyé sur sa houe — le Printemps (Louvre). — Son œuvre la plus populaire est l'Angélus (Louvre).

"Les Glaneuses" (millet)   613.

Gustave Courbet (1819-1877) est considéré comme le chef du mouvement réaliste — œuvre variée qui embrasse le portrait, le paysage, la mer, les scènes de la vie de la ville et des champs — peintures vivantes et solides d'une exécution remarquable.

PRINCIPALES ŒUVRES DE COURBET

L'Atelier du peintre.

Enterrement à Ornans (Louvre), toile puissante d'une pratique extraordinaire.

Cribleuses de blé (Nantes) — Bonjour, Monsieur Courbet (Montpellier).

La Remise de chevreuil (Louvre) — La Vague (Louvre).

Portrait du peintre (Montpellier) — Portrait de Bruyas.

François Bonvin (1817-1887). Au Banc des Pauvres (Montpellier).

Fantin-Latour (1836-1904). L'Atelier de Manet aux Batignolles (Luxembourg).

Legros. L'Ex-voto (Dijon).

Henri Regnault (1843-1871). Juan Prim (Louvre) — Salomé.

Les Idéalistes

Ernest Hébert (1817-1908) — créations poétiques dans le goût italien, la Malaria (Luxembourg).

Eugène Fromentin (1820-1876). Orientalisme — Chasse au faucon.

Gustave Moreau (1826-1898) — art complexe — raideurs hiératiques des personnages — somptuosité orientale du décor. Orphée (Luxembourg).

Élie Delaunay (1828-1891). La Peste à Rome (Luxembourg).

J.-J. Henner (1829-1905) — charme de la forme féminine — La Naïade (Luxembourg).

LA PEINTURE MONUMENTALE ET DÉCORATIVE

Paul Baudry (1828-1886). Décoration du foyer de l'Opéra.

Victor Galland (1822-1892). Décoration de l'Hôtel de ville, du Panthéon et des Gobelins.

Puvis de Chavannes (1824-1898). L'Enfance de sainte Geneviève (Panthéon, Paris) — décoration du palais des Arts à Lyon, de l'Hôtel de ville de Paris — décoration de l'hémicycle de la Sorbonne — le Pauvre Pêcheur (Luxembourg).

Les Classiques

Léon Gérôme (1824-1904), art néo-grec — le Combat de coqs (Luxembourg).

Bouguereau (1825-1905). Le Triomphe du martyre (Luxembourg).

Alexandre Cabanel (1824-1889). Phèdre (Montpellier).

Meissonier (1815-1891). Scènes de corps de garde — tableaux de l'épopée napoléonienne : 1814 (Louvre).

Les Portraitistes

Gustave Ricard (1823-1872).

Léon Bonnat. Portrait de Renan — portrait du cardinal de Lavigerie (Luxembourg).

Carolus Duran. La Dame aux gants (Luxembourg).

Albert Besnard (qui est également un décorateur : chapelle de Berck — décoration de l'École de pharmacie).

Eugène Carrière. Portrait de Verlaine — Maternité (Luxembourg).

Les Paysagistes

Ziem. Venise (Luxembourg). — *Harpignies,* Lever de lune (Luxembourg). — *Eugène Boudin,* Bordeaux (Luxembourg). — *Cazin,* paysages de l'Artois.

Les Impressionnistes

Édouard Manet (1832-1883). Le Déjeuner sur l'herbe (Louvre). — Olympia (Louvre).

Claude Monet, employa comme technique le système de la décomposition des tons et peut être considéré comme le promoteur de la peinture impressionniste. — La cathédrale de Rouen (Luxembourg).

Renoir. Le bal du Moulin de la Galette (Luxembourg).

Pissaro, pointilliste. — *Edgard Degas,* pastelliste. Femmes à la toilette — Danseuses.

Paul Cézanne, Alfred Sisley.

Ce résumé de la peinture moderne n'a pu être mené dans un ordre chronologique parfait; vu la diversité des genres, nous nous contenterons de citer ici, sans classification, les plus grands noms de la fin du dix-neuvième siècle dont plusieurs sont encore, du reste, nos contemporains.

Jules Lefebvre, Tony-Robert Fleury, Ferdinand Humbert, Benjamin Constant (les Derniers rebelles, Luxembourg). — *Bastien Lepage* (les Foins). — *A.-P. Roll, Ernest Duez, Dagnan-Bouveret, Lhermitte* (la Paye des moissonneurs, Luxembourg). — *A. de Neuville, Detaille,* peintre militaire (le Rêve, Luxembourg). — *Jean Béraud, Gervex, E. Friant, J.-F. Raffaëlli.*

Jean-Paul Laurens, sujets d'histoire : l'Excommunication de Robert le Pieux (Luxembourg) — et grandes décorations murales de l'Hôtel de ville de Paris et du Capitole de Toulouse.

Fernaud Cormon. Caïn (Luxembourg). — *Albert Maignan.* Carpeaux (Luxembourg). — *Luc-Olivier Merson,* grandes œuvres décoratives : Hôtel de ville de Paris, Opéra-Comique. — *Aimé Morot, Raphaël Colin, Gabriel Ferrier, François Flameng,* etc.

Dessinateurs lithographes : *Willette, Jules Chéret* et *Steinlein.*

Caricaturistes : *Caran d'Ache, Forain.*

Gravure sur bois : *A. Lepère.*

Eau-forte : *Méryon, Bracquemond, Raffaëlli.*

Estampe : *Henri Rivière, P. Renouard, Grasset.*

École Anglaise moderne

Bonington (1761-1828), tableaux historiques et paysages — le Parc de Versailles (Louvre).

John Constable (1776-1837), paysagiste d'une technique fougueuse et personnelle. La Charrette de foin (N. Gallery).

Turner se complaît à rendre les splendeurs de la lumière. Peace (N. Gallery).

En 1848, mouvement dit *préraphaéliste,* sorte de retour vers les primitifs italiens du quinzième et treizième siècle (esthétique formulée par John Ruskin). De cette école on peut citer *Holman* (la Lumière du monde, Christchurch Oxford), *Hunt Millais, Rossetti* et *Burne Jones.*

Georges-Frédéric Watts, Tadema, John Lavery : Printemps (Luxembourg). *Franck Brangwyn,* — exotisme. Marché au Maroc (Luxembourg) — peintures décoratives de la Bourse de Londres — eaux-fortes remarquables.

École Belge

Henri Leys (1815-1869), peintre d'histoire — Hôtel de ville d'Anvers. — *Ch. de Groux* (1825-1870), *Alfred Stevens* (1828-1906). Retour du bal (Luxembourg). — *E. Wauters, J. Stobbaerts, Constantin Meunier* (Au Pays noir, Luxembourg).

Ecole de Gand : *Baertsoen*. Vieux canal flamand (Luxembourg). — *Léon Frédéric*, les Ages de l'ouvrier (Luxembourg).

Graveurs et dessinateurs : *Félicien Rops, Fernand Khnopff, James Ensor.*

École Hollandaise

J. Bosboom (1817-1891). — *Jongking* (1819-1827). — *Jozef Israels.* Le long du cimetière (Amsterdam).

École Américaine

J. Whistler (1834-1903), recherche les symphonies de couleurs sobres. Portrait de la mère de Whistler (Luxembourg). — *J. Lafarge, John Sergent,* la Carmencita (Luxembourg).

École Suisse

Hans Sandreuter — *Eugène Burnand,* peinture religieuse : les Disciples (Luxembourg). — *Carlos Schwabe,* mysticisme.

Paysagiste : *Auguste Band Bovy.* Sérénité (Luxembourg).

École Allemande

Peter von Cornelius, archaïsme. — *Adolph Menzel* (1815-1905), réaliste. La Forge (Berlin). — *Franz von Lembach* (1836-1904), portraitiste. — *Arnold Bœcklin* (1827-1901), romantique. Jeu des vagues (Pinacothèque de Munich) — l'Ile de la Mort.

École d'Autriche-Hongrie

Hans Makart (1840-1884). Entrée de Charles-Quint à Anvers (Hambourg). — *Mateyko, Munkacsy* (1844-1900), Le Christ devant Pilate. — *Laslo,* portraitiste.

Écoles Scandinaves

Danemark : *Peters Severin Kroÿer.*
Suède : *Carl Larsson, Bruno Liljefors, A. Zorn.*
Norvège : *Gerard Munthe, Fritz Thaulow.*
Finlande : *Axel Gallen, A. Edelfelt.*

Art Russe

Jesimovitch Repine. Portraits de Rubinstein, Tolstoï. — *Constantin Korovine, Isaac Levitan* (paysagiste). — *Michel Wroubel* (décorateur).

École Espagnole

Bernardo Fortuny. — *Daniel Vierge,* dessinateur. — *Sorolla y Bastida,* Retour de la pêche (Luxembourg). — *Ignace Zuloaga,* peint les toreros et les gitanas. — *José Maria Sert,* décorateur. — *Rusinol,* peint les jardins de Grenade.

École Italienne

Domenico Morelli, Tito, Paolo Michetti, Giovanni Boldini (portraitiste).

Ameublement — Renaissance et Temps modernes

Renaissance

Pieds en forme de balustres avec cannelures et chapeau (fig. I) (planche au recto), le meuble est toujours architectural, les moulures très saillantes ont un profil caractéristique (fig. III et VII), elles sont généralement décorées d'ornements interprétés de l'antique : oves, palmettes, cannelures, etc. (fig. IV, socle de bahut François Ier). — Les dressoirs et buffets sont couronnés de frontons — les pieds géométriques sont souvent remplacés (surtout sous la période François Ier) par des personnages sculptés sortant

Figure XX.

de gaines (fig. XI). — Les pieds des tables sont très fantaisistes et adoptent la forme d'animaux, chimères (fig. X) — à comparer par exemple avec les pieds de table romains (fig. XX) — lits à quenouilles (baldaquins soutenus par des colonnes).

Il y a une très profonde différence entre la silhouette et l'aspect d'un meuble de la période François Ier et d'un meuble de la période Henri II. Tandis que dans le premier les contours sont très découpés et que l'ornementation est abondante et répandue sur toute la surface du meuble, le second offre plus de simplicité, un aspect plus géométrique, plus vertical et moins découpé — les détails ont moins de saillie et l'ensemble est plus régulier et mieux construit. La figure II représente un double balustre très fréquemment employé dans le style Henri II.

Style Louis XIII

Pieds en balustres pansus, colonnes torses (fig. V) — extrémités en forme de boules aplaties (fig. VI) — frontons brisés dans la partie supérieure des bahuts (fig. XIII).

Style Louis XIV

Pieds en forme de consoles lourdes, décorées de feuilles d'acanthe (pour les tables fig. IX), ou en forme de toupies (fig. XIV pour les bahuts) — du reste toutes les fantaisies se trouvent, comme par exemple l'imitation antique : pied en griffe (fig. XV) — un meuble très caractéristique de cette période est la console. — Les figures XIII et XIV représentent deux meubles de Boule avec marqueterie d'écaille et de cuivre.

Style Louis XV

Pieds contournés en S (fig. XVI — imitation de la rocaille. — Commodes avec ornements de cuivre et décor en marqueterie (fig. XVII) — lits à la turque (en forme de canapé), lits duchesse, lits tombeau, etc. — grande variété de sièges.

Style Louis XVI

Pieds en forme de fûts cannelés — prédominance de la ligne droite (fig. XVIII) — les tables sont très élégantes et très simples. Tablettes de marbre blanc — petites galeries de cuivre à jour — ornementation avec des petites guirlandes de fleurs en cuivre et des plaques de porcelaine. — La figure XIX représente un bureau secrétaire à cylindre.

Style Empire

Chaises imitant les formes antiques (fig. XXIII) — lits à bateau (fig. XXI).

Lits de la Renaissance et du commencement du dix-septième siècle au musée de Cluny — meubles du dix-septième, du dix-huitième siècle au musée du Louvre, aux palais de Versailles et de Fontainebleau.

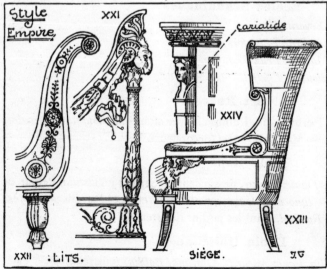

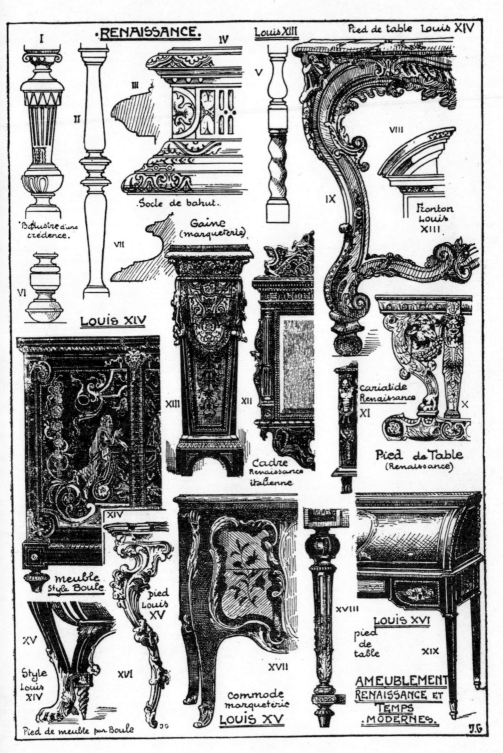

RENAISSANCE.

I

II

III

IV

Socle de bahut.

Balustre d'une crédence.

VI

VII

Gaine
(marqueterie)

Louis XIII

V

IX

Pied de table Louis XIV

VIII

Fronton
Louis
XIII

LOUIS XIV

XIII

XII

Cadre
Renaissance
italienne

Cariatide
Renaissance
XI

X

Pied de Table
(Renaissance)

XIV

Meuble
Style Boule

pied
Louis
XV

XV

Style
Louis
XIV

XVI

XVII

XVIII

LOUIS XVI
pied
de
table
XIX

Commode
marqueterie
LOUIS XV

AMEUBLEMENT
RENAISSANCE ET
TEMPS
MODERNES.

Pied de meuble par Boule

JG

JG

219

Principales Œuvres

REZ-DE-CHAUSSÉE DU MUSEE DU LOUVRE

SCULPTURE*

(Les salles ayant été récemment remaniées les légendes indiquées sur le plan ne sont pas toutes exactes. Se reporter, de préférence, aux nomenclatures données ci-dessous.)

A. — Sculpture grecque et romaine.

1. – **Galerie Daru** : Sculpture antique, reproduction de bronzes, sarcophages romains et mosaïques.

2. – **Salle des prisonniers barbares** (sous l'escalier Daru) : Au 1er étage un chef-d'œuvre de l'art grec : la *Victoire de Samothrace*.

3. – **Rotonde d'Anne d'Autriche** : Vase Borghèse.

4. – **Salle des bas-reliefs hellénistiques. Cour du Sphinx** : Bas-reliefs archaïques du temple d'Assos, frise du temple d'Arthémis à Magnésie. – De l'autre côté de la cour s'ouvre la salle d'Afrique et de Syrie et les salles d'antiquités chrétiennes.

5, 6, 7, 8, 9. – **Salles d'Auguste, des Antonins, de Septime le Sévère**, etc. Bustes romains, statues d'impératrices.

10. – **Salle archaïque** : Héra, Apollons archaïques, stèles.

11. – **Salle d'Alexandre.**

12. – **Salle des Poètes grecs.**

13. – **Salle de Lysippe** : Hermès.

14. – **Salle de la Vénus de Milo.**

15. – **Salle de Bacchus** : Satyre accoudé – Eros.

16. – **Salle de Praxitèle** : Diane de Gabies – l'Apollon Saurochtone.

17. – **Salle de Polyclète** : répliques du Diadumène et de l'Amazone blessée – la Pallas Vellitri.

18. – **Salle de Phidias** : l'Apollon de Cassel.

19. – **Salle du Parthénon** : Fragment de la frise du Parthénon – Métopes – Suppliante Barberini.

20. – **Salle des Cariatides** : Ariane endormie – Diane de Versailles – l'Hermaphrodite Borghèse (4 cariatides de *Jean Goujon* supportent une tribune).

B. – Sculptures et antiquités égyptiennes et orientales.

21-22. – **Galerie chaldéo assyrienne et Salle de la Susiane** : Grands taureaux ailés - Génies ailés – Statues de Goudéa – Stèles.

23 et salles suivantes : **Phénicie, Salle de Morgan, Salle ibérique. Salle de Perse.**

(Au 1er étage au dessus des Salles 21 et 22 : **Salle de Sarzec et Salle Dieulafoy** : Chapiteaux de Suse).

Les salles consacrées aux antiquités égyptiennes occupent les deux bâtiments formant l'angle de la cour carrée entre la porte des arts et la porte de Saint-Germain-l'Auxerrois.

27. – **Salle des Grands Monuments de la 2e époque thébaine et de l'époque Saïte.**

Les salles I, II, III, IV, V, VI, VII, VIII, IX, X, occupées autrefois par la sculpture du Moyen-Age et de la Renaissance abritent maintenant les collections égyptiennes : le Martaba – le Scribe accroupi.

Au-dessus de ces salles au 1er étage se trouvent la petite statuaire, le mobilier funéraire et la salle des bijoux et des bronzes.

C. – Sculpture du Moyen-Age, de la Renaissance et des temps modernes.

Depuis 1934 ces collections ont été installées au rez-de-chaussée de la galerie du bord de l'eau qui s'ouvre sous les guichets du Carroussel par la Porte de la Trémoille et à la suite dans le rez-de-chaussée du Pavillon des États.

On y retrouve : la célèbre Vierge auvergnate du XIIe siècle – les Vierges à l'enfant des XIVe et XVe siècles – le Charles V – le tombeau de Philippe Pot – le Saint Georges de Gaillon par *Michel Colombe*.

La Renaissance Française est représentée par les Nymphes de la Fontaine des Innocents – la Diane d'Anet – les trois Grâces – le Tombeau du chancelier Birague, etc.

Dans la Salle Italienne on voit les fameux Esclaves de *Michel-Ange* – le Mercure de *Jean Bologne*, etc.

Les œuvres les plus typiques de Coysevox, Puget et Girardon figurent le XVIIe siècle. La sculpture du XVIIIe et XIXe siècles sera placée à la suite de cette galerie en direction du Pavillon de Flore (occupé encore par le Ministère des Finances).

(*) Les numéros, chiffres et lettres concordent avec ceux du plan

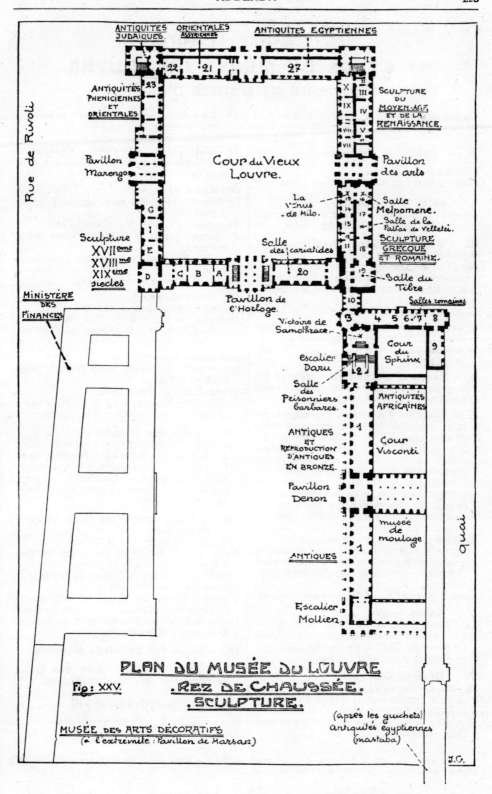

PLAN DU MUSÉE DU LOUVRE
Fig: XXV.   REZ DE CHAUSSÉE.
SCULPTURE.

Principales Œuvres
1ᵉʳ ÉTAGE DU MUSÉE DU LOUVRE
PEINTURE ET OBJETS D'ART ⁽¹⁾

(Les indications portées sur le plan ne correspondent pas toujours à la nouvelle répartition des peintures, il est préférable de se reporter aux nomenclatures donnies ci-dessous.)

A. — Salles de Peinture.

I. — Salle La Caze.
Peinture française du dix-huitième siècle.

II. — Salle Henri II.
David : les Sabines. — *Gérard :* le Premier baiser de l'Amour. — *Girodet :* Atala.

III. — Salon des Sept Cheminées.
Peintures de l'époque impériale.
David : le Serment des Horaces, le Couronnement de l'Impératrice, Portraits de Mme Récamier, de Pie VII, de M. et Mme Seriziat.
Gros : les Pestiférés de Jaffa.

a. — Salle des Bijoux — superbes bijoux
étrusques, couronnes et diadèmes d'or — casques gaulois — fibules — bracelets, colliers, bagues.

b. — Rotonde d'Apollon — porte en fer
forgé du dix-huitième siècle — plafond peint par Blondel, Couder et Mauzaine.

c. — Galerie d'Apollon — magnifique
salle — superbes lambris à ornements dorés de style Louis XIV — plafond peint par Le Brun et Delacroix — tapisseries des Gobelins ornent les panneaux — nombreux objets d'art exposés dans les vitrines : émaux de Limoges, reliquaires, châsse — dans la vitrine centrale : les Joyaux de la Couronne : le Régent, un des plus beaux diamants dn monde — collier de perles de Mme Thiers — couronne de Napoléon Iᵉʳ.
Dans les autres vitrines : objets ayant servi au sacre des rois de France : main de justice, crosses, reliquaires, sceptre — châsse de saint Potentien — miroir de Marie de Médicis — vases, etc.
Meubles de style Louis XIV dans les embrasures.

IV. — Salon carré.
Le Titien : Mise au tombeau, Antiope. — *Le Tintoret :* Suzanne au bain. — *Véronèse :* les Noces de Cana. — *Le Corrège :* Antiope. — *Raphaël :* la Sainte Famille.

VI. — Grande Galerie.
(A) *École Italienne :* Léonard de Vinci : la Belle Ferronnière, la Vierge au rochers, la Joconde, Sainte Anne.
Raphaël : la Belle Jardinière, portrait de Balthazar Castiglione.

Le Titien : l'Homme au Gant. — *Giorgione :* le Concert champêtre. — *Caravage :* la Mort de la Vierge.

(B) École espagnole.
Le Gréco : le Christ en Croix. — *Ribera :* le Pied Bot.
Velasquez : l'Enfante Marie-Marguerite.
Zurbaran : Scènes de la Vie de Sainte Bonaventure.
Murillo : l'Immaculée Conception, le Jeune mendiant.
Goya : la Dame à l'éventail.

(C) École flamande.
Rubens : Hélène Fourment et ses enfants.
Jordaens : le Roi boit. — *Van Dyck :* Portraits, Charles Iᵉʳ d'Angleterre. — *Teniers :* l'Enfant prodigue.

(D) École hollandaise.
Rembrandt : Bethsabée, Bœuf écorché, Saint Mathieu et l'Ange.
Frans Hals : la Bohémienne.
Ruisdaël : le Buisson, la Forêt. — *Hobbema :* le Moulin à eau. — *Cuyp :* le Taureau.

VII. — Salle des Primitifs italiens.
Pisanello : Princesse d'Este. — *Ghirlandajo :* la Visitation. — *Botticelli :* Fresques de la Villa Lemmi. — *Angelico :* le Couronnement de la Vierge. — *Cimabuë :* la Vierge aux Anges. — *Giotto :* Saint François recevant les stigmates.

VIII. — Salle des États (École française
du dix-neuvième siècle).
Géricault : le Radeau de la Méduse.
Delacroix : la Barque de Dante, les Femmes d'Alger, les Massacres de Scio.
Ingres : l'Odalisque, la Source, M. Bertin.
Chassériau : les Deux Sœurs.
Corot : la Danse des Nymphes. — *Courbet :* l'Enterrement à Ornans. — *Rousseau :* Coucher de Soleil. — *Millet :* les Glaneuses. — *Daubigny :* le Printemps.

IX. — Salle des Primitifs français.

X. — Salle des peintures des quatorzième et quinzième siècles.
Piéta de Villeneuve-les-Avignon.
Fouquet : Portrait de Charles VIII.

XI. — Salle du seizième siècle.
Les Clouet : Portraits.

(1) De même que pour la Sculpture, il a été procédé depuis 1920 à une nouvelle répartition et groupement des tableaux, cet aménagement n'est pas encore terminé (1939).

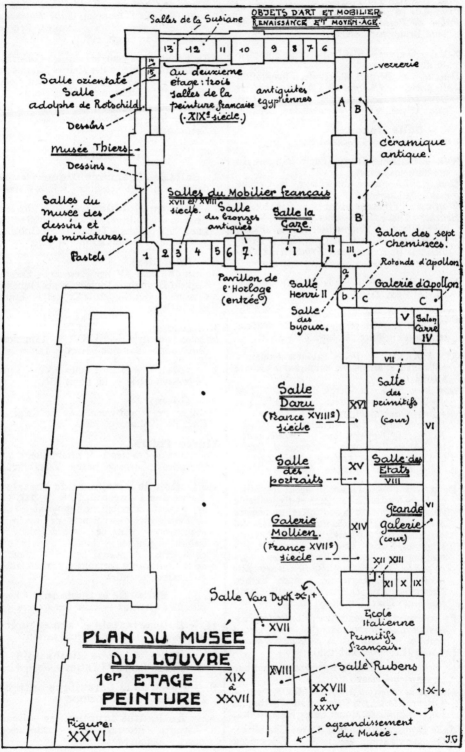

Salles de la Susiane

OBJETS D'ART ET MOBILIER
RENAISSANCE ET MOYEN-AGE.

13 · 12 · 11 · 10 · 9 · 8 · 7 · 6

verrerie

Salle orientale
Salle
adolphe de Rotschild.

Au deuxieme
etage : trois
salles de la
peinture francaise
(. XIXᵉ siecle.)

antiquités
egyptiennes

A   B

Dessins

Musée Thiers

Céramique
antique.

Dessins

Salles du Mobilier français

Salles du
musée des
dessins et
des miniatures.

XVII et XVIII
siecle.   Salle
des bronzes
antiques

Salle la
Gaze.

B

Salon des sept
Cheminées.

Pastels

1 · 2 · 3 · 4 · 5 · 6 · 7 · I · II · III

Rotonde d'apollon

Galerie d'Apollon

Pavillon de
l'Horloge
(entrée)

Salle
Henri II

a

b   C

C

Salle
des
byoux.

V   Salon
Carré
IV

VII

Salle
Daru

(France XVIIIᵉ)
siecle

XVI

Salle
des
primitifs

(cour)

VI

Salle
des
portraits

XV

Salle des
Etats

VIII

Galerie
Mollien.

(France XVIIᵉ)
siecle

XIV

Grande
galerie

(cour)

VI

XII XIII

XI X IX

Salle Van Dyck

Ecole
Italienne
Primitifs
français.

XVII

XVIII

Salle Rubens

PLAN DU MUSÉE
DU LOUVRE
1er ETAGE
PEINTURE

XIX
à
XXVII

XXVIII
à
XXXV

X

agrandissement
du Musée.

Figure:
XXVI

J.G.

XIII. – Salle Le Nain.
Famille de paysans, La Forge.
Palier de l'escalier Moltien : Histoire de
Saint Bruno par Lesueur.

XIV. – Galerie Mollien (École française
du dix-septième siècle).
Poussin : les Bergers d'Arcadie, l'Inspiration
du poète. – *Philippe de Champaigne :* les
Deux religieuses, portraits. – *Claude Lorrain :* Ulysse, le Débarquement de Cléopâtre.

XV. – Salle Denon.
Lebrun : Batailles d'Alexandre.

XVI. – Galerie Daru (École française du
dix-huitième siècle).
Greuze : l'Accordée du village, la Cruche
cassée, la Laitière.
Watteau : l'Embarquement pour Cythère.
Boucher : Diane, le Déjeuner du matin, Vénus
chez Vulcain. – *Fragonard :* Vœu à l'amour,
Corésus et Callirhoé. – *Chardin :* le Bénédicité, la Pourvoyeuse. – *Prudhon :* la Vengeance et la Justice poursuivant le crime.

**XVII. – (à l'extrémité de la *Grande Galerie*).
Salle Van Dyck.**

XVIII. – Galerie Médicis.
Dix-huit grandes compositions de *Rubens*
retraçant l'histoire de Marie de Médicis.

XIX à XXXV. – Petits cabinets flamands,
hollandais et allemands entourant la Galerie
Médicis.
Jean Van Eyck : la Vierge d'Autun. – *Van
der Weyden :* Triptyque de la famille Braque. –
Meuling, Quentin Metsys : les Changeurs. –
Pierre Bruegel : les Mendiants. – *Jérôme
Bosch :* la Nef des fous. – *Rembrandt :*
les Pèlerins d'Emmaüs. – *Vermeer de Delft :*
la Dentellière. – *Terborg :* le Concert. –
Hans Holbein : Erasme, Anne de Clèves.

De la Salle I Salle Lacaze et après les Salles
du Mobilier des dix-septième et dix-huitième
siècles donnant sur la cour carrée on pénètre
dans les *Salles des Peintures anglaises des
dix-huitième et dix-neuvième siècles* (Rœburn,
Hoppner, Russell, Lawrence, Constable, Bonington): viennent ensuite *les Salles consacrées à la Peinture française du dix-neuvième
siècle* (Ingres, Géricault, Horace Vernet,
Delaroche, Ary Scheffer, Chintreuil, Corot,
Rousseau, Diaz, Daubigny, etc...).

En poursuivant on rencontre *la Salle des Pastels du dix-huitième siècle* (La Tour, Perronneau) et les *Salles de la collection Thomy-
Thiéry* (École de Barbizon).

La visite de la Peinture française se continue
au deuxième étage :

*Salle de la collection Moreau-Nélaton, Fantin-
Latour, Manet :* le Déjeuner sur l'herbe; les
Impressionnistes: Monet, Sisley, Pissarro, etc...

Salle Degas, Salle Bonnat (Corot, Chassériau,
Gustave Moreau, etc...); *Salle Chassériau*

(Puvis de Chavannes, Bazille); *Salle Caille-
botte* (Manet : l'Olympia); *Salle Raymond
Kœchlin* (Sisley, Monet, Cézanne, Renoir,
Gauguin, Van Gogh, etc...

A l'extrémité de la Galerie Médicis : *Collection
Chauchard* (Œuvres des Maîtres français du
dix-neuvième siècle : Décamps, Corot, Delacroix, Isabey, Meissonier, Millet, etc...).

Dans les salles suivantes : *Collections Lacaze*
(dix-septième et dix-huitième siècles), et
Schlichting.

Art Décoratif.

7. – Salle des Bronzes antiques : lampa-
daires – cuirasses – casques – bijoux – vases.

5. – Salle du Mobilier français (dix-sep-
tième et dix-huitième siècles) : meubles style
Louis XIV (Boule) – Tapisserie des Gobelins
– Guéridon en bois sculpté et doré.

4. – (Mobilier).
Bureau de Louis XV par Riesener – Épée et
fusil du Dauphin – Tapisseries des Gobelins
(dessins de Boucher et de Coypel) – Boîtes
et tabatières.

3. – (Idem).
Mobilier de style Louis XVI – Commode
Directoire – Vases de Sèvres – Tapisseries.

2. – (Idem). – Meuble Louis XVI – Tapis
de la Savonnerie – Lit Louis XVI.

1. – (Idem).
Mobilier des appartements de la Reine –
Cires de Clodion.

Musée Thiers.
Collection de bronzes et de céramique.
Porcelaines de Sèvres, de Saxe – Vases chinois.

**Collection de Dessins et de Pastels –
Salle des Ivoires 6, 7, 8, 9, 10, 11,**
art décoratif et mobilier du moyen âge et de
la Renaissance – Faïences de Rouen –
Moustiers – Plats de Bernard Palissy –
Tables – Coffres – Lits – Serrurerie et
coutellerie – Armure d'Henri II – Meubles
de la Renaissance : armoiries, chaises, tables,
tapisseries flamandes.

12, 13. – Salles de la Susiane – Chapi-
piteaux à taureaux – Frise des archers.

14. – Salle orientale – Faïences hispano-
mauresques – carreaux décor persan.

15. – Salle Adolphe Rothschild –
Duccio : la Vierge et l'Enfant – Reliquaires.

B. – Musée de la Céramique antique.
Céramique grecque et étrusque.

A. – Antiquités égyptiennes – Bijoux
– ivoires – bronzes – vases – statuettes de
dieux – sarcophages.

Principaux Décorateurs et Ornemanistes

Renaissance

A. — France

Androuet Ducerceau, Philibert de Lorme, Delaulne (orfèvrerie), Boivin (orfèvrerie), Voeriot (bijouterie).

B. — Allemagne

Dürer, Holbein, Solis, Wechter, Dieterlin, Aldegrever, Hopfer (orfèvre).

C. — Pays-Bas

Vredeman de Vriese, Baltazar Sylvius.

D. — Italie

Raphaël, Michel-Ange, Carrache, Salviati, Le Primatice.

Style Louis XIII

Vouet, Abraham Bosse, Stella, Adam Philippon.

Style Louis XIV

Lebrun, Lepautre, Marot, Boule, Bérain, Vauquer, Picard, Germain Audran, Briceau (orfèvrerie), Legaré.

Style Louis XV

A. — Régence

Oppenort, Robert de Cotte, Gillot, Watteau.

B. — Louis XV

Boffrand, Meissonnier, Delajoue, Blondel, Eisen, Cochin, Pierre Germain (orfèvrerie), Boucher, Pillement, Haberman (Allemagne).

Style Louis XVI

A. — France

Delafosse, Salembier, Ranson, Prieur, Lucotte, Watelet, Clodion.

B. — Angleterre

Les frères Adam, Sheraton, Chippendale.

C. — Italie

Piranesi.

Style Empire

Percier et Fontaine.

Rôle — Transformation et Évolution
de quelques Formes Architecturales⁽*⁾

A. — ÉLÉMENTS

Colonnes

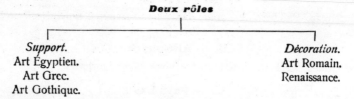

Deux rôles

Support.	*Décoration.*
Art Égyptien.	Art Romain.
Art Grec.	Renaissance.
Art Gothique.	

Portiques

Égypte : réservés pour les temples.
Grèce : promenoirs : écoles de philosophie — Lycée — (le Pœcile).
Art Romain : application aux théâtres, marchés, bains et maisons particulières (extension).

Moyen âge { Le porche devient un abri et non plus un lieu de promenade. } { a — porche au-devant des églises.
b — cloître.
c — halles. }

Renaissance : loges abritant les œuvres d'art (Loggia dei Lanzi, Florence).
Style Louis XIV : colonnades : Louvre.
Temps modernes : promenoirs : Cour des Tuileries — Place des Vosges — Rue de Rivoli — Trocadéro.

Frontons

Égypte : inconnu (nature du climat n'a pas fait sentir la nécessité d'une toiture à deux pentes).
Grèce : continuation sur la façade du toit à deux pentes.
Réservé aux temples seuls (temple d'Égine, Parthénon, etc.).
Art Romain : adopté dans les constructions civiles.
Pente des rampants plus accentuée que dans l'art grec.
Usage dans toutes les parties de la construction où il n'a plus raison d'être (dessus de portes, de fenêtres, etc... il devient un élément décoratif).
Renaissance : simples motifs décoratifs — frontons courbés.
Application aux meubles — frontons brisés.
Temps modernes : imitation antique : Panthéon, Madeleine, etc.

Coupoles

Egypte, Grèce : néant.
Art Romain : premières applications monumentales : Panthéon.
Art Byzantin : coupoles sur pendentifs : Sainte-Sophie.
Art Perse et Musulman : variétés dans les profils, coupoles bulbeuses (art Russe).
Art Indien : coupoles des pagodes à côtes, stries et à étages.
Renaissance : coupoles des édifices religieux : Sainte-Marie des Fleurs, Saint-Pierre de Rome.

⁽*⁾ Les comparaisons entre divers éléments ou divers motifs appartenant tous à une même catégorie permettent d'établir les différences et de saisir très nettement les changements d'aspect et l'évolution des formes; nous donnons ici un aperçu très rapide et très succinct de ce travail, que nous avons du reste l'intention de développer plus tard.

Temps modernes : double coupole des Invalides.
Église Saint-Paul à Londres sur plan octogonal.
Panthéon de Paris : trois coupoles superposées.

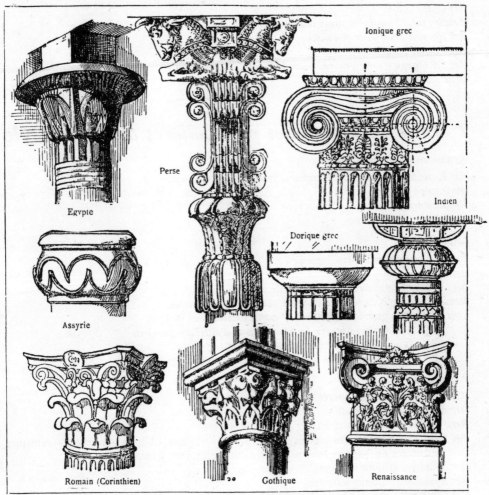

Tableau comparatif des diverses formes de chapiteaux.   Fig. 614 à 621.

Roses :

Art chrétien : oculus au-dessus de l'entrée principale des basiliques — pas de divisions intérieures.
XIIᵉ siècle : premières divisions intérieures — formes en trèfle et en quatre-feuilles.
XIIIᵉ siècle : rose s'élargit — divisions intérieures multiples (Reims), emploi restreint dans le Midi.
XIVᵉ siècle : grandes dimensions (Rouen).
XVᵉ siècle : divisions extrêmement nombreuses (Strasbourg).
Renaissance : usage rare — dimensions réduites (Sainte-Clotilde aux Andelys).

Chapiteaux.

Diversité infinie — chaque époque a ses chapiteaux nettement caractéristiques, mais dans une même époque on peut en trouver dont les détails soient très variés (par exemple, dans le style gothique, il serait difficile de trouver plusieurs chapiteaux identiques).

15*

B. – FORMULES PARTICULIÈRES A CERTAINS STYLES

Égypte : pyramides.

Assyrie : terrasses étagées.

Art Grec : ordres.

Art Byzantin : coupoles sur pendentifs.

Art Romain : coupoles et voûtes.

Art Roman : contreforts.

Art Gothique : travée d'ogive — arc-boutant.

Style Louis XV : rocaille.

Formes Ornementales particulières à chaque style

Arabesques et grotesques

Art Romain : peintures de Pompéi — fantaisies architecturales.

Moyen âge : grotesques des chapiteaux, clefs de voûte, etc.

Renaissance : triomphe de l'arabesque.

Style Louis XIV : Bérain.

Cartouche

Égypte : cartouches à hiéroglyphes.

Art Grec et Romain : néant.

Moyen âge : banderoles (origine dans l'écu ou blason féodal).

Renaissance : jolis cartouches dans les panneaux à arabesques.

Louis XIII : très grande importance — bords découpés en lanières.

Louis XIV : cartouches décorés de mascarons et d'attributs guerriers.

Louis XV : fantaisies non symétriques — coquilles.

Louis XVI : cartouches ovales — encadrements classiques.

Animaux

Art Égyptien : animaux sacrés — le scarabée — le sphinx.

Art Assyrien : taureaux ailés.

Art Perse : chapiteau à taureaux.

Art Grec : supports de tables — pieds de lion à griffes — rhytons — bijoux — bucrânes — centaures — persistance de la forme sphinx — décor des vases ; frises d'animaux.

Art Romain : griffons — aigles.

Art Byzantin : animaux affrontés.

Art Chrétien : animaux employés comme symbole.

Moyen âge : gargouilles — chimères, monstres.

Renaissance : sirènes — monstres fantaisistes des arabesques — faïences de Bernard Palissy.

Style Louis XIV : arabesques de Bérain : singes, chèvres, chiens, etc.

Style Louis XV : coquillages.

Style Louis XVI : colombes.

Style Empire : sphinx — cygnes — aigles.

Flore

Égypte : lotus.

Assyrie : pomme de pin.

Art gréco-romain : acanthe.

Moyen âge : acanthe épineuse.

XIIIe siècle : flore indigène : chêne, vigne, fraisier, fougère, iris, trèfle, etc.

XIVe siècle : marronnier, la luzerne, le pied-de-vache, l'érable, etc.

XVe siècle : le persil, le chou frisé, le chardon, la chicorée.
Renaissance : acanthe classique.
Louis XIV : acanthe ample et grasse.
Louis XV : acanthe découpée et contournée, palmes, roseaux.
Louis XVI : acanthe classique — fleurs en bouquets ou en guirlandes.

Figures 622 à 638.   Tableau Comparatif.

Grèce.

Palmette-grecque tirée d'une stelle.

Assyrie.   Egypte.

Palmette hindoue.   assyrie.

Palmette arabe.

Palmettes romaines. VARIATION DES PALMETTES.

Palmette romaine.   Romane.

Renaissance.

Palmettes Renaissance.   Romane.   Empire.   Louis XIV.   J.G.

Tableau comparatif de quelques ornements géométriques et floraux

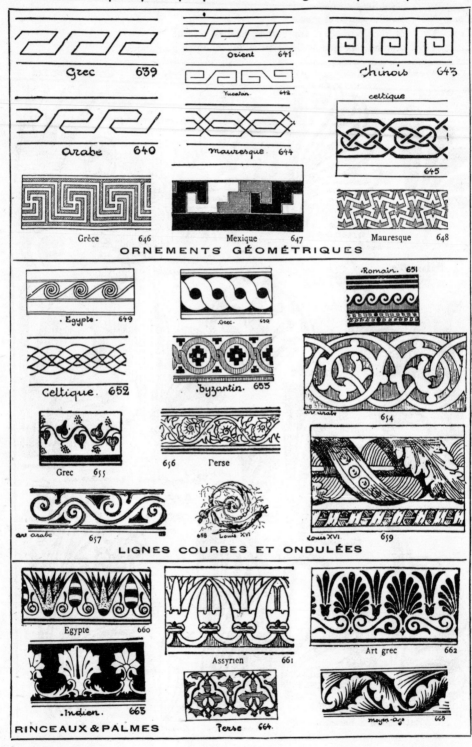

Grec   639

Orient   641

Chinois   643

Arabe   640

Yucatan   642

Mauresque   644

celtique

645

Grèce   646

Mexique   647

Mauresque   648

ORNEMENTS GÉOMÉTRIQUES

. Egypte .   649

. Grec .   650

Romain.   651

Celtique.   652

.byzantin.   653

av arab   654

Grec   655

656   Perse

Louis XVI

av arabe   657

658   Louis XVI

Louis XVI   659

LIGNES COURBES ET ONDULÉES

Egypte   660

Assyrien   661

Art grec   662

.Indien.   663

Perse   664

moyen-âge   665

RINCEAUX & PALMES

BIBLIOGRAPHIE

OUVRAGES GÉNÉRAUX

ANDRÉ MICHEL. — *Histoire de l'Art.* 1905.

ED. GUILLAUME. — *Histoire de l'Art et de l'Ornement.*

BAYET. — *Précis d'histoire de l'Art* (Bibliothèque de l'Enseignement des Beaux-Arts) 1908

ROGER PEYRE. — *Histoire des Beaux-Arts.*

S. REINACH. — *Apollo.* (Leçons professées à l'École du Louvre.) 1910.

(Direction Müntz). — *Le Musée d'Art.* (Photographies.)

CHOISY. — *Histoire de l'Architecture.*

L. MAGNE. — *Leçons sur l'Histoire de l'Art.*

L. BÉNÉDITE. — *Histoire des Beaux-Arts.*

A. ROUX. — *Précis d'Histoire de l'Art et de la Civilisation.*

A. LENOIR. — *Anthologie d'Art.* (Superbes photographies.)

MAILLART. — *Athèna.*

ÉLIE FAURE. — *Histoire de l'Art.*

LUBKE. — *Essai de l'Histoire de l'Art.*

RAYET. — *Études d'Archéologie d'Art.*

BEULÉ. — *Causeries sur l'Art.*

COURAJOD. — *Leçons professées à l'École du Louvre.*

SEROUX D'AGINCOURT. — *Histoire de l'Art par les monuments.*

BONNARD. — *Manuel d'Archéologie monumentale.*

E. BOSC. — *Dictionnaire raisonné d'Architecture.* 1876-1880

TAINE. — *Philosophie de l'Art.* 1881.

S. REINACH. — *Manuel d'Philologie classique.*

G. BOISSIER. — *Promenades archéologiques.*

A. DE CAUMONT. — *Abécédaire d'Archéologie.* 1871.

HOURTICQ. — *Histoire de l'Art* (France). 1911.

L. DESHAIRS. — *L'Art des origines à nos jours.* (2 vol.).

L. RÉAU. — *Histoire universelle des Arts.* (3 vol.).

L. HOURTICQ. — *Encyclopédie des Beaux-Arts.*

Pour avoir l'analyse des œuvres, les détails descriptifs et la critique, consulter les ouvrages suivants :

1° ANTIQUITÉ

GROSSE. — *Les débuts de l'Art.* 1902.

G. MASPERO. — *L'Archéologie égyptienne* (Bibliothèque de l'Enseignement des Beaux-Arts)

G. PERROT et CH. CHIPIEZ. — *Histoire de l'Art dans l'antiquité* (t. I. et II).

O. RAYET et G. MASPERO. — *Monuments de l'Art antique* (t. I).

A. MARIETTE. — *Itinéraire de la Haute Égypte.* 1880.

BEULÉ. — *Fouilles et découvertes.*

MASPERO. — *Lectures historiques.* 1890.

—   *Histoire ancienne des peuples de l'Orient.*

PRISSE D'AVESNES. — *Histoire de l'Art égyptien.*

SOLDI. — *La Sculpture égyptienne.*

BABELON. — *L'Archéologie orientale* (Bibliothèque de l'Enseignement des Beaux-Arts)

E. DE SARZEC. — *Découvertes en Chaldée.* 1834.

HEUZEZ. — *Un Palais chaldéen.*

E. BOTTA. — *Monuments de Ninive.* 1849.

PLACE et THOMAS. — *Ninive et l'Assyrie.* 1867.

F. LENORMANT. — *Manuel de l'Histoire ancienne de l'Orient.*

FLANDIN et COSTE. — *Voyage en Perse.* 1851.

DIEULAFOY. — *Art antique de la Perse.* 1885.

SAYCE. — *The Monuments of the Hittites.*

RENAN. — *Mission en Phénicie.* 1864.

CECCALDI. — *Monuments antiques de Chypre et de Syrie.*

CLERMONT-GANNEAU. — *L'Imagerie phénicieune.* 1880.

DE SAULCY. — *Histoire de l'Art judaïque.* 1858.

M. DE VOGUÉ. — *Le Temple de Jérusalem.*

S. REINACH. — *Voyage archéologique en Grèce et en Asie Mineure.*

DIEHL. — *Promenades archéologiques en Grèce.*

G. COUGNY. — *L'Art antique, choix de le tures.*

WINCKELMANN. — *Histoire de l'Art chez les anciens.* 1802.

K.-O. MULLER. — *Manuel d'archéologie de l'Art.* 1832.

CHIPIEZ. — *Histoire critique des origines et de la formation des ordres grecs.*

HITTORF. — *L'Architecture polychrome chez les Grecs.* 1851.

LECHAT. — *Le Temple grec.*

MAGNE. — *Le Parthénon.*

M. COLLIGNON. — *Fouilles de l'Acropole d'Athènes* (Revue des Deux Mondes).

BEULÉ. — *L'Acropole d'Athènes.* 1853.

LALOUX et MONCEAUX. — *Restauration d'Olympie.*

RAYET. — *Monuments de l'Art antique.* 1880.

SCHLIEMANN. — *Mycènes et Tyrinthe.*

M.-P. GIRARD. — *La Peinture antique.* 1892.

E.-A. GARDNER. — *Handbook of Greck sculpture.* 1907.

COLLIGNON. — *Histoire de la Sculpture grecque.* 1892-1897.

P. PARIS. — *La Sculpture antique.*

H. LECHAT. — *La Sculpture attique avant Phidias.*

A. DUMONT et CHAPLAIN. — *Les Céramiques de la Grèce propre.* 1881 1890.

POTTIER. — *Les Statuettes de terre cuite dans l'antiquité.* 1890.

RAYET et COLLIGNON. — *Histoire de la Céramique grecque.* 1888

BEULÉ. — *Le Peintre Apelles.*

M. COLLIGNON. — *Phidias.* 1886.

F. RAVAISSON. — *La Vénus de Milo.* 1871.

G. PERROT. — *Praxitèle.* 1905.

HEUZEY. — *Les Figurines antiques du Musée du Louvre.* 1883.

E. GEBHART. — *Dictionnaire des antiquités grecques et romaines*

E. TALBOT. — *Mythologie grecque et latine.*

E. CURTIUS. — *Histoire grecque.*

HEUZEY. — *Du principe de la draperie antique.* 1893.

CH. PICARD. — *La Sculpture antique.* (Manuels d'Histoire de l'Art).

Sur les découvertes archéologiques grecques consulter : la *Revue archéologique,* la *Gazette des Beaux-Arts* et le *Bulletin de correspondance hellénique.*

CHOISY. - *L'Art de bâtir chez les Romains.*

MARTHA. - *L'Art étrusque.* 1889.

THÉDENAT. - *Le Forum romain et les Forums impériaux.*

GUSMAN. - *Pompéi.*

DESGODETZ. - *Les Édifices antiques de Rome.*

J. MARTHA. - *Archéologie étrusque et romaine* (Bibliothèque de l'Enseignement des Beaux-Arts).

DAREMBERG et SAGLIO. - *Dictionnaire des antiquités grecques et romaines.* 1877.

FRŒHNER. - *La Colonne Trajane.* 1872.

R. ROCHETTE. - *Choix de peintures de Pompéi.*

BAYET. - *L'Art byzantin* (Bibliothèque de l'Enseignement des Beaux-Arts.)

J. LABARTHE. - *Le Palais impérial de Constantinople et ses abords. - Sainte-Sophie, le Forum Augustéon et l'Hippodrome.* 1861.

DIEHL. - *Ravenne.* 1886.

F. DE VERNEILH. - *L'Architecture byzantine en France.* 1851.

PÉRATÉ. - *L'Art chretien* (Bibliothèque de l'Enseignement des Beaux-Arts).

M. DE ROSSL. - *Rome souterraine.*

M. DE VOGUÉ. - *Les Églises de Terre sainte et l'Architecture civile et religieuse de la Syrie centrale du IVᵉ au VIIᵉ siècle.*

G. MILLET. - *Le Monastère de Daphné.*

MICHEL PALÉOLOGUE. - *L'Art chinois* (Bibliothèque de l'Enseignement des Beaux-Arts).

G. LE BON. - *La Civilisation de l'Inde.*

—   *La Civilisation des Arabes.*

J. BOURGOIN. - *Les Arts arabes.*

OWEN-JONES. - *L'Alhambra.* 1825-1842.

GIRAULT DE PRANGEZ. - *Essai sur l'Architecture des Arabes et des Mores.*

PRISSE D'AVESNES. - *Monuments de l'Art arabe.*

2° ART GALLO-ROMAIN ET ART ROMAN

S. REINACH. - *Les Gaulois dans l'Art antique.* 1889.

BARRIÈRE C. FLAVY. - *Les Arts industriels de la Gaule du Vᵉ au VIIᵉ siècle.* (3 vol.). 1901.

ANTHYME SAINT-PAUL. - *Histoire monumentale de la France.* 1883.

J. QUICHERAT. - *Mélanges d'Archéologie et d'Histoire.* 1886.

J. BRUTAILS. - *Précis d'Archéologie du moyen âge.* 1908.

F. DE VERNEILH. - *L'Architecture byzantine en France.* 1851.

R. DE LASTEYRIE. - *Études sur la Sculpture française du moyen âge.* 1902.

MÉRIMÉE. — *Peintures de Saint-Savin.* 1845.

H. LAFFILLÉE. - *La Peinture murale en France avant la Renaissance.* 1904.

L. LABANDE. - *Études d'Histoire et d'Archéologie romanes* (Provence et Languedoc). 1902.

A. DE ROCHEMONTEIX. - *Les Églises romanes de la Haute Auvergne.*

E. RUPIN. - *L'Abbaye et les Cloîtres de Moissac.* 1897.

CH. PORÉE. — *L'Abbaye de Vézelay.* 1909.

V. RUPRICH-ROBERT. — *L'Architecture normande aux XIᵉ et XIIᵉ siècles.* 1884-1889.

CLÉRISSEAU. - *Les Antiquités de France.*

CLEUZIOU. - *L'Art national.*

ENLARD. - *Manuel d'Archéologie française.*

VIOLLET-LE-DUC. - *Dictionnaire d'Architecture française.*

—   *Dictionnaire du Mobilier.*

L. CHATEAU. – *Histoire de l'Architecture en France.*

CORROYER. – *L'Architecture romane* (Bibliothèque de l'Enseignement des Beaux-Arts).

REVOIL. – *L'Architecture romane du midi de la France.*

3° ART GOTHIQUE

GONSE. – *L'Architecture gothique.*

VERDIER et CATTOIS. – *L'Architecture civile et domestique au moyen âge et à la Renaissance.* 1858.

ED. CORROYER. – *L'Abbaye du Mont-Saint-Michel.* 1871.

GAILHABAUD. – *L'Architecture du V° au XVI° siècle.*

VITRY et BRIÈRE. – *L'Église abbatiale de Saint-Denis et ses tombeaux.* 1908.

M. AUBERT. – *La Cathédrale Notre-Dame de Paris.* 1909.

F. DE GUILHERMAY. — *Description de la Sainte-Chapelle.*

Abbé BULTEAU. – *Monographie de la cathédrale de Chartres.* 1902.

G. DURAND. – *La Cathédrale d'Amiens.* 1913.

E. MOREAU-NÉLATON. – *La Cathédrale de Reims.* 1915.

GOSSET. – *Monographie de la cathédrale de Reims.* 1894.

CROZES. – *Monographie de Sainte-Cécile d'Albi.* 1873.

E. MALE. – *L'Art religieux en France.* 4 vol.

V. VITRY et BRIÈRE. –- *Documents sur la sculpture française au moyen âge.* 1904.

E. LEFÈVRE-PONTALIS. – *Le Château de Coucy.* 1909.

VIOLLET-LE-DUC. – *Histoire d'une forteresse.* 1874.

    –   *La Cité de Carcassonne.* 1878.

DE BAUDOT. – *La Sculpture française du moyen âge.*

A. PERRAULT-DABOT. – *L'Art en Bourgogne.* 1894.

A. KLEINCLAUSZ. – *Claus Sluter.* 1905.

A. LABITTE. – *Les Manuscrits.*

H. MARTIN. – *Les Miniaturistes français.* 1906.

L. BOUCHOT. - *Les Primitifs français.* 1904.

G. BENOIT. – *La Peinture française à la fin du XV° siècle.* 1901-1902.

O. MERSON. — *Les Vitraux* (Bibliothèque de l'Enseignement des Beaux-Arts).

LABARTE. – *Histoire des Arts industriels.*

4° RENAISSANCE. TEMPS MODERNES

GEBHART. – *Les Origines de la Renaissance en Italie.* 1879.

MUNTZ. – *Les Précurseurs de la Renaissance.*

BERTEAUX. – *L'Art dans l'Italie méridionale.* 1904.

PALUSTRE. – *L'Architecture de la Renaissance* (Bibliothèque de l'Enseignement des Beaux-Arts).

COINDET. – *Histoire de la Peinture en Italie.*

REYMOND. – *La Sculpture florentine.*

VENTURI. – *Storia dell'arte Italiana.* 1901-1903.

CH. BLANC. – *Histoire de la Renaissance en Italie.*

CH. PERKINS. – *Les Sculpteurs italiens.* 1869.

BURCKHARDT. – *Le Cicérone* (traduction de Gérard).

CH. CLÉMENT. – *Michel-Ange, Léonard de Vinci et Raphaël.* 1881.

M.-P. MANTZ. – *Les Chefs-d'œuvre de la peinture italienne.* 1870.

L. HOURTICQ. – *La Peinture des origines au XVI° siècle.*

Léon de Laborde. — *La Renaissance des Arts à la Cour de France*

A. Berty. — *La Renaissauce monumentale en France*. 1864.

Du Cerceau. — *Les plus excellents bâtiments de France*.

E. David. — *Histoire de la Sculpture française*. 1853.

Bouchot. — *Les Primitifs français*. (Librairie Plon-Nourrit).

L. Vitet. — *Le Louvre*. 1853.

A. Babeau. — *Le Louvre et son histoire*. 1896.

E. Le Nail. — *Le Château de Blois*. 1875

Lafenestre. — *Jean Fouquet*. 1905.

Lafillée. — *La Peinture murale en France avant la Renaissance*

A. Germain. — *Les Clouet*.

E. Molinier. — *Les Meubles du moyen âge et de la Renaissance*.

H. Bouchot. — *Les Portraits au crayon des XVIe et XVIIe siècles*. 1884

Gélis-Didot. — *La Peinture décorative en France du XIe au XVIe siècle*.

Dalbon. — *Les Origines de la Peinture à l'huile*. 1904.

L. Gillet. — *La Peinture en Europe au XVIIe siècle*.

Dehsaines. — *Histoire de l'Art dans la Flandre, l'Artois et le Hainaut avant le XVe siècle*. 1880.

H. Havard. — *Histoire de la Peinture hollandaise*.

Max Rooses. — *L'Œuvre de Rubens*. 1888.

E. Michel. — *Les Musées d'Allemagne : Cologne, Munich, Cassel*.

Lefort. — *La Peinture espagnole*.

L. Solvay. — *L'Art espagnol*. 1887.

Louis Viardot. — *Les Musées d'Espagne*.

Gonse. — *La Sculpture française depuis le XIVe siècle*. 1895.

P. Lacroix. — *Lettres, Sciences et Arts au XVIIe siècle*.

H. Lemonnier. — *L'Art français au temps de Richelieu et de Mazarin*. 1895.

A. Valabrègue. — *Les Frères Le Nain*.

H. Bouchitté. — *Le Poussin, sa Vie, ses Œuvres*. 1858.

A. Fontaine. — *Les Doctrines d'Art en France, de Poussin à Diderot*, 1918

E. Bourgeois. — *Le Grand Siècle*. 1896.

A. Genevay. — *Le Style sous Louis XIV*. 1886.

H. Jouin. — *Charles Le Brun et les Arts sous Louis XIV*. 1889.

H. Havard. — *Les Boulle*. 1893.

A. Houssaye. — *L'Art français du XVIIIe siècle*. 1860.

P. Bosq. — *Versailles et les Trianons*.

Havard. — *Dictionnaire de l'Ameublement et de la Décoration depuis le XIIIe siècle*

L. Rosenthal. — *Du Romantisme au Réalisme*.

S. Blondel. — *L'Art à l'époque de la Révolution*.

R. de La Sizeranne. — *La Peinture anglaise contemporaine*.

Ch. Blanc. — *École française*.

Lafenestre. — *La Peinture française du XIXe siècle*.

L. Bénédite. — *Le Musée du Luxembourg*.

—   *Les Sculpteurs français du XIXe siècle*. 1905.

H. Mareil. — *La Peinture française au XIXe siècle*. 1905.

Garnier. — *Histoire de la Verrerie et de l'Émaillerie*.

Havard. — *Histoire de l'Orfèvrerie française*.

G. Voot. — *La Porcelaine*. (Bibliothèque de l'Enseignement des Beaux-Arts)

Ch. Deck. — *La Faïence*.

E. MUNTZ. — *La Tapisserie.*

C. DE CLARAC. — *Le Louvre et les Tuileries.*

P. DE NOLHAC. — *Histoire du château de Versailles.*

A. DE CHAMPEAUX. — *Les Monuments de Paris.*

E. FROMENTIN. — *Les Maîtres d'autrefois.*

A. DE CHAMPEAUX. — *Le Meuble.* 2 vol. (Bibliothèque de l'Enseignement des Beaux-Arts)

MOLINIER. — *Le Mobilier aux XVIIe et XVIIIe siècles.*

P. LAFOND. — *L'Art décoratif et le Mobilier sous la République et l'Empire.*

GUILMARD. — *Les Maîtres ornemanistes.* (Librairie Plon-Nourrit).

L. FOCILLON. — *La Peinture aux XIXe et XXe siècles.*

LES MAITRES DE L'ART. — *Collection de monographies d'artistes publiées sous le haut patronage du Ministère de l'Instruction publique et des Beaux-Arts.*

Volumes parus (Librairie Plon) :

Botticelli, par CH. DIEHL, professeur à la Faculté des Lettres de l'Université de Paris.

Chardin, par EDMOND PILON.

David, par LÉON ROSENTHAL, professeur au lycée Louis-le-Grand.

Albert Dürer, par MAURICE HAMEL, professeur au lycée Carnot.

Géricault, par LÉON ROSENTHAL, professeur au lycée Louis-le-Grand.

Ghirlandaio, par H. HAUVETTE, chargé de cours à la Faculté des Lettres de l'Université de Paris.

Giotto, par C. BAYET, directeur de l'Enseignement supérieur.

Benozzo Gozzoli, par URBAIN MENGIN.

Holbein, par FRANÇOIS BENOIT, professeur d'histoire de l'art à la Faculté des Lettres de l'Université de Lille.

Charles Le Brun, par PIERRE MARCEL.

Michel-Ange, par ROMAIN ROLAND, chargé d'un cours d'histoire de l'art à la Faculté des Lettres de l'Université de Paris.

Phidias, par H. LECHAT, professeur à la Faculté des Lettres de l'Université de Lyon.

Raphaël, par LOUIS GILLET.

Reynolds, par FRANÇOIS BENOIT, professeur d'histoire de l'art à la Faculté des Lettres de l'Université de Lille.

Rubens, par LOUIS HOURTICQ, agrégé de l'Université.

Scopas et *Praxitèle,* par M. COLLIGNON, membre de l'Institut.

Claus Sluter, par A. KLEINCLAUSZ, professeur à la Faculté des Lettres de l'Université de Lyon.

Verrocchio, par MARCEL REYMOND.

Peter Vischer, par LOUIS RÉAU.

Philibert de l'Orme, par HENRI CLOUZOT, conservateur de la Bibliothèque Forney.

Donatello, par ÉMILE BERTAUX, professeur à la Faculté des Lettres de l'Université de Lyon.

Le Bernin, par MARCEL REYMOND.

MUSÉES

FRANCE

MUSÉE DU LOUVRE A PARIS. — *Sculpture grecque, romaine, égyptienne, assyrienne, perse, etc..., superbe et incomparable Galerie de Peinture depuis les Primitifs italiens jusqu'à la fin du XIXe siècle. — Salles du Mobilier.*

MUSÉE DU TROCADÉRO. — *Moulages. — Toute l'histoire de l'architecture et de la sculpture romane et gothique.*

MUSÉE DE SAINT-GERMAIN. — *Antiquités gauloises.*

MUSÉE DE CLUNY. — *Art décoratif du moyen âge.*

MUSÉE GUIMET. — *Arts orientaux.*

MUSÉE DES ARTS DÉCORATIFS. — (Pavillon de Marsan, Louvre).

MUSÉE DU LUXEMBOURG. — *La Peinture contemporaine.*

MUSÉE CARNAVALET. — *Souvenirs historiques de la ville de Paris.*

EN PROVINCE, belles collections de peintures aux musées de *Lille, Grenoble, Montpellier, Bordeaux.* — Musée Ingres à *Montauban.* — Collection des pastels de La Tour à *Saint-Quentin.*

MUSÉES D'ART RÉGIONAUX : Musée breton à *Quimper.* — Musée Arlatan à *Arles* (art provençal).

Belles collections de moulages des statues antiques aux Facultés des Lettres de *Lyon* et de *Montpellier.*

ÉTRANGER

MUSÉE BRITANNIQUE DE LONDRES renferme une collection remarquable de *Sculptures grecques : Marbres du Parthénon, Marbres xanthiens et lyciens, Marbres d'Halicarnasse.*

SOUTH KENSINGTON MUSEUM, LONDRES. — *Musée d'Art décoratif, un des plus riches du monde.*

ALLEMAGNE

GLYPTOTHÈQUE DE MUNICH. — *Statues d'Égine et belle collection de vases.*

MUSÉE DES ANTIQUES, BERLIN. — *Riche en vases.*

MUSÉE DE DRESDE.

ITALIE

Rome : MUSÉE DU CAPITOLE. — *Bustes antiques.*

MUSÉE DU VATICAN. — (Œuvres célèbres comme *le Laocoon, le Discobole, l'Apollon du Belvédère.*)

MUSÉE CHIARAMONTI.

MUSÉE GRÉGORIEN.

MUSÉE ÉTRUSQUE.

Naples : MUSÉE ROYAL-BOURBON. — *Objets provenant de Pompéi et d'Herculanum.* Collection Farnèse.

Florence : GALERIE DES OFFICES.

LOGGIA DEI LANZI.

ESPAGNE

Madrid : MUSÉE DU PRADO. — *Galerie des peintres espagnols Velasquez, Murillo.*

PAYS-BAS et FLANDRES

MUSÉES D'AMSTERDAM, de LA HAYE, d'ANVERS et de BRUXELLES.

Tableaux Synoptiques

DU Ier AU XVIIIe SIÈCLE

Architecture — Peinture — Sculpture

et

Art Décoratif

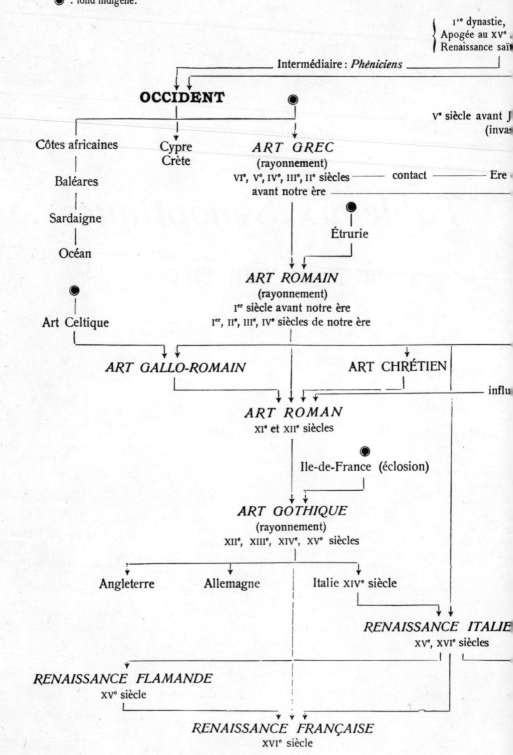

Les influences se sont faites dans
le sens indiqué par les flèches.
◉ : fond indigène.

Ages Préhisto[...]

⎧ 1re dynastie,
⎨ Apogée au XVe [...]
⎩ Renaissance saï[...]

Intermédiaire : *Phéniciens* ──────

OCCIDENT ◉

Ve siècle avant J[...]
(invas[...]

Côtes africaines

Cypre
Crète

ART GREC
(rayonnement)
VIe, V^e, IVe, IIIe, IIe siècles ── contact ── Ere [...]
avant notre ère

Baléares

Sardaigne

Étrurie ◉

Océan

ART ROMAIN
(rayonnement)
Ier siècle avant notre ère
Ier, IIe, IIIe, IVe siècles de notre ère

Art Celtique ◉

ART GALLO-ROMAIN

ART CHRÉTIEN

influ[...]

ART ROMAN
XIe et XIIe siècles

Ile-de-France (éclosion) ◉

ART GOTHIQUE
(rayonnement)
XIIe, XIIIe, XIVe, XVe siècles

Angleterre

Allemagne

Italie XIVe siècle

RENAISSANCE ITALIE[...]
XVe, XVIe siècles

RENAISSANCE FLAMANDE
XVe siècle

RENAISSANCE FRANÇAISE
XVIe siècle

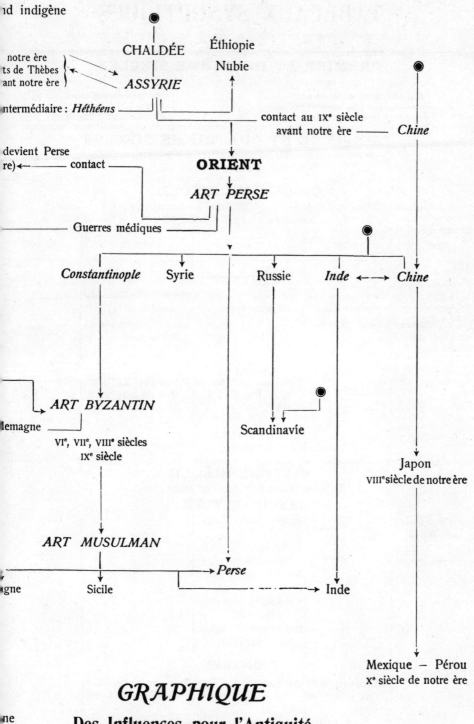

GRAPHIQUE

Des Influences pour l'Antiquité
et le Moyen Age

TABLEAUX SYNOPTIQUES

(Les noms des artistes, architectes, peintres et sculpteurs sont en italique.)

PREMIER ET DEUXIÈME SIÈCLES
Formation de l'Iconographie chrétienne

Peinture chrétienne	*Peinture païenne*
Peintures des catacombes.	Peintures de Pompéi.

TROISIÈME ET QUATRIÈME SIÈCLES
Édit de Milan (313) – Constitution de l'Empire d'Orient (395) –
Mosaïques de Sainte-Pudentienne.

CINQUIÈME SIÈCLE
Attila et les Huns en Gaule (451) – Chute de l'Empire romain (475) – Clovis Iᵉʳ
Christianisation de la France (496).

INDE	CHINE	BYZANCE	ITALIE	FRANCE
ARCHITECTURE				
Vieux temple de Bhuwaneswar.	Temple souterrain de Yun-Kang.	San Apollinaire à Ravenne (500).	Nef de Sainte-Marie-Majeure à Rome (431).	
Temple souterrain de Viswakarma à Ellora.	Grande muraille.		Saint-Pierre-aux-Liens à Rome (442).	
PEINTURE				
		Mosaïques du Mausolée de G. Placidia à Ravenne.	Mosaïques de Sainte-Marie-Majeure et de Saint-Paul-hors-les-Murs.	
		Mosaïques du Baptistère de Ravenne.		

SIXIÈME SIÈCLE
Le Bouddhisme s'introduit au Japon (552).
ARCHITECTURE

INDE	CHINE	BYZANCE	ITALIE	FRANCE
Temple d'Indra à Ellora.		Église syriaque d'Erza.		
Grand Temple de Bhuwaneswar.		Sainte-Sophie de Constantinople (532).		
		San-Vital de Ravenne (547).		
		San-Apollinaire in classe Ravenne.		
		Mausolée de Théodoric à Ravenne (520).		
PEINTURE				
	Introduction de l'art chinois au Japon.	Mosaïques de San-Vital et de San-Apollinaire.	Mosaïques Saint-Côme et Saint-Damien à Rome.	
SCULPTURE ET ART DÉCORATIF				
Bronzes bouddhiques. Invention des laques.				Premières armes e premiers bijou mérovingiens.

SEPTIÈME SIÈCLE

Mahomet (571-632 – Dagobert, roi des Francs (622-638) – Prise de Jérusalem par les Arabes (637) – Conquête de l'Afrique du Nord par les Arabes (640-710) – Fondation de Venise (697).

ORIENT INDE-JAPON	BYZANCE	ART ARABE	ITALIE	FRANCE	AMÉRIQUE
		ARCHITECTURE			
Temple de Horioudji (J).		Mosquée d'Amrou au Caire (642).	Sainte-Agnès-hors-les-Murs à Rome.	Temple Saint-Jean à Poitiers.	Monuments du Yucatan au Mexique.
Temple d'Ajunta (I).		Mosquée de Jérusalem (687).			
		PEINTURE			
			Mosaïque de Sainte-Agnès.		

HUITIEME SIÈCLE

Invasion arabe en Espagne (711) – L'iconoclastie à Byzance – Concile de Nicée (787) Charlemagne (768-814) et l'Empire d'Occident)

ARCHITECTURE

ORIENT INDE-JAPON	BYZANCE	ART ARABE	ITALIE	FRANCE	AMÉRIQUE
Pagodes de Mahavellipore (I).		Mosquée de Kairouan (703).			
Temple d'Eléphanta (I).		Mosquée de Damas (708).			
		Mosquée de Tunis (732).			
		PEINTURE			
— CHINE — Vang-Wei (699-759). Wou-Tao-Tseu.	Miniatures byzantines		Fresques de Saint-Clément.		

NEUVIÈME SIÈCLE

Les Arabes en Sicile (831-878 – Siège de Paris par les Normands (884)

ARCHITECTURE

ORIENT INDE-JAPON	BYZANCE	ART ARABE	ITALIE	FRANCE	AMÉRIQUE
Temple d'Angkor au Cambodge.		Mosquée de Touloun au Caire (878).		*Art carlovingien* Cathédrale d'Aix-la-Chapelle.	
		PEINTURE			
— JAPON — Kosé Kanaoka (850-931).				Miniatures.	
		SCULPTURE ET ART DÉCORATIF			
— CHINE — Invention de la porcelaine.					
— JAPON — Kolo Daishi (sculpteur).					

HISTOIRE ET CIVILISATION		ORIENT INDE-CHINE-JAPON	BYZANCE	ART ARABE
Othon Ier—le Saint-Empire.	**DIXIÈME SIÈCLE**	Temple de Vishnou à Khajurao. Temple de Gwalior.	Église de Théotokos à Constantinople (930).	Mosquée d'Alep (976).
La France féodale.				
La dynastie des Capétiens.	**ARCHITECTURE**		Église de Saint-Nicodème à Athènes.	
—			Monastères du Mont-Athos.	
En Chine : dynastie des Song.			Mosaïques de Sainte-Sophie de Constantinophe.	
	PEINTURE			
Le Grand Schismé (1054).		Pagode de Tandjore. — Temple du Mont-Abou.	Église Saints-Apôtres de Salonique.	Minaret de Koutoubia à Marrakech.
Guillaume le Conquérant.	**ONZIÈME SIÈCLE**	Monuments d'Angkor.	Église Sainte-Sophie de Kiev.	
Le Concile de Clermont (1095). La Première Croisade.	**ARCHITECTURE**	— MEXIQUE Monuments incas de Cùzco.	Cathédrale de Novgorod.	
Les Mille et une Nuits. — La Chanson de Roland.	**PEINTURE**	CHINE *Kouo-Hi.*	Mosaïques de Daphni (Grèce).	
République de Florence (1125). Seconde Croisade (1147).	**DOUZIÈME SIÈCLE**	Temple d'Hullabid.	Saint-Marc de Venise (1100). Église Pantocrator à Constantinople.	Mosquée de Tlemcen. — Mosquée de Mossoul.
L'Université de Paris (1150). Troisième Croisade (1189).				Giralda de Séville (1195).
Conquête de l'Inde par les Musulmans (1193). Philippe-Auguste (1180-1223).	**ARCHITECTURE**			Alcazar de Séville (1199).
— Les Fabliaux et les Mystères.				
	PEINTURE	JAPON. *Toba Sojo.*		

ET DOUZIÈME SIÈCLES

ITALIE	FRANCE	ALLEMAGNE	ANGLETERRE	FLANDRE	ESPAGNE
	Cathédrale byzantine de Périgueux (984-1047).	Château d'Alten-har.			
	Miniatures	Miniatures.			
San Lorenzo de Florence. Cathédrale de Parme. Cathédrale de Pise (1063-1118). Cathédrale de Lucques (1070-1204).	Églises romanes de Cérisy, Saint-Benoit-sur-Loire, Le Puy en Velay, Saint-Sernin de Toulouse, Autun, Issoire, Montmajour, Poitiers, la Trinité de Caen. Fresques de Saint-Savin de Poitiers.	Saint-Michel de Hildesheim. — Cathédrale de Spire (1030) Cathédrale de Bonn.	Tour de Londres (1078). Cathédrale de Chichester, de Durham, de Norwich.		Cathédrale de Santiago. — Porte del Sol de Tolède (1088).
Cathédrales de Plaisance (1122), de Ferrare. Sainte-Marie du Transtèvére, Rome. Baptistère de Pise (1153-1278). Campanile de Pise (1174-1350). Cathédrale de Sienne. Mosaïques Sainte-Marie du Transtèvère. La Matorana, Palerme. Mosaïques de Saint-Marc.	Églises de Vezelay (1135), de Moissac (1100), d'Angoulême (1100-1630), Saint-Trophime d'Arles, Souillac, Cité de Carcassonne, Morienval. Basilique Saint-Denis (1132-44-1230). Cathédrales de Noyon, du Mans (1150-1254), Senlis (1155-1556), Angers (1145-1163), Lisieux (1142), Notre-Dame de Paris (1163-82-XIIIᵉ et XIVᵉ siècles), Sens (1124-1168), Soissons, Bayeux, Meaux, Langres. Cathédrales de Strasbourg (1179-1277), Laon (1191-1225), Bourges (1192-1324), Chartres (1194-1280-1506). Fresques de Montmorillon. L'armoire d'Obazine.	Cathédrale de Trèves. — Église de Worms Cathédrale d'Erfurt. Château de Schœnbourg. — Cathédrale de Lubeck.	Notre-Dame de Cambridge, Durham. Cathédr. Oxford. Château de Hadon-Hall. Cathédrale de Péterborough. Cathédr. d'York (1154-1290-1360). — Canterbury (1070-1420-1495). Cathédrale Lincoln (1186-1250).	Beffroi de Tournai (1187-1391).	

HISTOIRE ET CIVILISATION		ORIENT INDE-CHINE-JAPON	BYZANCE	ART ARABE
Quatrième croisade. Prise de Constantinople (1204). Croisade contre les Albigeois (1209-1218). Bataille de Bouvines. — François d'Assise (1182-1226). L'Inquisition (1229). Frédéric II, empereur d'Allemagne (1215-1250). — Saint Louis (1226-1270). — Formation de la nationalité anglaise. — Invasion des Mongols en Hongrie et en Allemagne (1241). Fin de l'Empire franc d'Oriént (1261). — Voyages de Marco Polo (1271-95).	**TREIZIÈME SIÈCLE** **ARCHITECTURE**	Pagodes de Tripetty (Inde). Remparts de Pékin.	Couvent de Daphné.	Alhambra de Grenade (1230). Mosquée de Kalaoum au Caire (1284).
	PEINTURE	CHINE *Yen-Houei.* *Tchao-Mong-Fou.* JAPON *Tsounétaka.*	Mosaïques de Kahrié Djami à Constantinople.	
	SCULPTURE et **ART DECORATIF**	Premiers cloisonnés et porcelaines craquelées. JAPON *Toshiro*, céramiste		

SIÈCLE

!TALIE	FRANCE	ALLEMAGNE	ANGLETERRE	FLANDRES ET PAYS-BAS	ESPAGNE
Église d'Assise (1228-1253). Palais public de Bologne (1245-1444). Santa-Maria-Novella de Florence (1274). Palais de Plaisance (1281). Palais de Pérouse (1281). Campo Santo de Pise (1283). Cathédr. d'Orvieto (1285-1309). Palais public de Sienne (1289-1305). Santa Croce de Florence (1294). Palais Vieux de Florence (1298-1593). *Arnolfo di Cambio*, architecte de la cathédrale de Florence.	Cathédrale de Rouen (1202-1302). Le Mont-Saint-Michel (1202-1460 et XVᵉ siècle). Cathédrales de Troyes (1208-1342), de Reims (1211), de Bayonne (1213), d'Auxerre (1215), de Coutances, d'Amiens (1220-88), Tours (1225-1527), Quimper, Saint-Pierre de Caen, Toul, Metz, Sainte-Chapelle de Paris (1245-48), Beauvais (1247-84-1570), Clermont-Ferrand (1248 et XVᵉ siècle), Bordeaux (1252). Château de Coucy (1223). Cathédrales de Rodez (1277-1535), d'Albi (1282-1383-1512).	Cathédrales de Magdebourg (1209-1363), de Limbourg (1213-42), de Francfort (1235), Munster, Cologne (1248-1322-1380), Naunbourg, Xanten, Halberstadt. Châteaux de Stolzenfelds (1242-59), de Rheinstein, d'Heidelberg (1294). Hôtel de ville de Lubeck.	Cathédrales de Rochester (1201-77), Wells (1210), Salisbury (1220), Worcester, Exeter (1280), Lichfield. — Abbaye de Westminster (1245-69). — Châteaux de Carnavon et Conway.	Halles d'Ypres (1200-1304). — Sainte-Gudule de Bruxelles (1220-73-1450). — Cathédrales d'Utrecht (1251-67). Beffroi de Bruges — Cathédrale de Malines. Architecte : *Arnould de Buiche*, architecte de la cathédrale de Tournai.	Cathédrales de Burgos (1221-1442-1567), de Tolède (1227-1493), de Léon (1250-XIVᵉ siècle). Saint-Paul de Valladol.d (1276). Cathédrale de Barcelone (1298-1448).
	Architectes : *Jean d'Orbais* (Reims). *Robert Luzarches* (Amiens). *Pierre de Montereau* (Sainte-Chapelle). *Eudes de Montreuil* (Beauvais). *Ét. de Mortagne* (Tours). *Bernard Castanet* (Albi). *Ét. Bonneuil* (Upsal).	Architecte : *Gérard de Rile* (Cologne).		SUÈDE Cathédrale d'Upsal (1287),	Architecte: *Pedro Perez* (Tolède).
Guido de Sienne. *Cimabué* (1240-1302).	Miniatures. Album de *Villard de Honnecourt*.		*Mathieu Paris*, enlumineur.		
Nicolas Pisano (1206-78), sculpteur. *Fra Jacopo*, mosaïste.	L'Armoire de Noyon.				

HISTOIRE ET CIVILISATION	QUATORZIÈME SIÈCLE	ORIENT INDE — CHINE — JAPON BYZANCE	ART ARABE	ITALIE
Dante Alighieri (1265-(1321). Les Papes à Avignon (1309). Guerres franco-flamandes (1302-28). — Commencement de la guerre de Cent ans (1341). — Pétrarque (1304-74). Ordonnance d'Étienne Marcel (1375). Retour des Papes à Rome (1377). Réunion de la Flandre et de la Bourgogne (1384). — Avènement des Mings en Chine (1396).	**ARCHITECTURE**	Temple de Bouddha à Gaya (Inde). — Cathédrale de Famagouste à Chypre.	Cour des Lions à l'Alhambra (1354). Mosquée d'Hassan au Caire (1356). — Mosquée de Chah-Sindeh à Samarcande (1392). Mosquée de Barbouk au Caire (1398).	Église des Frari à Venise (1330-71). Saint Jean et Saint Paul de Venise (1333-90). Campanile de Florence (1334-87). Chapelle des Espagnols à Florence (1355). Loggia des Lanzi à Florence (1376). Cathédrale de Milan (1387). Chartreuse de Pavie (1396-1553). Cathédrale de Côme (1396).
	PEINTURE	**JAPON** *Takashima, Takakané.* — *Meitshio.* **BYZANCE** Mosaïques de Kahrié-Djami. — Peintures du Mont-Athos. — Peintures de Mistra (Grèce).		ÉCOLES DE SIENNE ET FLORENCE *Duccio,* « Vierge de majesté ». *Simone di Martino* 1300. — Fresque de la vie de saint François d'Assise par Cimabué. Fresques de *Giotto* à Padoue. 1320. — Fresques de Giotto à Santa Croce de Florence. L'Annonciation de Simone Martino. 1340. — *Taddeo Gaddia* à Santa Croce de Florence. Fresques du Palais Pitti par *Lorenzetti.* 1350. — Fresque d'*Orcagna* à Santa Maria-Novel'a. 1370. — Triomphé de la Mort au Campo Santo de Pise. Fresques d'*Altichier* et d'*Avanzo* à Padoue.
	SCULPTURE et **ART DÉCORATIF**	**CHINE** Bronzes musulmans.		*Giovanni Pisano* (1250-1328). *Bonnino da Campione*

SIÈCLE

FRANCE	ALLEMAGNE	ANGLETERRE	PAYS-BAS-FLANDRES	ESPAGNE
Palais des Papes à Avignon (1316-70).	Hôtel de ville d'Aix-la-Chapelle (1333-1350).	Châteaux de Windsor, de Warwick.	Cathédrale d'Anvers (1352-1449-1592).	Cathédrale de Gérone (1316-1416-1581).
Saint-Ouen de Rouen (1318-39).	Église Notre-Dame de Nurnberg.	—	Hôtel de ville de Bruges (1376-1421).	Architecte français : *Henri de Narbonne.*
Hôtel de ville de Saint-Quentin (1331-1509).		Guidhall de Coventry		Cathédr. de Palencia, de Palma, d'Oviedo (1388 et XVII° siècle).
—	Hôtel de ville de Dantzig.	—		
Remparts d'Avignon.		Cathédrales de Gloucester, de Winchester (1326-1486). New-College d'Oxford.		Alcazar de Ségovie (1252 58). Palais de Cintra.
—	—			
Cathédr. de Mende, de Montpellier.	Cathédrale d'Ulm (1377).			
La Bastille (1370).	—	Église Saint-Gilles d'Edimbourg (1385-1460).		—
Château de Pierrefonds (1390).	Église de Kuttemberg (1380).	Château de Bodiam.		Cathédrale de Pampelune (1397).
Fresques de la cathédrale de Cahors.	Maître *Wilhelm* à Cologne (1380).			
—				
Miniaturistes : *Jehan Pucelle, Jehan Pepin.*				
De 1370 à 1400 le parement de Narbonne.				
École de Peinture d'Avignon.				
Malouel.				
Bellechose à Dijon.				
Jehan Ravy, Jehan *le Bouteiller,* sculpteurs de Notre-Dame de Paris.				
André Beauneveu.				
Tapisseries d'Arras.				

QUINZIÈME

HISTOIRE ET CIVILISATION		ORIENT INDE-CHINE-JAPON ART ARABE	ITALIE	
Laurent de Médicis (1448-1492.	**QUINZIÈME SIÈCLE**	Palais de Gwalior (I).	Palais Pitti (1440); architecte : *Brunellesc* (1377-1466). Coupole de la cathédrale d Florence.	
Première expédition d'Italie (1494). Découverte de l'Amérique par Christophe Colomb (1492).	**ARCHITECTURE**	Tombeau des Mings (C).	Palais Riccardi; architecte : *Michelozzo.* Palais Rucellai à Florence; architecte : *Alberti* Palais de la Chancellerie et plan de Saint-Pierr de Rome par *Bramante* (1444-1516).	
			FLORENCE ET OMBRIE	ITALIE DU NORD
Vasco de Gama passe le cap de Bonne-Espérance et découvre la route des Indes (1497).	**PEINTURE**		Fresques del Carmino de *Masolino* et *Masaccio.*	Décoration du palai des Doges (Venise par *Gentile* et *Pisa nello* (1410).
—	1440	....	L'Annonciation de Fra Angelico.	....
Louis XII (1498-1515).			Fresques du cloitre de Santa-Maria-Novella par *Ucello.*	
—			Fresques d'Arezzo par *P. della Francesca* (1450).	
Deuxième expédition d'Italie (1499).			Fresques de Prato de *Filippo Lippi* (1455).	Fresques des Eremitan de *Mantegna* (1459
— Découverte de l'imprimerie par Gutenberg.	1460-70	....	Fresques de la chapelle Riccardi par *Benozzo Gozzoli.*	....
			Fresques du Campo-Santo de Pise par Gozzoli.	Fresques de Mantou par Mantegna.
	1475-79	....	Adoration des Mages de *Botticelli.*	....
	1483	....	Naissance de Raphaël.	
	1485-89	....	Le Printemps de *Botticelli.*	La Vierge des Fra par *Bellini.*
	1490-99	....	Peintures de Sainte-Marie Novella par *Ghirlandaio.*	Vie de Sainte Ursul de *Carpaccio.*
			La Cène de Milan par *Léonard de Vinci.*	

SIÈCLE

FRANCE	ALLEMAGNE	ANGLETERRE	FLANDRES PAYS-BAS	ESPAGNE
Saint-Maclou de Rouen. — Porche et jubé de la cathédrale d'Albi. .			Hôtel de ville de Bruxelles (1405). Hôtel de ville de Louvain. Architecte : *Mathieu de Layens*.	Cathédrale de Séville (1408)
Grandes heures du Duc de Berry. Très riches heures du Duc de Berry (1415). Charles VII de *Fouquet* (1440). Peintures flamingantes à Avignon. Le Livre d'heures d'Ét. Chevalier par Fouquet. Résurrection de Lazare de *N. Froment*.	Dombild de *Stephan Lochner* à Cologne (1430). . . . . La Vierge au Buisson de Roses de *Martin Schongauer* (1470)	. . . .	Grand retable de Gand par *Hubert Van Eyck* (1420-30). Descente de Croix de *Van der Weyden*. La Cène de *Th. Bouts* (1469). L'Adoration des Mages de Van der Gœs (1470).	
Buisson ardent de N Froment. La Nativité du *Maître de Moulins*. La Pieta de Villeneuve-lès-Avignon.	. . . .	. . . .	Peintures de l'hospice Saint-Jean de Bruges par *Menling*. Châsse de Sainte-Ursule de *Menling*.	

QUINZIÈME SIÈCLE (suite)

HISTOIRE ET CIVILISATION		ORIENT	FLORENCE ET OMBRIE	ITALIE DU NORD
			Cambio de Pérouse, par *le Pérugin*.	Vierge de Castel-franco de *Giorgione*.
			Fresques d'Orvieto, par *Signorelli*.	
			Le Parnasse de *Mantegna*.	
	SCULPTURE		*Ghilberti* (1378-1455).	
			Donatello (1386-1466).	
			(Gattamelata (1453), le Zuccone).	
			Lucca della Robbia (1399-1482).	
			Les *Pollajuolo*.	
			Verrocchio (1435-1488).	
			(Le Colléone, 1479-83).	
			David (1476).	
Charles-Quint (1500-1558).		INDE		ITALIE
Léon X, pape de 1513 à 1521	**SEIZIÈME SIÈCLE** **ARCHITECTURE**	Temple de Binde-rabund.	Bibliothèque Saint-Marc de Venise (1536), par *Sansovino* (1477-1570).	
François Ier (1515-1547).			Le Palais Farnèse (1517-34), par *A. San Gallo*.	
Guerres d'Italie.			Église Saint-Georges de Venise, par *Palladio* (1518-1580)	
Luttes contre Charles-Quint.			Palais des Offices à Florence (1560), par *Vasari* (1512-1574).	
La Réforme (1518). Luther — Calvin. Création du Collège de France.			Coupole de Saint-Pierre de Rome (1588-90).	
Soliman II, sultan (1520-1566).			*Vignole* (1507-1573). Traité des cinq ordres.	
Henri II (1547-1559) Fin de la lutte contre Charles-Quint.				
Guerres de religion.				
La Saint-Barthélemy (1572). La Sainte Ligue (1576).				
François II (1559-1560).				

ET SEIZIÈME SIÈCLE

FRANCE	ALLEMAGNE	PAYS-BAS ET FLANDRES	ESPAGNE
La Vierge de Moulins.			
Claus Sluter, Claus de Werwe. La Chartreuse de Dijon (1396). Le puits de Moïse (1402-05). Tombeau de Philippe le Hardi (1412). *Lemoiturier,* tombeau de Philippe Pot (1494?). *Michel Colombe* (Tombeau de François II à Nantes).	*Georges Syrlin, Veit Stoss* (la Vierge de Nuremberg). *Nicolas de Leyden.*	Tapisseries des Flandres.	
Châteaux de la Loire : Chambord (1523). Architecte : *Pierre Trinqueau.* Chenonceaux, Blois, Azay-le-Rideau, Assier, Valençay, Saint-Germain, Villers-Cotterets. — Jubé de Saint-Germain-l'Auxerrois (1541.) Hôtel Carnavalet (1544) et Louvre (1540), par *Pierre Lescot* (1510-1578). — Château d'Écouen (1547), par J. *Bullant* (1510-1575). Château d'Anet. Les Tuileries, par *Philibert Delorme* (1515-1570). — Château de Fontainebleau, par *Gilles le Breton* et *Pierre Chambiges.*	Château de Torgau. — Château de Wismar (1553). Église Saint-Michel de Munich (1587).	Hôtel de ville d'Anvers (1561-65), par *Cornélius de Vriendt.*	Hôpital de Santa-Cruz (1504). Le Monastère de Belem. — L'Escurial. Cathédrale de Valladolid (1585).

HISTOIRE ET CIVILISATION		ORIENT	ITALIE	
			FLORENCE ET ROME	ITALIE NORD-VENISE
Charles IX (1560-1574). Henri III (1574-1589) Henri IV fait son entrée dans Paris (1595). Sully (1560-1641). Édit de Nantes (1598).				
Ronsard. Joachim du Bellay. Clément Marot. Malherbe. (Les Essais (1581), de Montaigne).	**PEINTURE** 1500-10	. . . .	Fresques de Santa-Maria Novella de Filippino Lippi. La Joconde de Vinci (1505).	Le Concert champêtre de *Giorgione*.
— Gargantua (1532), de Rabelais. — Don Quichotte de Cervantès. Les Lusiades, de Camoëns. Roland furieux, de l'Arioste. Le Tasse. Érasme.	1512	. . . .	La Mise au tombeau de Raphaël (1507). La Belle Jardinière de Raphaël. Fresques du Vatican. Fresques d'*Andrea del Sarto* à l'Annunziata. Plafond de la Sixtine par *Michel-Ange*.	Saint Georges tuant le dragon de *Carpaccio*.
Kepler. Système du Monde, de Copernic. — Ambroise Paré.	1516-19	. . . .	Les Loges du Vatican.	Fresques de Parme par *le Corrège*. L'Assomption de la Vierge, par *le Titien*.
Palestrina.	1520-21 1524	. . . .	Fresques de la Farnésine. Mort de Raphaël. Mise au Tombeau d'*Andrea del Sarto*.	Fresques du Corrège à San Giovanni.
Calendrier Grégorien (1582).	1525-30 1532-41 1548-50 1563 1564 1588 1594	. . . .	Adam et Ève de *Masacio*. Le Jugement dernier, *Michel Ange*. . . . . Mort de Michel-Ange.	Vierge de Pesaro, du *Titien*. Présentation de la vierge au temple, du *Titien*. Miracle de Saint Marc, par *le Tintoret*. Les Noces de Cana, par *Véronèse*. Mort de Véronèse. Mort du Tintoret.

SIÈCLE (Suite).

FRANCE	ALLEMAGNE	PAYS-BAS ET FLANDRES	ESPAGNE	
Chevet de Saint-Pierre de Caen (1525), par *H. Sohier*. — Église de la Vierge à la Ferté-Bernard. — *Androuet Ducerceau.* — Hôtels Pincé (Angers), Théroulde (Rouen), Assézat (Toulouse).				
Le Livre d'Heures d'Anne de Bretagne, par Bourdichon.		L'Ensevelissement du Christ, par *Matsys*.		
Mort de Vinci à Amboise.	Autel d'Isenheim, par *Grunewald*. Hôtel Saint-Sébastien, Munich, par *Holbein le Vieux*. Triptyque de Fribourg, *Baldung Grien*.		*Sanchez Coëllo* (1515-1590).	
. . . .	Christ mort, d'*Holbein*.	Les Épreuves de Job, par *Van Orley*.		
Rosso et *Primatice* à Fontainebleau. *François Clouet*, portraits. Livre d'Heures d'Henri II . . . . Élisabeth d'Autriche, par *Clouet*. Naissance de Poussin.	Les 4 Apôtres, de *Durer*. La Vierge de Darmstadt, par *Holbein*. Holbein en Angleterre.	Le Massacre des Innocents, par *P. Breughel le Vieux*. Naissance de Rubens (1577).	Fernandez Navarette (1526-79). *Le Greco* (1547-1614).	

SEIZIÈME SIÈCLE (suite)

HISTOIRE ET CIVILISATION		ORIENT	ITALIE
	SCULPTURE et **ART DÉCORATIF**		*Sansovino* (1460-1529). La Pieta (1498). Le David (1503). Le Moïse. Les Esclaves (1513-16). Les tombeaux des Médicis (1524-26-31), par *Michel-Ange*. Le Persée (1554) de *B. Cellini* (1500-1562). Fabriques céramiques de Faenza d'Urbino et de Castel Durante. — Verreries de Venise.

HISTOIRE ET CIVILISATION		ORIENT	TALIE	FRANCE
La France monarchique. Louis XIII (1610-1643). Puissance de Richelieu (1585-1642). Régence d'Anne d'Autriche. Mazarin. Bataille de Rocroi. Paix de Westphalie (1648). — La Fronde (1648-53). Guerre d'Espagne. Traité des Pyrénées (1659). Gouvernement de Louis XIV (1661-1715).	**DIX-SEPTIÈME SIÈCLE** **ARCHITECTURE**	Tag. Mahal d'Agra (art indo-musulman). — Mosquée de Bordeini au Caire. — Mosquée d'Ispahan. — JAPON Temple de Nikko.	Palais Maffei, par *C. Maderna* (1556-1629). Église Saint-Pierre à Frascati, par *Borromini* (1593-1667). Église della Salute à Venise (1681), par *Longhena.* Colonnade de Saint-Pierre, par *Le Bernin* (S). Jardins de la villa d'Este à Tivoli, villa Ludovici, villa Pamfili, par *Algardi.*	Le Palais du Luxembourg (1615-20), par *Salomon de Brosse* (1565-1627). Le Val-de-Grâce, par *François Mansart* (1598-1666). L'église de la Sorbonne, le pavillon de l'Horloge, par *J. Lemercier* (1585-1654). L'Institut, par *Le Vau* (1612-1670). La Colonnade du Louvre (1668-75), par *C. Perrault* (1613-1688). La Porte St-Denis, par *Blondel* (1617-1686).

ET DIX-SEPTIÈME SIÈCLE

FRANCE	ALLEMAGNE	PAYS-BAS ET FLANDRES	ESPAGNE
Tombeau de Louis XII à St-Denis (1516-32), par *les Juste*. Tombeau de François Ier (1549-59), par *Germain Pilon* (1515-1590), *Jacquiau* et *P. Bontemps*. Les Trois Grâces de G. Pilon. Les Nymphes de la Fontaine des Innocents, par *Jean Goujon* (1515-1568).	La Châsse de Saint Sebald à Nuremberg, par *Peter Vischer* (1506-19).	Cheminée du Palais de Justice de Bruges.	*Berruguete.* *Bartolomé Ordonez.* *Gaspar Becerra.* (1520-1570).
ÉCOLES PROVINCIALES : *Leger Richier, Jean Trupin, Bachelier.*			
Verreries de *Jean Cousin*. Les émaux de Limoges, *Léonard Limousin*. Céramiques de *Bernard Palissy*. Faïence d'*Oiron*. Orfèvre *Briot*.			

ALLEMAGNE	ANGLETERRE	FLANDRE	HOLLANDE	ESPAGNE
Château royal de Berlin, par *Schülter* (1662-1714).	La Bourse de Londres de *Inigo Jones* (1572-1656). L'église Saint-Paul, par *Christophe Wren* (1632-1723).		Hôtel de ville d'Amsterdam.	Église del Pilar à Saragosse, par *Herrera le Jeune*. La place Mayor à Salamanque, par *J. Churriguerra*.

HISTOIRE ET CIVILISATION		ORIENT	ITALIE	FRANCE
Révocation de l'Édit de Nantes (1685).				La Porte Saint-Martin par *P. Bullet* (1639-1617).
Fondation des académies. Le Cid (1637), de Corneille (1606-1684).				Les Invalides, par *L. Bruant* (1637-1697).
				Le Dôme des Invalides. Le Château de Dampierre.
Iphigénie, Esther, Athalie, de J. Racine (1639-1699).				Versailles, par *J. H. Mansart* (1646-1708).
Les Comédies de Molière (1622-1673).				Versailles, par *Robert de Cotte* (1656-1735).
Les Satires de Boileau (1636-1711).				Le Jardin à la française, par *Le Nôtre* (1613-1700). Vauban.
Les Fables de La Fontaine (1621-1695).	**PEINTURE**	1588-1600	Galerie du palais Farnèse, par *Carrache*. La Mise au tombeau du *Caravage*.	
Les Oraisons funèbres de Bossuet.		1600-1620	L'Aurore, par *Le Guide*. La Chasse de Diane, du *Dominiquin*.	....
Shakspeare (1564-1616).				
Armide (1686), de Lulli.		1621-1630	Vie de Sainte Pétronille du *Guerchin*. Fresques palais Verospi, par *l'Albane*. Plafond palais Barberini, par *P. de Cortone*.	Les Sept Sacrements de *Poussin*.
Les savants : Descartes, Pascal, Denis Papin, Newton.		1631-1640	L'Annonciation, par *l'Albane*.	Peintures du palais Cardinal par *S. Vouet*. Port de mer, par *Claude Lorrain*.
		1641-1650		La Manne, de *Poussin*, Repas de Paysans, par *Lenain*. Plafond de l'Hôtel Lambert, par *Lesueur*.

SIÈCLE

ALLEMAGNE	ANGLETERRE	FLANDRE	HOLLANDE	ESPAGNE
. . . .	. . . .	L'Adoration des Mages (1603). L'Érection de la Croix. La Descente de Croix, de *Rubens*.	Naissance de Rembrandt (1606). Les Arquebusiers de Saint-Georges, par *Franz Hals* (1616).	L'Adoration des bergers, de *Zurbaran*.
. . . .	. . . .	La Galerie Médicis, de *Rubens* Saint Ildefonse, de *Rubens*.	. . . .	Silène ivre, de *Ribera*. Triomphe de Saint-Thomas-d'Aquin, de *Zurbaran*. La Forge de Vulcain, de *Velasquez*.
. . . .	*Van Dyck* à Londres. Portraits de Charles Iᵉʳ à la Chasse et des enfants de Charles Iᵉʳ.	Le Roi boit, de *Jordaens*. Mort de Rubens (1640).	La Leçon d'anatomie (1632), de *Rembrandt*. L'Enfant et la Nourrice (1635), de *Franz Hals*.	Les Lances (1636), de *Velasquez*.
. . . .	Mort de Van Dyck (1641).	Corps de garde, par *Téniers*.	Ronde de nuit (1643), de *Rembrandt*. Le Taureau, de *P. Potter*. Les Pèlerins d'Emmaüs de *Rembrandt*.	Adoration des bergers, de *Ribera*.

		ORIENT	ITALIE	FRANCE
	1651-1660	. . . .	Bataille, par *Salvator Rosa.*	Les Échevins (1658), par *Ph. de Champaigne.*
	1661-1670	. . . .	. . . .	Galerie d'Hercule, hôtel Lambert, par *Lebrun.* La Coupole du Val-de-Grâce, par *Mignard.* Le Déluge, du *Poussin.* Mort du Poussin (1665). Les Batailles d'Alexandre de *Lebrun.*
	1671-1690	. . . .	Hercule et Omphale de *Giordano.*	Grande Galerie de Versailles, par *l ebrun.* Mort de Lebrun (1690).
		JAPON *Matahei.* *Mitsonoki* (1616-91).		Graveurs : *Jacques Callot* (1592-1635). *Abraham Bosse* (1602-1676).
SCULPTURE			Statue de Sainte Cécile, par *Stefano Maderno* (1578-1636). Sainte Thérèse à Rome, par *Le Bernin* (1598-1680). *L'Algarde* (1598-1654).	*Pierre de Francheville* (1653-1615). *Simon Guillain* (1581-1658). *Jacques Sarrazin* (1590-1660). — Monument d'Henri de Longueville, par *F. Anguier* (1604-1669). Cariatides de Toulon (1655). Milon de Crotone (1682). — Persée et Andromède (1684), par *P. Puget.* Tombeau de Richelieu (1694), par *Girardin.* — *Antoine Coysevox* (1650-1720). *Nicolas Coustou* (1658-1733).
				Gravures ou médailles *Dupré* (1576-1639). *Warin* (1604-1694).

SIÈCLE

ALLEMAGNE	ANGLETERRE	FLANDRE	HOLLANDE	ESPAGNE
		Le Triomphe du Guillaume d'Orange, par *Jordaens*.	La Forêt (1654), de *Ruysdaël*. La Fiancée juive, de *J. Steen*.	Les Fileuses. Les Ménines, de *Velasquez*. Saint Antoine de Padoue, de *Murillo*.
. . . .	. . . .	. . . .	Les Syndics (1661), par *Rembrandt*. La Femme hydropique, de *C. Dow*. Les Régentes de l'Hospie, de *F. Hals*. Mort de Rembrandt (1669). La Leçon de musique, de *Terburg*.	Mort de Velasquez (1660). Peinture de la Caridad, de *Murillo*. Mort de Murillo (1682).
				Jean Martinez-Montanès (? -1640). *Alonso Cano* (1601-1667). *Pedro de Mena* (? -1693).

HISTOIRE ET CIVILISATION		ORIENT	ITALIE	FRANCE
Pierre le Grand, tsar de Russie de 1682 à 1725. Gouvernement de Louis XV (1715-1774). Frédéric le Grand, roi de Prusse de 1740 à 1782. Guerres de la Succession d'Autriche (1741-1747). Guerre de Sept ans (1756-1763). — La Politique coloniale. — William Pitt et lord Chatam donnent à l'Angleterre l'empire des mers. —	**ARCHITECTURE**	INDE Pagode de Sriringam, à Trichinopoly.		Les Archives nationales, par *Boffrand* (1667-1754). Église St-Sulpice, par *Servandoni* (1695-1766). Le Garde-meuble, le Petit-Trianon, par *Gabriel* (1710-82). Le Panthéon, de *Soufflot* (1714-80). L'Élysée (1718), par *Mollet*. La Monnaie, par *Antoine* (1733-1807). Le Grand-Théâtre de Bordeaux, Galeries du Palais-Royal, de *Louis* (1735-1807). Place Stanislas à Nancy, par *Héré* (1757). Hôtel Salm (1786), par *Rousseau*.
Catherine II accueille avec faveur les idées françaises. Washington, fondateur de la République des États-Unis (1787). Les trois puissances autrefois prépondérantes : Suède, Pologne et Turquie, sont démembrées ou n'ont plus d'influence. — Gouvernement de Louis XVI en 1774. La Crise financière. La Révolution française (1789).	**PEINTURE**	JAPON *Koriousaï, Moronobou* (1613-1714). *Korin* (1661-1716). *Harounobou* (1718-70). *Kyiomitsou* (1735-85). *Kiyonaga* (1742-1815). *Goshin* (1741-1811). *Hokusaï* (1760-1849). *Outamaro* (1753-1805). *Massayoshi* (1761-1824).	Peintures à l'église des Carmes de Venise (1708), par *Tiepolo*. Plafond de la villa Albani, par *R. Mengs*.	Portrait de Louis XIV (1706), par *Rigaud*. Chapelle de Versailles (1709), par *Coypel*. Embarquement pour Cythère (1717), par *Watteau*. Le Gilles. L'enseigne de Gersaint (1721), de *Watteau*. Hercule et Omphale, de *Lemoine*. Vénus et Vulcain (1733), de *Boucher*. Halte de chasse (1737), de *Vanloo*. Le Bénédicité, la Mère laborieuse (1740), de *Chardin*. Hôtel de Soubise, la Naissance de Vénus, de *Boucher*.

IÈCLE

ANGLETERRE	ALLEMAGNE	ESPAGNE	RUSSIE
Parc de Stowe, par *Kent*.	Le Zwinger, de Dresde (1722), par *D. Pœppelmann*. Le Château de Wurtzbourg (1720), par *J.-B. Neumann*.	PORTUGAL — Le Palais de Mafra (1730), par *Ludovici* (Allemand).	Château de Peterhof, par *Leblond* (Français).
Le Mariage à la mode (1744), de *W. Hogarth*. Nelly O'Brien (1763), de *Reynolds*. La Duchesse de Devonshire. Mⁿ Siddons (1776), de *Gainsborough*. Miss Farner (1792), de *Lawrence*. Pêcheurs en mer, de *Turner*. La Comtesse d'Oxford, de *Romney*.	*Raphaël Mengs* (1728-1779). *D. Chodowieki* (1726-1801).	Les Caprices (1795), de *Goya*. Charles IV et sa famille (1800), de *Goya*.	

18

HISTOIRE ET CIVILISATION		ORIENT	ITALIE	FRANCE
La Constituante (1789-91). La Législative (1791-92). La Convention (1792-95). Proclamation de la République (21 septembre 1792). Mort de Louis XVI (1793). — Coalition des États européens contre la France. — Comité de Salut public.				Marie Leczinsk (1742), de *Toqué*. L'abbé Huber, pa *La Tour*. Naissance de Davi (1748). Mme de Pompadour de *La Tour*. Ports de France, d *J. Vernet*. L'Accordée du vil lage (1761), pa *Greuze*. Corésus et Callirho (1765), de *Fra gonard*. L'Escarpolett (1766), de *Fra gonard*. Les Horaces (1785) de *David*. Psyché et l'Amou (1798), de *Gérard*. Les Sabines (1799) de *David*.
L'Esprit des lois (1748). Montesquieu (1689-1755). Voltaire (1694-1778). Le Contrat social (1762). L'Émile (1762), de J.-J. Rousseau. Diderot (l'Ency-clopédie). Buffon. A. Chénier. — Schiller (1759-1805). Walter Scott (1771-1832). — Orphée (1774), de Gluck (1714-1787). Mozart (1736-1791). Méhul (1763-1817). Haydn. Hændel. Bach. Rameau	SCULPTURE			J.-B. *Lemoyne* (1704 1778). Fontaine de la ru de Grenelle, pa E. *Bouchardo* (1714-1785). Tombeau du maré chal de Saxe (1777), par J.-B *Pigalle*. Statue de Pierre l Grand à Petrogra (1766), par *Fal conet*. Bustes de J.-J *Caffieri* (1725-92). Psyché (1790), de *Pajou*. Voltaire assis (1781 et les bustes, d *Houdon*.
Kant (1724-1800). Lavoisier (1743-1794). Franklin - Montgol-fier.				

SIÈCLE (Suite)

ANGLETERRE	ALLEMAGNE	ESPAGNE	RUSSIE
	André Schlüter (1664-1714).		

INDEX ALPHABÉTIQUE

DES PRINCIPAUX NOMS

(Les noms d'artistes sont en italique)

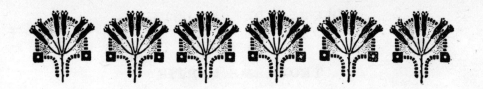

TABLE DES MATIERES

PREMIÈRE PARTIE

L'Antiquité

DEUXIÈME PARTIE

Le Moyen Age

TROISIÈME PARTIE

La Renaissance et les Temps Modernes

Achevé d'imprimer sur les presses
de l'Imprimerie Nouvelle Lescaret,
à Paris.

Dépôt légal : 1911.
Mise en vente : 1911.
Numéro de publication : 6672.
Numéro d'impression : 9944.